CULTURA DE PRECEDENTES E O PAPEL DO SUPERIOR TRIBUNAL DE JUSTIÇA

André Macedo de Oliveira

CULTURA DE PRECEDENTES E O PAPEL DO SUPERIOR TRIBUNAL DE JUSTIÇA

2024

EDITORA JusPODIVM

www.editorajuspodivm.com.br

EDITORA *Jus*PODIVM
www.editorajuspodivm.com.br

Rua Canuto Saraiva, 131 – Mooca – CEP: 03113-010 – São Paulo – São Paulo
Tel: (11) 3582.5757
• Contato: https://www.editorajuspodivm.com.br/central-de-relacionamento

Diagramação: Equipe JusPODIVM

Capa: Ana Caquetti

O48p Oliveira, André Macedo de
Cultura de Precedentes e o Papel do Superior Tribunal de Justiça / André Macedo de Oliveira – São Paulo: Editora JusPodivm, 2024.

224 p.

Inclui Bibliografia.
ISBN: 978-85-442-5167-6.

1. Direito Processual Civil. 2. Superior Tribunal de Justiça. I. Oliveira, André Macedo de. II. Título.

CDD 341.46

BIBLIOTECÁRIA RESPONSÁVEL

Ana Carolina Ribeiro Mois – CRB7 – RJ 007348/0

1.ª ed., *2.ª tir.:* jun./2024; *3.ª tir.:* set./2024.

Para Eliane,
pelos nossos 21 anos.

Agradecimentos

Agradeço ao Professor Humberto Dalla Bernardina de Pinho, pela acolhida e supervisão neste trabalho no programa pós-doutoral da Faculdade de Direito da Universidade do Estado do Rio de Janeiro (UERJ).

Ao Professor Osmar Mendes Paixão Cortes, incentivador dos bons debates no Processo Civil e na empreitada do pós-doutorado.

Ao Professor Petrônio Calmon, pelo constante incentivo na continuidade, atualização e novas reflexões dos meus estudos de doutorado, publicado pela sua Editora Gazeta Jurídica.

Um agradecimento especial ao meu saudoso orientador do Doutorado, Professor Jorge Amaury Maia Nunes, referência desde os tempos da minha graduação, que, em julho de 2021, nos deixou precocemente, vítima da covid-19.

Agradeço, também de forma especial, ao Ministro Luis Alberto Gurgel de Faria, do Superior Tribunal de Justiça, colega professor da Faculdade de Direito da Universidade de Brasília (UnB), pela honra de aceitar o convite para prefaciar o livro.

Aos amigos Artur Zamperlini Cochito, Anderson de Paiva Gabriel, Annaclara Bitencourt Alves Araújo, Atalá Correia, Carlos José Elias Júnior, Clara Libório, Cláudia Chagas, Fabio Sá e Silva, Giovani Trindade Castanheira Menicucci, Henrique Araújo Costa, João Pedro Ramos Soares Souza, José Eduardo Elias Romão, José Guilherme Berman, Larissa Teles Nonato da Silva, Livia Caldas Brito, Marina Pereira Pires de Oliveira, Paula Cintra, Pedro Lustosa, Rodrigo Nery, Sarah Roriz de Freitas, Sérgio Antônio Ferreira Victor e Vitor Butruce, que contribuíram com o debate e sugestões.

"Conheço meu lugar e minha tarefa; muitos homens não conhecem, ou chegam a fazê-lo quando é demasiado tarde. Por isso, tudo é muito simples para mim, e só espero fazer justiça a esse lugar e a essa tarefa. Veja como o meu credo é simples."[1]

GUIMARÃES ROSA

1. Entrevista de Günter Lorenz com Guimarães Rosa no Congresso de Escritores Latino-Americanos, em janeiro de 1965, publicada na obra de Lorenz *Diálogo com a América Latina. Panorama de uma Literatura do Futuro*. São Paulo: Editora Pedagógica e Universitária Ltda., 1973.

Apresentação

Foi com imensa alegria que recebi o convite para apresentar a obra **Cultura de precedentes e o papel do Superior Tribunal de Justiça**, de autoria de André Macedo de Oliveira.

O livro é fruto das pesquisas mais recentes do autor que redundaram no seu pós-doutoramento pela Universidade do Estado do Rio de Janeiro, concluído em fevereiro de 2024.

Nesse aspecto, como sabemos, o artigo 927 do CPC inova em nosso ordenamento jurídico ao ampliar o rol de decisões dotadas de eficácia vinculante já previsto na Constituição, uma vez que, além de reproduzir as previsões de decisões do Supremo Tribunal Federal (STF) em sede de controle concentrado de constitucionalidade e os enunciados de súmula vinculante (incisos I e II), estabelece, ainda, que produzirão efeitos vinculantes: os acórdãos proferidos em incidente de assunção de competência ou de resolução de demandas repetitivas e em julgamento de recursos extraordinário e especial repetitivos (inciso III); os enunciados das súmulas do STF, em matéria constitucional, e do Superior Tribunal de Justiça (STJ), estes em matéria infraconstitucional (inciso IV), e a orientação do plenário ou do órgão especial aos quais estiverem vinculados os juízes ou tribunais (inciso V).

Todos os magistrados do país devem observar tais súmulas, decisões e orientações descritas nos incisos citados. Sem embargo, devem manter estrita observância ao princípio do contraditório (arts. 9º e 10 do CPC) e ao dever de fundamentação de todas as suas decisões (arts. 11 e 489, §1º, CPC).

Coube, ainda, à lei processual delimitar o que se deve entender por julgamento de casos repetitivos. Consideram englobados no conceito tanto a decisão proferida em sede de incidente de resolução de demandas repetitivas (art. 976) quanto em sede de recursos especial e extraordinário repetitivos (art. 1.036 do CPC).

Ocorre que há grande dificuldade na delimitação da natureza e dos reais efeitos produzidos pelos precedentes nos demais casos idênticos; ademais, a doutrina discute se as hipóteses de julgamento repetitivo teriam o condão de produzir autênticos precedentes.

Por outro lado, não custa lembrar que algumas dessas hipóteses, embora não previstas no art. 988 do CPC, autorizam providências concretas típicas de precedentes normativos, como a dispensa do duplo grau obrigatório ou mesmo o julgamento liminar de improcedência do pedido, nas hipóteses referidas.

Ademais, o art. 966, V, combinado com o § 5° do CPC, ao estabelecer que integram o conceito de norma jurídica (para fins de cabimento de ação rescisória) o enunciado de súmula, acórdão ou precedente previsto no art. 927 do CPC, parece sinalizar, de forma clara, que não há diferença entre precedente vinculante e normativo.

Ainda assim, teríamos que conviver com uma situação desconfortável, pois teríamos precedentes normativos cuja força é duplamente protegida (por recurso e por ação rescisória) e outros com proteção tripla (recurso, reclamação e rescisória).

Como o leitor poderá perceber, mesmo diante de todas essas dificuldades e obstáculos, o autor conseguiu, com habilidade ímpar e extrema dedicação, sistematizar e organizar todos os complexos institutos que cercam a temática dos casos repetitivos, com especial ênfase ao fundamental papel desempenhado pelo STJ na consolidação do sistema de precedentes no Direito brasileiro.

Fico extremamente orgulhoso de ter participado deste notável projeto e desejo a todos uma excelente leitura!

Rio de Janeiro, março de 2024.

Humberto Dalla Bernardina de Pinho

Desembargador do Tribunal de Justiça do Estado do Rio de Janeiro.

Professor Titular de Direito Processual Civil
na Faculdade de Direito da UERJ.

Prefácio

> "Los principios tienen una dimensión que falta en las normas: la dimensión del peso o importancia. Cuando los principios se interfieren (la política de protección a los consumidores de automóviles interfiere con los principios de libertad de contratación, por ejemplo), quien debe resolver el conflicto tiene que tener en cuenta el peso relativo de cada uno. En esto no puede haber, por cierto, una mediación exacta, y el juicio respecto de si un principio o directriz en particular es más importante que otro será con frecuencia motivo de controversia. Sin embargo, es parte esencial del concepto de principio el que tenga esta dimensión, que tenga sentido preguntar qué importancia o que peso tiene".[1]

O estudo dos princípios jurídicos ganhou relevo a partir da metade do século passado, especialmente quando do surgimento de trabalhos que reconheceram a sua normatividade, e alcançou o ápice com a respectiva constitucionalização. A definição acima transcrita advém de um dos maiores estudiosos do assunto, Ronald DWORKIN, e, com base nela, alcançamos o princípio da segurança jurídica, o "principle of legal certainty" no direito alienígena, que transmite a ideia de clareza, confiabilidade e previsibilidade.

A segurança jurídica é tão enaltecida que alguns chegam a defendê-la como "superprincípio", "princípio-matriz", "sobreprincípio", o que, uma vez aceito, mitigaria o conceito de DWORKIN, pois não se admitiria que ela fosse afastada em casos concretos por nenhum outro preceito, sempre prevalecendo. Sem pretender determinar se a

1. DWORKIN, Ronald. *Los Derechos en Serio.* Tradução Marta Guastavino. 1. ed. 3. reimp. Barcelona: Ariel, 1997. pp. 77-78.

segurança jurídica pode curvar-se em relação a outro princípio, o certo é que ela é imprescindível para a existência de um ambiente social e econômico estável e previsível, onde as empresas e os indivíduos possam evoluir, gerando a prosperidade da sociedade.

A teoria dos precedentes constitui uma das importantes formas de assegurar a segurança jurídica, visto que despreza uma "jurisprudência lotérica", com julgados dissonantes para situações idênticas – o que viola não só o princípio em destaque mas também o da isonomia –, e passa a prestigiar a construção de uma "decisão normativa", que irá servir de bússola para os demais casos que tenham a mesma configuração fática e jurídica, reverenciando a confiança legítima do jurisdicionado e trazendo racionalidade ao sistema judiciário.

O estudo dos precedentes tem o seu berço no sistema do *common law*. Enquanto estamos dando os primeiros passos na formação e sedimentação do instituto em nosso direito, no Reino Unido ele já é utilizado há muito tempo, sendo reconhecida a sua força normativa desde 1898, quando do julgamento, pela "House of Lords", do caso "London Street Tramways *vs.* London City Council".

No Brasil, a discussão do tema é relativamente recente. A Constituição Federal de 1988, em sua redação originária, não trazia, de forma expressa, a previsão de força normativa para nenhuma espécie de decisão, o que apenas veio a ocorrer após a Emenda Constitucional n. 03/1993, nos moldes do *stare decisis* anglo-saxão, quando se instituiu a ação declaratória de constitucionalidade. A partir da Emenda Constitucional n. 45/2004 (Reforma do Judiciário), o efeito vinculante foi estendido para as ações diretas de inconstitucionalidade, introduzindo-se, ainda, a repercussão geral das questões constitucionais discutidas no recurso extraordinário e a súmula vinculante. Em seguida, foi sistematizado o recurso especial repetitivo, através da Lei n. 11.672/2008, que acresceu o art. 543-C ao então vigente CPC/1973. Passamos, pois, a ter instrumentos próprios para a adoção de precedentes, o que foi fortalecido com o CPC/2015.

A obra que tenho a honra de prefaciar, do brilhante advogado e festejado professor ANDRÉ MACEDO DE OLIVEIRA, meu colega de docência na Universidade de Brasília (UnB), cuida exatamente dos precedentes e ainda trata de outro tema a mim caro: o papel do Superior Tribunal de Justiça (STJ).

Não é a primeira vez que o autor se debruça sobre a questão, já que a sua tese de doutoramento, em 2014, transformada no imprescindível livro "Recursos Especiais Repetitivos"[2], já examinara a temática. Agora, dez anos após, com o sistema tendo ultrapassado a idade de uma "debutante", ANDRÉ MACEDO, em estágio pós-doutoral, realizado na Universidade do Estado do Rio de Janeiro (UERJ), lança as suas novas ideias na magnífica obra **Cultura de precedentes e o papel do Superior Tribunal de Justiça** .

O livro é composto por três bem-elaboradas partes, sendo a primeira acerca do processo civil no contexto da crise do Poder Judiciário no Brasil; a segunda versa sobre o sistema de precedentes no Direito Processual brasileiro e sobre o papel do Superior Tribunal de Justiça; a última, por fim, analisa os desafios para uma cultura de precedentes no Direito Processual brasileiro e no STJ.

Em uma das passagens do texto, é dito: pesquisa da Associação dos Magistrados Brasileiros (AMB) "destaca que 86,7% dos juízes de 1º grau, 91,1% dos desembargadores, 77,9% dos inativos e 100% dos ministros de Tribunais Superiores concordam que o sistema de súmulas e precedentes vinculantes garante maior velocidade e segurança jurídica à atividade jurisdicional e, consequentemente, maior racionalização do Judiciário." Com percentuais tão elevados de confiança nos precedentes como meio para se alcançar a desejada segurança jurídica, é possível acreditar na implantação de uma nova cultura... Vamos ver o que nos apresenta o autor.

Fiz a promessa (e a cumpro) de que iria preparar um prefácio curto, objetivo, para que se possa ir direto ao ponto que efetivamente interessa: a leitura do excelente livro de autoria de ANDRÉ MACEDO DE OLIVEIRA.

Brasília, março/2024.

Luis Alberto Gurgel de Faria

Ministro do Superior Tribunal de Justiça (STJ). Doutor e Mestre em Direito pela Universidade Federal de Pernambuco (UFPE). Graduado pela Universidade Federal do Rio Grande do Norte (UFRN). Professor da Universidade de Brasília (UnB), do Programa de Pós-Graduação em Direito (PPGD) do Instituto Brasileiro de Ensino, Desenvolvimento e Pesquisa (IDP) e do PPGD da Universidade Nove de Julho (UNINOVE).

2. OLIVEIRA, André Macedo de. *Recursos Especiais Repetitivos*. Brasília-DF: Gazeta Jurídica, 2015.

Sumário

Uma introdução necessária: o objeto e os propósitos do ensaio

Este ensaio tem como propósito revisitar o tema enfrentado no meu curso de doutorado, após dez anos da pesquisa. A atualização da tese "recursos especiais repetitivos e efetividade jurisdicional: a terceira margem do STJ",[1] bem como de seu livro *recursos especiais repetitivos*, publicado pela Editora Gazeta Jurídica, em 2014[2], era necessária não só pelo incentivo de seu Editor, Professor Petrônio Calmon, mas também pela publicação do Código de Processo Civil (CPC) de 2015 e pelas Emendas ao Regimento Interno do Superior Tribunal de Justiça.

A pesquisa, na ocasião, teve como motivação uma provocação feita por Teori Zavascki em palestra por ele proferida no STJ em 24 de setembro de 2010, quando afirmou que as mudanças urgentes e necessárias nos dias de hoje não são as mudanças de leis processuais, mas, sim, de cultura jurídica, e que "*o sistema de respeito aos precedentes tem que partir daqueles que criam os precedentes*".

---

1. OLIVEIRA, André Macedo de. Recursos especiais repetitivos e efetividade jurisdicional: a terceira margem do Superior Tribunal de Justiça. Tese de Doutorado do Programa de pós-graduação em direito da Faculdade de Direito da Universidade de Brasília, sob orientação do Professor Doutor Jorge Amaury Maia Nunes. Brasília, 2014. http://www.realp.unb.br/jspui/bitstream/10482/16698/1/2014_AndreMacedodeOliveira.pdf. Acesso em: 20.11.2023.
2. OLIVEIRA, André Macedo de. Recursos Especiais Repetitivos. Brasília-DF: Gazeta Jurídica, 2015.

Nessa avaliação sobre valorização dos precedentes judiciais, Teori Zavascki apontou que a mudança urgente e necessária é a mudança de cultura jurídica, e não apenas as alterações legislativas. Disse, naquela assentada, que o respeito ao sistema de precedentes tem de partir dos que criam os precedentes.[3]

Assim, com essa ponderação, a investigação naquela oportunidade teve como baliza a provocação de Teori Zavascki sobre o Superior Tribunal de Justiça: se os Ministros do STJ, cujo papel constitucional é uniformizar a legislação infraconstitucional, respeitam e valorizam os próprios precedentes.

Após dez anos, numa reflexão de estágio pós-doutoral, considerando uma atualização das reflexões e a chegada do Código de Processo Civil de 2015, de um chamado sistema de precedentes, as alterações no Regimento Interno do STJ, bem como o resgate da provocação de Teori Zavascki que as mudanças urgentes e necessárias nos dias de hoje não são as mudanças de leis processuais, mas, sim, de cultura jurídica, é que se enfrenta o desafio que chamo *Cultura de precedentes e o papel do Superior Tribunal de Justiça.*

A identificação do problema é perene: a visível crise do Poder Judiciário brasileiro, que tem como consequência – e objeto do trabalho, em recorte – a crise da efetividade do processo civil no Brasil. Isso se justifica com a morosidade, o volume de processos e a crise de gestão. Os dados apresentados nas reiteradas pesquisas do Conselho da Justiça Federal, do Conselho Nacional de Justiça, Associação dos Magistrados Brasileiros, Justiça em números, permitiram definir as causas, a duração, os procedimentos e as consequências dessa crise.

O ensaio tem três partes.

A primeira, com uma abordagem atual, apresenta o processo civil no contexto da crise do Poder Judiciário no Brasil, considerando esse Poder numa perspectiva de prestador de serviço público, destacando-se e identificando a crise estrutural do sistema processual

---

3. Quanto às decisões das Cortes superiores, Neil MacCormick destaca que são detentoras de uma "autoridade em si mesma e diferentes dos textos das leis, em que cada palavra é parte do Direito posto". Essas decisões "desempenham papel crucial na construção de decisões judiciais nas quais os juízes expõem o que consideram as melhores justificativas para suas decisões". *Retórica e Estado de Direito*, págs. 191-192.

brasileiro. Navega-se na trajetória desse sistema, passando pelo Código de Processo Civil de 1973, pela Constituição de 1988, pelo movimento da coletivização do processo civil brasileiro, chegando às demandas de massa e, por fim, na chegada do Código de Processo Civil, Lei nº 13.105, de 16 de março de 2015, apresentando um sistema de precedentes de modo a racionalizar as demandas repetidas, garantir isonomia e segurança jurídica.

Ainda na primeira parte, analisa-se os instrumentos para racionalização do sistema processual, como a repercussão geral, a súmula vinculante, o julgamento de improcedência liminar do pedido, o papel da turma nacional de uniformização de jurisprudência dos juizados especiais federais, os recursos especiais repetitivos, o incidente de resolução de demandas repetitivas (IRDR) e o filtro de relevância no STJ.

A segunda parte deste ensaio destaca os cenários do sistema de precedentes no Direito Processual brasileiro e o papel do Superior Tribunal de Justiça. Faz-se uma análise da existência (ou não) de uma teoria de precedentes no Brasil, com suporte nos autores nacionais e em Michele Taruffo e Neil MacCormick. Chega-se, depois, numa abordagem sobre os precedentes no CPC/2015, no Regimento Interno do STJ e sobre o papel dos recursos especiais repetitivos.

Em estudos diversos,[4] como destacado no ensaio, verifica-se que o entendimento do que se aplica atualmente como precedentes no Brasil não cumpre os requisitos principais para assim ser chamado. O que temos hoje, na maior parte dos países que se alinham à tradição da *civil law* ou até mista, é a chamada jurisprudência ou um conceito peculiar de precedente.[5] No Brasil, há quem diga do caráter vinculante do precedente, seja horizontal ou vertical, e outros que apontem a produção dos precedentes apenas pelos Tribunais

4. Nessa toada ressalte-se os trabalhos de LOPES, Jânia Maria Saldanha; HOFFMAM, Fernando; GARCIA, Thaís. Teoria dos precedentes à brasileira e a destemporalização da decisão jurídica. Prisma Jurídico, vol. 12, núm. 1, jan.-jun., 2013, pp. 319-346. Disponível em: https://www.redalyc.org/pdf/934/93428124011.pdf. Acesso em: 04 jan. 2021; e de AL-ALAM, Caroline Ledesma. A Teoria de Precedentes nos Sistemas de Common Law e a sua inserção no direito brasileiro. Disponível em: https://www.lume.ufrgs.br/handle/10183/129925. Acesso em: 05 dez. 2023.

5. FACHINI, Laura Stefenon. Aplicação dos Precedentes no Brasil: descompasso entre teoria e prática. Disponível em: https://www.lume.ufrgs.br/handle/10183/174559. 2017.Acesso em: 06 dez. 2023, p. 69.

de Cúpula, conforme estampado na Constituição, e não nas Cortes Estaduais. Outros muitos autores criticam essa posição e afirmam que essas Cortes também podem produzir precedentes. O cenário brasileiro caminha na construção de uma teoria. E é essa construção o desafio.

E levando em conta a existência ou não de uma teoria de precedentes no nosso sistema processual, não há como desconsiderar que o art. 926 do CPC/2015 deixou clara a preocupação maior de todo o sistema processual no tocante à uniformização da jurisprudência dos tribunais, mantendo-a estável, íntegra e coerente. Apresentada essa moldura dos precedentes, sejam eles vinculantes ou persuasivos, não há, a nosso sentir, que se falar em ausência de disposição expressa específica sobre o efeito vinculante ou persuasivo das decisões proferidas pelo STJ. O papel constitucional do Superior Tribunal de Justiça, conforme a Carta de 1988,[6] de uniformizador da legislação infraconstitucional é, de fato, o comando para que os magistrados das Justiças Estadual, Federal e do Distrito Federal e Territórios sigam a interpretação infraconstitucional dada.

Na terceira e última parte, o ensaio entra nos desafios para uma cultura de precedentes no Direito Processual brasileiro e no STJ. Para tanto, faz-se uma análise do aprimoramento da cultura de precedentes no Tribunal, da valorização e estruturação desse sistema, bem como da utilização e estado da arte da inteligência artificial no âmbito do STJ. Analisa-se, ainda, o papel das escolas de Direito no Brasil no tocante à cultura de precedentes, advertindo-se para um novo desenho do ensino do Direito Processual e o seu processo de desintoxicação, de modo a repensar a prática do Direito Processual na perspectiva dos precedentes judiciais. E, por fim, um olhar para o papel do Conselho Nacional de Justiça na cultura de precedentes e seus desafios na formação dessa cultura objetivando a racionalização do sistema processual brasileiro.

Como observado por Calmon de Passos, há que se observar a força vinculante das decisões das Cortes Superiores. Sem esse papel,

---

6. Registre-se o art. 105, inciso III, da Constituição de 1988, que estabelece a competência do STJ para rever as decisões que contrariarem tratado ou lei federal ou negarem-lhes vigência, julgarem válido ato de governo local contestado em face de lei federal e derem a lei federal interpretação divergente da que lhe haja atribuído outro tribunal.

esvazia-se o seu o caráter de Corte uniformizadora.[7] Marinoni advoga na mesma linha o efeito vinculante, mas aponta a ausência de uma cultura jurídica no Brasil. Sem cultura jurídica, sem respeito aos precedentes do Superior Tribunal de Justiça, elimina-se a força obrigatória dos precedentes em relação às Cortes inferiores.[8]

O aprimoramento da cultura interna do STJ na valorização e estruturação dos precedentes é basilar. Desde a edição da lei dos recursos especiais repetitivos, em 2008, o Tribunal vem buscando essa racionalização e disseminação da cultura dos precedentes. O uso da inteligência artificial para se buscar a uniformização no âmbito do STJ merece destaque. Com os cuidados que os robôs requerem, é um caminho sem volta. Os resultados são satisfatórios no âmbito do Tribunal, mas o desafio é constante.

Na busca da maturação de uma cultura de precedentes no sistema processual brasileiro e no STJ, o que se propõe é um pensar no ensino do Direito Processual, seja nos programas das disciplinas (que muitas vezes são cópias da legislação e dos códigos e com base em manuais), seja no pensar do método de ensino, seja no fomento aos grupos de pesquisa de graduação e pós-graduação, seja nas pesquisas de campo (tendo como objeto os Tribunais Estaduais, Federais e o próprio STJ), seja em projetos de extensão, seja na formação permanente dos docentes. Menos cultura de recorribilidade e mais cultura de precedentes. É necessário um redesenho do ensino do Direito Processual.

Aliado a isso, o papel do Conselho Nacional de Justiça no aprimoramento da cultura de precedentes e na racionalização do sistema processual brasileiro é desafiador. E não há qualquer choque no seu papel nessa empreitada e no papel do Superior Tribunal de Justiça.

Ao STJ, cabe o diálogo constante com os Tribunais Regionais Federais e Tribunais de Justiça para medirem as incongruências nas interpretações da legislação federal que colidem com a isonomia e segurança jurídica. Para tanto, o diálogo com essas Cortes Federais

---

7. Súmula vinculante. *Revista do Tribunal Regional Federal da 1ª Região*, v. 9, n. 1, jan.-mar. 1997, p. 163-176.

8. MARINONI, Aproximação crítica entre as jurisdições de *civil law* e de *common law* e a necessidade de respeito aos precedentes no Brasil, pág. 53.

e Estaduais e a sua organicidade interna para estruturar e alinhar esses entendimentos destoantes. No Conselho Nacional de Justiça, a moldura é mais ampla. Além de abarcar e receber essas informações consolidadas do STJ, cabe ao Conselho estruturar em seus bancos de dados e em seu Departamento de Pesquisa as incongruências com as interpretações da legislação trabalhista pelo Tribunal Superior do Trabalho e o Supremo Tribunal Federal. Da mesma forma, ao CNJ cabe esse papel para mediar as incongruências entre o STJ e o STF.

Num estado moderno, com muitos juízes e tribunais, e uma hierarquia estruturada de recursos, segundo Neil MacCormick, "as mesmas regras e soluções devem orientar a decisão independentemente do juiz do caso. Fidelidade ao Estado de Direito requer que se evite qualquer variação frívola no padrão decisório de um juiz ou corte para outro".[9] Só com um debate qualificado sobre o enfrentamento das razões do congestionamento é que chegaremos a resultados e desafios a serem enfrentados e superados. A crise é perene. Não é moderna. Não há novidade nesse debate, que vem e se arrasta antes da Constituição de 1988, que trouxe como um de seus propósitos a concretização da Justiça e da garantia dos direitos.

Pretende-se alinhar de forma prospectiva a problemática a ser enfrenta pelo STJ e outros atores na concretização de uma cultura de precedentes no sistema processual civil brasileiro e o reforço e concretização do STJ como Corte de precedentes e o seu fortalecimento institucional nessa empreitada. É a terceira margem do STJ, revisitada após dez anos. Como destacado na pesquisa de 2013, a terceira margem é complexa, pesada e desafiadora.[10]

A terceira margem é o invisível. É o desconhecido. Guimarães Rosa apresenta uma busca que parece sem destino e sem sentido.[11]

---

9. MACCORMICK, Neil. Retórica e Estado de Direito. Trad. Conrado Hübner Mendes. Rio de Janeiro: Elsevier, 2008, pág. 191.

10. ROSA, João Guimarães. A terceira margem do rio. In: Primeira Estórias. In: Ficção Completa. Rio de Janeiro: Nova Aguilar, 1994, Vol. II, págs. 409-413. Cf. também: ROSA, João Guimarães. *João Guimarães Rosa: correspondência com seu tradutor italiano Edoardo Bizzarri.* 3. Ed. Rio de Janeiro: Nova Fronteira, 2003 (e Editora UFMG). Todas as cartas de Guimarães Rosa ao seu tradutor italiano com explicações e interessantes abordagens sobre os significados e sentidos das palavras de Guimarães Rosa e as dúvidas e questionamentos do tradutor italiano. Essas cartas datam de 5 de outubro de 1959 a 20 de outubro de 1967.

11. O velho pai, narrado por Guimarães Rosa, resistiu ao tempo e a tempestades e, enquanto esteve no rio, acenou uma única vez para o filho. A busca do pai, mesmo sendo considerado louco por

O pai busca no rio respostas não encontradas no cotidiano. Em seus diálogos com os tradutores estrangeiros de suas obras, o autor apresentava os sentidos e significados de seus termos. Ao tradutor francês de *Primeiras Estórias*, do qual faz parte o conto "A Terceira Margem do Rio", Guimarães Rosa revela que quase toda palavra contém uma "pluralidade de direções e sentidos, tem dinâmica espiritual, filosófica, disfarçada. Tem de ser tomada de um ângulo poético, antirracionalista e antirrealista".[12]

Em entrevista a Günter Lorez, em janeiro de 1965, Guimarães Rosa afirma que, quando escreve, repete o que já viveu. "Gostaria de ser um crocodilo vivendo no rio São Francisco", diz, pois ama os grandes rios, "profundos como a alma de um homem. Na superfície são muito vivazes e claros, mas nas profundezas são tranquilos e escuros como o sofrimento dos homens".[13] Essa busca por respostas, mesmo que tenha um preço elevado de abandonar o laço familiar, traz uma ruptura com o *standard* estabelecido.[14]

Há muito vive o processo civil brasileiro uma crise estrutural. E pouco se fez e se faz para a racionalização desse sistema. Há o esforço de muitos atores, mas, na essência, vivemos uma reprodução e repaginação de um modelo cuja mecânica não traz uma resposta

fugir dos padrões convencionais de comportamento, mostra um caminho de possibilidades: "Nosso pai entrou na canoa e desamarrou, pelo remar. E a canoa saiu se indo – a sombra dela por igual, feito um jacaré, comprida longa". O pai "era homem cumpridor, ordeiro, positivo; e sido assim desde mocinho e menino, pelo que testemunharam as diversas sensatas pessoas, quando indaguei a informação", conta o filho.

12. Carta de Guimarães Rosa a Jean-Jacques Villard de 14 de outubro de 1963. Folha de São Paulo, de 30 de junho de 1996. Caderno Mais!, pág. 6. http://acervo.folha.com.br/fsp/1996/06/30/72/. Acesso em: 22.3.2013.

13. Entrevista de Günter Lorenz com Guimarães Rosa no Congresso de Escritores Latino-Americanos, em janeiro de 1965 e publicada na obra de Lorenz *Diálogo com a América Latina. Panorama de uma Literatura do Futuro*. São Paulo: Editora Pedagógica e Universitária Ltda, 1973. Nesse "encontro" com Günter Lorenz, Guimarães Rosa observa não se tratar de uma entrevista: "... peço-lhe que não use essa horrível expressão 'entrevista'. Eu certamente não teria aceito seu convite se esperasse uma entrevista. As entrevistas são trocas de palavras em que um formula ao outro perguntas cujas respostas já conhece de antemão. Vim, como combinamos, porque desejávamos conversar. Nossa conversa, e isto é o importante, desejamos fazê-la em conjunto".

14. "Escrevendo, descubro sempre um novo pedaço de infinito. Vivo no infinito; o momento não conta. Vou lhe revelar um segredo: creio já ter vivido uma vez. Nesta vida, também fui brasileiro e me chamava João Guimarães Rosa. Quando escrevo, repito o que vivi antes". Entrevista de Günter Lorenz com Guimarães Rosa no Congresso de Escritores Latino-Americanos, em janeiro de 1965 e publicada na obra de Lorenz *Diálogo com a América Latina. Panorama de uma Literatura do Futuro*. São Paulo: Editora Pedagógica e Universitária Ltda, 1973.

rápida e efetiva aos jurisdicionados. A essência desses debates tem que ter como foco a crise do sistema. E a crise é estrutural. Muito se debateu para se chegar ao Código de 2015, mas o volume de processos e os recursos nos Tribunais Superiores só cresce. A curva ascendente não tem perspectivas de qualquer queda ao longo dos anos. É no sentido de contribuir para o reencontro do STJ com o seu papel constitucional, na busca da "terceira margem", que este Ensaio apresenta essas provocações, esses cenários e, ao mesmo tempo, reflexões para caminhos e enfrentamento dos desafios. E o desafio é e será constante.

Parte 1

CRISE DO PROCESSO CIVIL E OS INSTRUMENTOS PARA RACIONALIZAÇÃO DO SISTEMA PROCESSUAL BRASILEIRO

Capítulo 1

A crise estrutural do sistema processual brasileiro: o individual, o coletivo e a massificação

Há muito vive o processo civil brasileiro uma crise estrutural. E pouco se fez e se faz para a racionalização desse sistema. Há o esforço de muitos atores, mas, na essência, vivemos uma reprodução e repaginação de um sistema cuja mecânica não traz uma resposta rápida e efetiva aos jurisdicionados. A maior parte dos seminários de processo civil giram em torno dos mesmos temas. Copiamos modelos de sistemas e institutos que não encaixam na moldura do nosso sistema brasileiro. A essência desses debates tem que ter como foco a crise do sistema. Muito se debateu para se chegar ao Código de 2015 sem que ele tivesse qualquer efeito de redução do volume de processos. Ao contrário, o que se vê é um aumento constante. A curva ascendente não tem perspectivas de qualquer queda ao longo dos anos.

O perfil individualista contemplado no Código de Processo Civil de 1973 não acompanhou as exigências da sociedade moderna, sobretudo após a Constituição de 1988, com a disposição dos chamados direitos difusos, coletivos e individuais homogêneos. Esse caráter coletivo, revelado nas leis da ação popular, da ação civil pública, no Código de Defesa do Consumidor, no Estatuto da Criança e do Adolescente, no Estatuto da Cidade, no Estatuto do Idoso, entre outras, coexiste num subsistema próprio, compreendido por um conjunto normativo próprio.

Até o advento do Código de Processo Civil de 2015, era alicerçada no modelo das "causas individuais" e das "causas coletivas". As primeiras, com regras balizadas no Código de Processo Civil de 1973. As coletivas estão estampadas nos diplomas legais já referidos.[1] Teori Albino Zavascki observa que as diversas modificações legislativas supervenientes a partir de 1985 alteraram fortemente não apenas "o Código de Processo, mas o próprio sistema processual nele consagrado".

Zavascki classifica essas mudanças em duas fases. A primeira, "novos mecanismos" e a segunda, "modificações da segunda fase: a reforma do próprio Código de Processo Civil [1973]". A fase dos novos mecanismos é aquela iniciada em 1985, caracterizada pela inserção no sistema de "instrumentos até então desconhecidos" destinados a balizar as "demandas de natureza coletiva e a tutelar direitos e interesses transindividuais", como as chamadas ações civis públicas, a lei das pessoas com deficiência, o Estatuto da Criança e do Adolescente, o Código de Defesa do Consumidor, a probidade na administração pública e os interesses das pessoas idosas. A fase da reforma do CPC teve início em 1994, "em nome da efetividade do processo, reclamo mais urgente de uma sociedade com pressa, foram produzidas modificações expressivas no Código de Processo Civil".[2]

O aumento das demandas no Poder Judiciário brasileiro a partir da Constituição de 1988, o esgotamento do modelo individualista do Código de Processo Civil de 1973 e o surgimento das demandas coletivas[3], assim como os reiterados planos econômicos governamentais, o aumento desenfreado do consumo, consubstanciado na elevada oferta de linhas de crédito, o aumento da litigiosidade com a criação dos juizados especiais cíveis na justiça estadual e federal, entre outros fatores, alimentaram as chamadas demandas de massa.

---

1. Cf. nesse sentido Leonardo José Carneiro da Cunha. O regime processual das causas repetitivas. In: DIDIER Jr., Fredie (org.). *Leituras Complementares de Processo Civil*. 8ª ed. Ed. *Jus*Podim, 2010, pág. 290.
2. ZAVASCKI, Teori Albino. *Processo coletivo: tutela de direitos coletivos e tutela coletiva de direitos*. 4. ed. São Paulo: Editora Revista dos Tribunais, 2009, págs. 13-22.
3. As relações processuais no sistema judicial brasileiro partiram de um caráter individualista para um caráter coletivo. Cássio Scarpinella Bueno acentua que os conflitos entre um indivíduo contra o outro ou, no máximo, de um pequeno grupo de indivíduos em face de outro pequeno grupo apresentam um nítido caráter individualista. Cf. *Curso de direito processual civil: teoria geral do direito processual civil*. São Paulo: Saraiva, 2007, vol. 1, pág. 30.

As relações processuais com intensa atuação negocial repetida compõem novas partes no polo passivo das demandas, como as instituições financeiras, os estabelecimentos de ensino, as empresas de telefonia, os órgãos governamentais e as entidades de saúde. No âmbito público e privado, as demandas de massa chegam ao Poder Judiciário brasileiro, caracterizadas com teses tributárias, administrativas, previdenciárias, cíveis e consumeristas.

Nicola Picardi e Dierle Nunes dimensionaram três tipos de litigiosidade no sistema jurisdicional brasileiro. A "individual ou de varejo", relativa a lesões e ameaças a direitos isolados. O processo coletivo, que trata da "litigiosidade coletiva", geralmente patrocinado por legitimados extraordinários, como a ação civil pública (Lei nº 7.347/1985) e as ações coletivas do Código de Defesa do Consumidor (Lei nº 8.078/1990) e, por fim, a litigiosidade "em massa ou de alta intensidade", que enseja ações repetitivas ou seriais, "com especificidades", mas que apresentam questões comuns para a resolução da causa.[4]

Fátima Nancy Andrighi destacava em 2010 que era o grande momento de uma Corte Superior de Justiça analisar temas com profundidade nunca antes vista, pois há uma "mobilização que supera em muito a discussão *inter partes*; há a influência dos *amicus curiae*, do Ministério Público, dos próprios Tribunais de 2º grau e, necessariamente, a participação das Seções ou da Corte Especial" do STJ.[5] Esse Tribunal, que tem o papel constitucional de uniformizador da legislação federal, no entanto, julgou 371.618 processos em 2012, ou seja, excluindo-se os meses de janeiro e julho (recesso) e os sábados e domingos, o STJ julgou 1.858 casos por dia. Considerando os 33 Ministros do Tribunal, cada um julgou, em média, 56 processos por dia. Considerando oito horas de trabalho, cada Ministro julgou, em média, sete processos por hora em 2012. Esses dados prosseguiram nos anos seguintes e, em 2016, o STJ julgou 470.722, ou seja, com as mesmas considerações de 2012, julgou 2.353 casos em 2016 por dia. Cada Ministro julgou, em média, 80 processos por dia em 2016.

---

4. PICARDI, Nicola e NUNES, Dierle. O Código de Processo Civil Brasileiro: Origem, formação e projeto de reforma. In: *Revista de Informação Legislativa*, Brasília, ano 48, n. 190 abr./jun., 2011, pág. 102.
5. ANDRIGHI, Fátima Nancy. Recursos repetitivos. *Revista de Processo*, v. 35, n. 185, julho, 2010, pág. 277.

Em 1990, cada Ministro do STJ julgava dois processos por dia. Vinte e dois anos depois, cada Ministro julgava, por dia, 56 processos. No levantamento feito no encerramento do ano judiciário de 2018, foi computado novo recorde de julgamentos no tribunal: 511.761 processos e, em 2022, esse recorde foi superado, período em que o STJ atingiu a marca de 577.707 processos julgados. Ainda nessa linha, em 2023, o STJ registrou recorde de processos recebidos no Tribunal, totalizando 461 mil entre janeiro e 26 de dezembro de 2023. A marca superou a alcançada em 2022, no total de 404 mil, e é a maior desde que a Corte foi instalada, em 1989.

PROCESSOS JULGADOS PELO STJ							
MÉDIA DE PROCESSOS JULGADOS/ ANO	**1990**	**2012**	**2016**	**2018**	**2020**	**2022**	**2023**
STJ (por ano)	11.742	371.618	470.722	511.761	495.497	577.707	426.500
STJ (por dia)[6]	58	1.858	2.353	2.558	2.477	2.859	2.121
MINISTRO (por dia)	2	56	80	87	75	86	64

Pelos dados estatísticos, vê-se que o papel constitucional do Superior Tribunal de Justiça de uniformizador da legislação infraconstitucional caminha na contramão dos propósitos alinhados na Assembleia Nacional Constituinte em 1987, bem como nos debates acadêmicos que a antecederam. As discussões dos constituintes caminhavam para uma renovação do Judiciário com a criação de um Tribunal com "competência para a interpretação da lei federal e para a unificação da jurisprudência no conflito entre Tribunais".[7]

6. Excluindo-se os meses do recesso – janeiro e julho – e considerando os 200 dias úteis do ano (excluindo janeiro e julho e os sábados e domingos).

7. Diário da Assembleia Nacional Constituinte (Suplemento), Câmara dos Deputados, publicado em 5 de agosto de 1987, pág. 8. Nessa passagem, Egídio Ferreira Lima destaca ainda a criação dos Tribunais Regionais Federais, "ensejando-se a descentralização do julgamento da matéria recursal concernente à Justiça Federal". E ainda: "Comandos precisos visam a uma justiça mais rápida e eficiente, ao tempo em que se instituiu juízos especiais mais próximos da população e com processos rápidos". Sobre Constituinte Egídio Ferreira Lima, confira: http://www2.

Num estado moderno, com muitos juízes e tribunais e uma hierarquia estruturada de recursos, segundo Neil MacCormick, "as mesmas regras e soluções devem orientar a decisão independentemente do juiz do caso. Fidelidade ao Estado de Direito requer que se evite qualquer variação frívola no padrão decisório de um juiz ou corte para outro".[8]

É latente, segundo pesquisas do Conselho Nacional de Justiça e do Conselho da Justiça Federal, que o cenário da efetividade jurisdicional do processo civil brasileiro é moroso, lento. O número de processos aumenta a cada ano e uma prestação efetiva é fundante para a realização da garantia constitucional do acesso à justiça. O acesso a uma ordem jurídica justa perpassa um sistema judicial eficiente, no qual os cidadãos, quando demandam ao Poder Judiciário, têm a garantia de uma resposta rápida.[9]

Nesse contexto do movimento de acesso à justiça está o relevante papel do Poder Judiciário, que teve reconhecido destaque a partir da Constituição Federal de 1988. Maria Tereza Sadek aponta duas faces do Poder Judiciário prescritas pela Constituição Federal. No exercício de suas funções, o Judiciário tem uma face de poder de Estado e outra de prestador de serviços. Nos dois casos, revela Sadek, "há, primordialmente, a distribuição de justiça".[10] Esse marco delimitado pela professora Maria Tereza Sadek permeará a busca dos resultados do presente estudo, ou seja, a visão do Poder Judiciário como prestador de serviços, como garantidor dos direitos dos cidadãos para a democratização do acesso à justiça.

Qualquer instituição tem o dever de melhor desempenhar o que a ela foi determinado e estruturado funcionalmente. As estruturas

---

camara.leg.br/atividade-legislativa/legislacao/Constituicoes_Brasileiras/constituicao-cidada/parlamentaresconstituintes/constituicao20anos_bioconstituintes?pk=103130.

8. MACCORMICK, Neil. Retórica e Estado de Direito. Trad. Conrado Hübner Mendes. Rio de Janeiro: Elsevier, 2008, pág. 191. Segundo o autor, "se você deve tratar igualmente casos iguais e diferentemente casos distintos, então novos casos que tenham semelhanças relevantes com decisões anteriores devem (*prima facie*, pelo menos) ser decididos de maneira igual ou análoga aos casos passados. Conectada a essa razão, está a ideia de um sistema jurídico imparcial que faz a mesma justiça a todos, independentemente de quem forem as partes do caso e de quem está julgando" (pág. 191).

9. WATANABE, Kazuo. Acesso à justiça e sociedade moderna. In: GRINOVER, Ada Pellegrini et. al. *Participação e processo*. São Paulo: RT, 1988. p. 128/135.

10. SADEK, *Acesso à justiça*, pág. 7.

judiciárias foram ampliadas, mas, como adverte Raúl Eugenio Zaffaroni, "não foram realizadas as transformações qualitativas necessárias para adaptá-las às novas formas de conflito que devem enfrentar".[11]

A efetividade na prestação jurisdicional está em constante diálogo com a garantia constitucional do acesso à justiça. O acesso a uma ordem jurídica justa perpassa um sistema judicial eficiente, em que os jurisdicionados têm a garantia de uma resposta rápida e efetiva.[12] Na visão de Mauro Cappelletti, verifica-se a difícil definição do que realmente seja acesso à justiça. Ressalta que a justiça serve para determinar duas finalidades básicas do sistema jurídico. A primeira seria o sistema pelo qual as pessoas podem reivindicar seus direitos, resolvendo ou não seus litígios sob os auspícios do Estado. O sistema deve ser igualmente acessível a todos. Essa é a primeira finalidade básica. A segunda é a de se produzir resultados que sejam individuais e socialmente justos.[13] Retrata Cappelletti a emergência do movimento de acesso à Justiça que, na sua essência, trata de analisar e procurar os caminhos para superar as dificuldades ou obstáculos que fazem inacessíveis as liberdades civis e políticas.[14]

---

11. ZAFFARONI, Raúl Eugenio. *Poder Judiciário: crise, acertos e desacertos*. Tradução: Juarez Tavares. São Paulo: Ed. Revista dos Tribunais, 1995, págs. 21-25.

12. Para Celso Campilongo, o problema do acesso à justiça é "indiscutivelmente um problema das maiorias. A esmagadora maioria da população de um país como o Brasil não tem acesso à justiça". (...) "...nos países centrais, a preocupação com o acesso à justiça é principalmente com a manutenção de um certo padrão de garantia dos direitos, e eficácia e de penetração dos direitos na sociedade. Ora, entre nós, a preocupação como o acesso à justiça não é de manutenção, mas sim de obtenção de algo que nunca foi conquistado: a afirmação da cidadania pela via judicial". O Poder Judiciário, para Campilongo, precisa oferecer "novas respostas a essa conflituosidade que se resolve diferente da do direito tradicional. Os problemas de acesso à justiça tendem a aumentar de importância nos próximos anos". CAMPILONGO, Celso Fernandes. O Judiciário e o acesso à justiça. In: SADEK, Maria Tereza (org.). *O Judiciário em debate*. São Paulo: Idesp: Editora Sumaré, 1995. – (Série Justiça), págs. 15-17. Cf. ainda sobre o acesso à justiça: CUNHA, Luciana Gross. O acesso à Justiça e a assistência jurídica em São Paulo. *Cidadania e Justiça*, v. 09, p. 163-180, 2000.

13. CAPPELLETTI, Mauro. *Acesso à Justiça*. Trad. de Ellen Gracie Northfleet. Porto Alegre: Sergio Fabris Editor, 1988, p. 8. A referência ao professor italiano não pretende resgatar uma concepção da década de 1970. O autor deste livro, ciente da referência temporal da pesquisa, tenta trazer ao texto a ideia, ou o projeto do autor (Cappelletti) de que é possível prever a efetiva democratização do acesso à justiça por meio de um processo não apenas individual. As ondas de Cappelletti referidas em sua obra referiam-se à assistência judiciária, como primeira, às reformas tendentes a proporcionar representação jurídica para os interesses difusos, em especial, ambiental e consumidor, e um enfoque específico de acesso englobando as ondas anteriores, no sentindo de atacar as barreiras do acesso de forma mais articulada e compreensiva, segundo revela o próprio autor italiano.

14. CAPPELLETTI, Mauro. Métodos alternativos de solução de conflitos no quadro do movimento universal de acesso à Justiça. Trad. p/ José Carlos Barbosa Moreira. *Revista de Processo* n. 74/82.

Nesse caminho, Michele Taruffo aponta que a garantia constitucional do acesso à justiça não abrange apenas o acesso a uma Corte, mas também a um julgamento "justo" que inclua todos os direitos que estão sendo reivindicados, ou seja, todas as garantias processuais das partes, para uma efetiva satisfação do direito que estão pleiteando.[15]

A Constituição de 1988 reforçou o papel do Poder Judiciário, alçando-o, segundo Daniel Sarmento, de um poder "quase-nulo, de mera boca que pronunciava as palavras da lei, como afirmara Montesquieu", a uma posição mais importante no desenho institucional do Estado contemporâneo. Até a Constituição de 1988, a lei tinha mais valor que a Constituição no "tráfico jurídico". No Direito Público, o decreto e a portaria valiam mais do que a lei. Para Sarmento, o Poder Judiciário não desempenhava um papel político tão importante, e não apresentava o mesmo nível de independência que passou a gozar posteriormente.[16]

A Constituição cidadã, como afirmara Ulysses Guimarães, foi fruto de amplo processo de redemocratização do País.[17] Promulgada

15. TARUFFO, Michele. *La proteción judicial de los derechos en un estado constitucional*. Trad. de Maximiliano Aramburo Calle. In: Páginas sobre justicia civil. Madrid: Marcial Pons, 2009., p. 33: "Desde el punto de la *protección efectiva de los derechos*, se reconoce que la garantía constitucional no abarca sólo el acceso inicial a un tribunal (es decir, el derecho a formular una demanda): tiene que abarcar también todos los derechos procesales que las partes deben estar autorizadas a ejercer, para uma efectiva satisfacción del derecho que están reclamando". E prossegue Taruffo: "...la posibilidad de usar mecanismos de aplicación efectiva para todo tipo de juzgamientos, se concibe también como una parte esencial de la protección concreto de un derecho. Este desarollo significa, en poças palavras, que toda la maquinaria procesal que está dirigida a la obtención de una completa y real reivindicación de un derecho, tiende a considerarse como parte de una garantía procesal más amplia y abarcadora".

16. SARMENTO, Daniel. *O Neoconstitucionalismo no Brasil: Riscos e possibilidades*. In: Filosofia e Teoria Constitucional Contemporânea. Rio de Janeiro: Lúmen Júris, 2009, pp. 113-146. Guy Canivet adverte ser um equívoco atribuir a Montesquieu o sentido dado à afirmação do poder do juiz como mero pronunciador da "boca da lei", pois a passagem do "Espírito das Leis" referia-se ao Direito Inglês da época (1801), quando o "júri" era responsável por decidir os fatos e o "Tribunal Inglês", o "porta-voz da lei". Cf. CANIVET, Guy. *Activisme judiciaire et prudence interprétative* – (Introduction générale). In: La création du droit par le juge, Archives de philosophie du droit, tome 50, Dalloz, 2007, pp. 7-32.

17. Luís Roberto Barroso traz um apanhado histórico até a democratização consubstanciada na Constituição de 1988: "A acidentada experiência constitucional brasileira produziu, desde a independência em 1822, oito cartas políticas. Além da evidente instabilidade, o projeto institucional brasileiro, até a Constituição de 1988, foi marcado pela frustração de propósitos dos sucessivos textos que procuravam repercutir sobre a realidade política e social do país. Vivemos intensamente todos os ciclos do atraso: a escravidão, o coronelismo, o golpismo, a manipulação eleitoral, a hegemonia astuciosa de alguns Estados, o populismo, o anticomunismo legitimador de barbaridades diversas, uma ditadura civil e outra militar. Até a sorte nos

por Assembleia Nacional Constituinte, a Constituição de 1988 trouxe amplo leque de direitos e garantias individuais, direitos sociais, determinou a elaboração de um Código de Defesa do Consumidor (art. 48 do ADCT), deu dimensão federativa ao Município, garantiu sua autonomia ante os Estados-Membros e a União, reforçou o papel do Poder Judiciário (no qual o Supremo Tribunal Federal passou a ter competência principalmente em matérias constitucionais) e a criação do Superior Tribunal de Justiça como instância uniformizadora da legislação infraconstitucional.[18]

Ao Ministério Público foram conferidas várias atribuições para a defesa da ordem jurídica, do regime democrático e dos interesses individuais e sociais indisponíveis, ressaltando a promoção do inquérito civil e da ação civil pública. A Defensoria Pública ganhou *status* constitucional e autonomia, e a Advocacia foi destacada como função essencial à justiça, juntamente com o Ministério Público, a Defensoria Pública e a Advocacia Pública.[19]

Além disso, a Constituição de 1988 trouxe a obrigatoriedade da criação de Juizados Especiais, providos por juízes togados, ou togados e leigos, para a conciliação, o julgamento e a execução de causas cíveis de menor complexidade e infrações penais de menor potencial ofensivo, mediante os procedimentos oral e sumaríssimo, permitidos, nas hipóteses previstas em lei, a transação e o julgamento

---

faltou em dois momentos cruciais de retomada democrática: na morte de Tancredo Neves, 1985, e no *impeachment* de Collor de Mello, em 1992". BARROSO, Luís Roberto. *Temas de Direito Constitucional*. Tomo III. Rio de Janeiro: Renovar, 2005, pág. 63.

18. Sobre o papel do Poder Judiciário e sua relação com os demais Poderes, cf. análise de FISS, Owen. *Um novo Processo Civil: estudos norte-americanos sobre Jurisdição, Constituição e sociedade*; coord. da trad. Carlos Alberto Salles; tradução Daniel Porto Godinho da Silva, Melina de Medeiros Rós. São Paulo: Editora Revista dos Tribunais, 2004, pág. 153 e segs. Fiss faz uma interessante abordagem sobre as influências políticas sobre o Poder Judiciário no sistema americano, a partir do que chama de "elementos políticos" e "imperativos econômicos".

19. Cf. pesquisa de SADEK, Maria Tereza e CASTILHO, Ela Wiecko V. de. *O Ministério Público Federal e a Administração da Justiça do Brasil*. São Paulo: IDESP: Sumaré, 1998. – (Série Justiça): "94,5% dos integrantes do Ministério Público Federal julgam que há uma crise na justiça no país e apenas 4,0% discordam em termos ou totalmente desta afirmação". Os números não alinham com a visão dos magistrados. Em pesquisa realizada pelo IDESP em 1993, 15,8% dos magistrados entrevistados "compartilharam inteiramente o diagnóstico segundo o qual existe uma crise na justiça e 20,5% discordam inteiramente". Para os membros do Ministério Público Federal, o Legislativo Federal é a instituição mais responsável pelo mau funcionamento da administração da justiça, na qual 86% dos entrevistados julgam que o "organismo encarregado da elaboração das leis possui um grau 'muito alto' ou 'alto' de responsabilidade pelas atuais deficiências na prestação jurisdicional" (pág. 11).

de recursos por turmas de juízes de primeiro grau (art. 98, I). Cabe à União, aos estados e ao Distrito Federal legislar, de forma concorrente, sobre a criação, o funcionamento e o processo do juizado de pequenas causas (art. 24, X).

Michele Taruffo aponta que a Constituição Federal de 1988 é contextualizada como a fase "madura" de um dos fenômenos mais importantes que marcaram a evolução da justiça civil em meados do século XX, isto é, a constitucionalização das garantias fundamentais do processo.[20] É preciso, pois, repensar essa saída para a crise estrutural até hoje vivenciada. É preciso racionalizar o sistema processual, dar vida às garantias fundamentais do processo e buscar efetividade na prestação jurisdicional.

Efetividade, nesse contexto, é a possibilidade de o Poder Judiciário dar uma resposta (produto) rápida e efetiva. É a resposta à parte (cidadão) que buscou o Judiciário. Efetividade na prestação jurisdicional significa a eficácia do Poder Judiciário, que produz efeito, que alcança resultado. Entretanto, sem métodos eficazes, não haverá efetividade na prestação jurisdicional. Essa resposta rápida, porém, não é mensurável. Não há como quantificar o tempo, nem é esse o escopo. O que não é plausível é a demora, e todos sabemos o que é prestação jurisdicional demorada.

◉ Seção 1: A crise do Supremo Tribunal Federal e a Criação do Superior Tribunal de Justiça

Outro marco na Constituição de 1988 foi a criação do Superior Tribunal de Justiça. Uma "mesa-redonda" realizada na Fundação Getúlio Vargas, ainda em 1965, está na origem do debate sobre a concepção do STJ. Desse encontro participaram os juristas Levy Fernandes Carneiro, Alcino de Paula Salazar, José Frederico Marques, Miguel Seabra Fagundes, G. Ulhôa Canto, Caio Mário da Silva

20. "La Constitución brasileña de 1988 se inserta, de pleno derecho, en la que se puede definir como la 'fase madura' de uno de los fenómenos más importantes que han caracterizado la evolución de la justicia cvil a partir de la mitad del siglo XX, vale decir, la 'constitucionalización' de las garantías fundamentales del proceso". TARUFFO, *La proteción judicial de los derechos en un estado constitucional*, p. 63.

Pereira, Mário Pessoa, Caio Tácito, Flavio Bauer Novelli, Miguel Reale e Themístocles Brandão Cavalcanti, que presidiu os trabalhos.

Falava-se na criação de um tribunal que se ocupasse de parte da competência do Supremo Tribunal Federal no tocante à apreciação dos recursos extraordinários relativos ao Direito federal comum. O relatório do debate aponta para a criação de "um único tribunal que teria uma função eminente como instância federal sobre matéria que não tivesse, como especificidade, natureza constitucional, ao mesmo tempo que teria a tarefa de apreciar os mandados de segurança e *habeas corpus* originários, os contra atos dos Ministros de Estado e os recursos ordinários das decisões denegatórias em última instância federal ou dos Estados"[21].

Imbuídos de atribuir um novo papel ao Supremo Tribunal Federal, a ideia desses renomados juristas era, em essência, encaminhar os recursos extraordinários fundados exclusivamente na lei federal ao novo Tribunal, de modo a aliviar a sobrecarga do STF[22]. Aliás, antes mesmo dessa mesa-redonda, José Afonso da Silva apontava a necessidade da criação de um Tribunal Superior "correspondente ao TSE e ao TST para compor as estruturas judiciárias do Direito comum, do Direito fiscal federal e questões de interesse da União e do Direito penal militar". Esse órgão, que José Afonso chamaria de Tribunal Superior de Justiça, "teria como competência fundamental, entre outras, julgar, em grau de recurso, as causas decididas em única ou última instância pelos tribunais ou juízes estaduais, dos feitos da fazenda nacional e militares".[23]

Até a Carta de 1988, as questões de uniformização da legislação federal eram submetidas ao Supremo Tribunal Federal, por meio do recurso extraordinário. Foi no art. 27, *caput*, do ato das disposições constitucionais transitórias que se regulamentou a instalação do Superior Tribunal de Justiça. A composição inicial do Tribunal foi concebida pelo aproveitamento dos Ministros do Tribunal Federal de Recursos e pela nomeação dos Ministros que fossem necessários para completar o número estabelecido na Constituição, qual seja, de

---

21. *Revista de Direito Público e Ciência Política da Fundação Getúlio Vargas*, vol. VIII, tomo 2, maio/agosto de 1965, págs. 134 e seguintes.
22. Vale conferir ainda artigo de Miguel Reale. *O Tribunal Superior de Justiça.* Folha de São Paulo, Tendências/Debates, sexta-feira, 5 de junho de 1987.
23. SILVA, José Afonso. *Do recurso extraordinário.* São Paulo: RT, 1963, pág. 456.

33 Ministros, conforme dispõe o art. 104. Na ocasião, foram criados ainda cinco Tribunais Regionais Federais.[24]

Egídio Ferreira Lima, na sessão da Comissão da Organização dos Poderes e Sistema de Governo da Assembleia Nacional Constituinte, em 27 de maio de 1987, sob a Presidência de Oscar Corrêa, a qual contou também com a presença do então Procurador-Geral da República, Sepúlveda Pertence, destacou o ponto da "renovação do Judiciário" a partir da criação de um Superior Tribunal de Justiça com "competência para a interpretação da lei federal e para a unificação da jurisprudência no conflito entre Tribunais".[25]

Antes, porém, em 6 de maio de 1987, o então Presidente do Supremo Tribunal Federal, Ministro Sydney Sanches, também compareceu à sessão da Comissão, na qualidade de Relator-Geral da proposta do Supremo Tribunal Federal à Constituinte, e destacou que, antes de fixar as suas convicções, o Supremo ouviu as sugestões e manifestações de "todos os tribunais do País".

Entre as propostas analisadas, o STF desaprovou a ideia de se "criar um Tribunal Superior de Justiça (abaixo do Supremo Tribunal Federal), com competência para julgar recursos extraordinários oriundos de todos os Tribunais Estaduais do País".[26] A opinião contrária do STF era baseada, segundo revelam os anais da Assembleia Nacional Constituinte, na eventual prejudicialidade da "autonomia das Justiças Estaduais, que ficariam sob a jurisdição de um Tribunal Federal", e que não seria um Tribunal de toda a Federação, como o Supremo. Seria um Tribunal "intermediário, sem força de Tribunal

24. Luis Alberto Gurgel de Faria faz uma análise criteriosa da criação e instalação do Superior Tribunal de Justiça. Cf. Os 30 anos do STJ e a importância do recurso especial repetitivo na efetivação da principal missão da corte: uniformizar a interpretação da Lei Federal. BRASIL. Superior Tribunal de Justiça. Doutrina: edição comemorativa: 30 anos do STJ. Brasília: Superior Tribunal de Justiça, 2019, p. 1003-1005. Disponível em: https://bdjur.stj.jus.br/jspui/handle/2011/131432. Acesso em: 20.12.2023.

25. Diário da Assembleia Nacional Constituinte (Suplemento), Câmara dos Deputados, publicado em 5 de agosto de 1987, pág. 8. Nessa passagem, Egídio Ferreira Lima destaca ainda a criação dos Tribunais Regionais Federais, "ensejando-se a descentralização do julgamento da matéria recursal concernente à Justiça Federal". E ainda: "Comandos precisos visam a uma justiça mais rápida e eficiente, ao tempo em que se instituíram juízos especiais mais próximos da população e com processos rápidos". Sobre o Constituinte Egídio Ferreira Lima, confira: http://www2.camara.leg.br/atividade-legislativa/legislacao/Constituicoes_Brasileiras/constituicao.

26. Diário da Assembleia Nacional Constituinte, págs. 23-24.

da Federação, e que reformaria os acórdãos da Justiça dos Estados, que teriam sua autonomia consideravelmente atingida".

O Ministro Sydney Sanches apresentou ainda a importância de um tribunal de caráter nacional, com jurisdição em todo o País, continuar "exercendo competência sobre as questões federais de maior repercussão na ordem jurídica". E ainda "que o Brasil tem peculiaridades históricas, geográficas, sociológicas, étnicas, com uma formação fisiológica, política, econômica, moral e religiosa tão diversificada que é muito perigosa a adoção pura e simples de modelos alienígenas para solução de seus problemas judiciários".[27]

Ao tratar do Tribunal Federal de Recursos (TFR), Sydney Sanches o destacou como "notoriamente sobrecarregado". Apontou a necessidade da "racionalização de trabalho na Justiça Federal de 2ª instância", pois, na verdade, "o Tribunal Federal de Recursos é a 2ª e a 3ª instâncias na Justiça Federal. Por isso, jamais conseguirá superar o acervo de processos que lá se encontra". O cenário, desde o TFR, era de sobrecarga de trabalhos e de grande volume de processos. A necessidade de racionalização de trabalho permeava todo o debate.

Apontou Sydney Sanches que "a proposta Afonso Arinos cria um Tribunal Superior que seria superior para a Justiça Federal e para a Justiça dos Estados". Para o Ministro, essa proposta seria ideal "se o Tribunal não tivesse que ter cem ministros". Eis o problema, segundo Sydney Sanches: "Há sempre o gigantismo nos tribunais." Com a natural sobrecarga de trabalho, "inevitavelmente, um Tribunal com considerável número de ministros, distribuídos em Turmas Especializadas, limitando-se ao Plenário a uniformização interna da jurisprudência, além da possível competência originária".[28]

Segundo a proposta do Supremo Tribunal Federal, as turmas de ministros, pequenas, "seriam especializadas. Só a uniformização seria matéria de Plenário. Assim, as reuniões do Plenário não seriam tão frequentes. Essa é que seria a maior dificuldade, mas a agilidade do Tribunal seria grande nas Turmas, pois cada uma teria a sua especialidade: tributária, administrativa, matéria penal, matéria civil e assim por diante".[29]

---

27. Diário da Assembleia Nacional Constituinte, pág. 24.
28. Diário da Assembleia Nacional Constituinte, pág. 27.
29. Diário da Assembleia Nacional Constituinte, pág. 27.

Osmar Mendes Paixão Côrtes sustenta que os Tribunais Superiores estão diante do seguinte "dilema: priorizar a função dos recursos e o respeito ao direito subjetivo de recorrer e manter intacta a estrutura tradicional da recorribilidade extraordinária ou mudar de rumo e reduzir o volume de processos em tramitação ainda que sacrificando, em certa medida, o papel originário das Cortes Superiores". Paixão Côrtes aponta caminhos, mas socorre-se da legislação e da jurisprudência para afirmar que a opção é pela redução de processos e pelo que chama de "purificação da função dos Tribunais em detrimento da prevalência do direito subjetivo de recorrer".[30]

◉ Seção 2: Percepções da crise estrutural: olhares do Centro de Estudos do Conselho da Justiça Federal

As percepções da crise, entretanto, não estão apenas no âmbito das Cortes Superiores. Estudos realizados em 1994 – há quase 30 anos – nas cinco, então, regiões da Justiça Federal pelo Centro de Estudos Judiciários do Conselho da Justiça Federal, entre os meses de maio e junho (*a visão interna na Justiça Federal*), cujo objetivo geral era conhecer a realidade institucional por meio de relatos dos magistrados federais, mostram, numa perspectiva consensual, os pontos considerados emblemáticos para um melhor desempenho da Justiça Federal: (i) legislação processual inadequada; (ii) carência qualitativa e quantitativa de recursos humanos, incluindo magistrados e servidores; (iii) volume excessivo de processos; e (iv) carência de recursos materiais.

Para esses quatro pontos cruciais, os magistrados federais justificaram suas escolhas salientando que a legislação processual é inadequada por ter origem num sistema processual detalhista, formalista e burocratizado, o qual propicia um número alto de recursos e corrobora para a morosidade na solução dos litígios. Revelaramm os Juízes que a legislação processual não está em sintonia com a realidade e as necessidades da sociedade moderna.

30. CÔRTES, Osmar Mendes Paixão. *Recursos para os tribunais superiores: recurso extraordinário, recurso especial, embargos de divergência e agravos*. Rio de Janeiro: GZ Ed., 2012, pág. 17.

Quanto à carência qualitativa e quantitativa de recursos humanos, os entrevistados aduziram que as Varas Federais necessitavam de mais funcionários, com melhor qualificação mediante cursos de aperfeiçoamento e capacitação. A elevada taxa de reprovação nos concursos públicos, em razão da baixa qualidade do ensino jurídico do País, justificava a carência de juízes. Para os magistrados entrevistados, esse déficit "comprometeu a formação do juiz, à medida que enfatizava o tecnicismo, e distanciava-o da realidade e de seu papel político".[31]

Os magistrados entrevistados apontaram como causa do volume excessivo de processos a edição de leis inconstitucionais, os sucessivos planos econômicos e medidas fiscais, crise econômica e política, as medidas lesivas aos interesses dos cidadãos e a crise geral do sistema processual. A carência de recursos materiais estava relacionada com a ausência de equipamentos de informática e de um acervo atualizado para as bibliotecas da Justiça Federal. Segundo os magistrados, tratava-se de um problema de ordem organizativo-estrutural com providências internas.

Dois anos após esse estudo sobre *a visão interna da Justiça Federal*, o Centro de Estudos Judiciários do Conselho da Justiça Federal publicou uma outra pesquisa relativa *à opinião da sociedade civil organizada a respeito da Justiça Federal.* Esse trabalho teve como escopo identificar a opinião acerca do Poder Judiciário, tomado como sinônimo de Justiça[32].

Os resultados obtidos em 1996 revelaram a visão negativa da sociedade civil sobre o Poder Judiciário. Para 56,9% dos entrevistados, a imagem da Justiça Federal é negativa, sendo 28,7% das respostas positivas, enquanto 14,4% afirmaram não saber. Considerou-se, ainda, a Justiça Federal como elitista – 79,2% –, enquanto apenas 9,7% não souberam responder. Quanto à morosidade, 83,3% da sociedade civil classificou a Justiça Federal como morosa, e apenas 8,3% como ágil.

---

31. *A visão interna na Justiça Federal.* Conselho da Justiça Federal. Centro de Estudos Judiciários. Brasília: CJF, 1995, p. 20.

32. *A opinião da sociedade civil organizada a respeito da Justiça Federal.* Conselho da Justiça Federal. Centro de Estudos Judiciários. Brasília: CJF, 1996.

José Eduardo Faria, no final da década de 1990, já apontava as dificuldades enfrentadas pelo Poder Judiciário. Para Faria, (i) os novos tipos de conflitos sociais com a aplicação de leis conceitualmente envelhecidas (referindo-se, entre outros, aos movimentos sociais, como o movimento dos trabalhadores rurais sem–terra, e ao então Código Civil de 1916); (ii) para a aplicação de leis novas, esbarrava o Poder Judiciário na deficiência cultural ou numa defasagem da cultura técnico-jurídica de seus magistrados; (iii) o desequilíbrio entre a oferta e procura de serviços judiciais, em detrimento da cidadania. Durante o período da transição democrática, com a expansão da cidadania e a retomada dos direitos pela sociedade, verificou-se um maior acesso ao Poder Judiciário. Quanto mais as pessoas buscavam o Judiciário, menos ele sabia responder.

Apontou ainda Faria o que chamou de "(iv) novos 'consumidores' de justiça no Brasil, surgidos nos anos 1970 e 1980, como movimentos comunitários e sindicatos". Outra dificuldade enfrentada pelo Poder Judiciário é a sua imagem, o que ele chama de "(v) percepção da justiça por parte da sociedade. Em uma sociedade heterogênea, complexa e dividida em imensas parcelas de pobreza, os ritos processuais tornam-se incompreensíveis para a maior parte da população."[33]

Na análise de José Eduardo Faria, a raiz desses problemas enfrentados pelo Poder Judiciário está no tipo de desenvolvimento político, econômico e social adotado pelo Brasil ao longo das últimas décadas. O País deixou de ser agrário e passou a ser mais urbano, transformando-se numa sociedade urbana de massas. A evolução da população urbana é esclarecedora:

EVOLUÇÃO DA POPULAÇÃO URBANA					
DISTRIBUIÇÃO DA POPULAÇÃO	1940	1960	1980	1990	2010
RURAL	68.8%	55.3%	32.4%	24.5%	15.65%
URBANA	31.2%	44.7%	67.6%	75.5%	84.35%
Fonte: IBGE, Censos Demográficos					

33. 1ª Jornada de Estudos Judiciários. *Série Cadernos do CEJ*, Volume 11. Conselho da Justiça Federal. Centro de Estudos Judiciários. Brasília-DF, 1996.

Outras pesquisas do Poder Judiciário Nacional vêm sendo desenvolvidas pelo Departamento de Pesquisas Judiciárias do Conselho Nacional de Justiça (DPJ/CNJ). Criado pela Lei n.º 11.364, de 26 de outubro de 2006, o DPJ tem como objetivos desenvolver pesquisas destinadas ao conhecimento da função jurisdicional do País, realizar análise e diagnóstico dos problemas estruturais e conjunturais dos diversos segmentos do Poder Judiciário e fornecer subsídios técnicos para a formulação de políticas judiciárias.

Há a sensação, como adverte Jorge Amaury Maia Nunes, "de que o modelo de direito gerenciado pelo Estado passa por uma crise que se mostra, sobretudo, no campo da produção de respostas, dotadas de eficácia, que possam apaziguar as expectativas da sociedade".[34] Apresentadas essas premissas e dados, mostra-se um cenário de crise, seja em razão do volume de processos no âmbito do Poder Judiciário, seja em razão do volume de recursos, da má formação dos novos bacharéis em Direito ou eventuais deficiências dos processos de seleção e formação dos juízes e servidores dos quadros do Poder Judiciário brasileiro.

---

34. NUNES, Jorge Amaury Maia. *Segurança jurídica e súmula vinculante*. São Paulo: Saraiva, 2010 (Série IDP), págs. 5-7.

Capítulo 2

Os caminhos do sistema processual civil e a chegada do Código de Processo Civil de 2015

◉ Seção 1: O Código de Processo Civil de 1973: "Código Buzaid"

O Código de Processo Civil de 1973 veio com o objetivo de racionalizar o sistema judicial e de se tornar um instrumento eficaz para a Administração da justiça. Alfredo Buzaid, então Ministro da Justiça, na exposição de motivos do Código de 1973, apontava que "o processo civil é um instrumento que o Estado põe à disposição dos litigantes, a fim de administrar a justiça. Não se destina a simples definição de direitos na luta privada entre os contendores". Segundo Buzaid, o processo civil atua não no interesse de uma ou outra parte, mas "por meio do interesse de ambos". O processo civil "deve ser dotado exclusivamente de meios racionais, tendentes a obter a atuação do direito. As duas exigências que concorrem para aperfeiçoá-lo são a rapidez e a justiça. Força, portanto, estruturá-lo de tal modo que ele se torne efetivamente apto a administrar, sem delongas, a justiça".[1]

O Anteprojeto do Código de 1973, elaborado por Alfredo Buzaid, foi publicado em 1964.[2] Realizou-se um Congresso Nacional de Direito

---

1. Cf. Exposição de motivos do Código de Processo Civil de 1973.
2. Não é objeto deste trabalho, mas, para um histórico da legislação processual civil anterior, conferir, por todos: BARBI, Celso Agrícola. Comentários ao Código de Processo Civil, vol. I, 11ª ed. Rio de Janeiro: Forense, 2002, pág. 8 e seguintes; e MARQUES, José Frederico. Manual de Direito Processual Civil, vol I, Millennium: Campinas/SP, 2003, 9ª ed., págs. 61-95. Após a

Processual Civil em Campos do Jordão, São Paulo, em abril de 1965, no qual compareceram vários processualistas brasileiros. Em seguida, nomeou-se uma Comissão para rever o texto do Anteprojeto elaborado por Alfredo Buzaid, composta por Machado Guimarães, José Frederico Marques e Guilherme Estellita. Com o falecimento de Estellita, designou-se para compor a Comissão Luis Antonio de Andrade. A participação de José Frederico Marques não foi efetiva, eis que residia em São Paulo e tinha dificuldade para comparecer às reuniões no Rio de Janeiro, pois estava com os afazeres da elaboração do Anteprojeto do Código de Processo Penal, segundo revelou José Carlos Barbosa Moreira.[3]

Em janeiro de 1972, o então Ministro da Justiça convocou uma reunião da Comissão em Brasília, na qual compareceram Luis Antonio de Andrade, José Frederico Marques e José Carlos Moreira Alves, que, na ocasião, coordenava as reformas legislativas no Ministério da Justiça. Desse encontro, cujo objeto foi o exame das sugestões e emendas da Comissão Revisora do Código, saiu-se a rejeição de grande parte ao Anteprojeto de Alfredo Buzaid, aproveitando-se, segundo análise de José Carlos Barbosa Moreira, apenas algumas emendas de natureza formal e de redação, e aquelas que visavam a atualizar o Anteprojeto em "consonância com a nova ordem constitucional vigente no país".[4]

Na essência, prevaleceu o texto solitário do Anteprojeto elaborado por Alfredo Buzaid. Não houve qualquer referência ou consideração

---

declaração da independência, em 1822, vigeu a legislação portuguesa, por força da Lei de 20 de outubro de 1823, aqui incluídas as normas de processo. O direito processual civil vigente era o constante das Ordenações Filipinas (Livro III). Em 1850 o Governo Imperial publicou o Código Comercial e o Código de Processo Comercial, chamado Regulamento 737. Causas cíveis eram regidas pelas Ordenações e as causas comerciais pelo Regulamento 737. Após a Proclamação da República, o Decreto n.º 763, de 19 de setembro de 1890, determinou a aplicação do Regulamento 737 às causas cíveis. A Constituição de 1891, em seu art. 34, n.º 23, combinado com o art. 65, n.º 2, atribuiu aos Estados a competência para legislar sobre direito processual. Grande parte dos Estados elaborou seus Códigos inspirados no Regulamento 737. A Constituição de 1934 acabou com a descentralização legislativa e atribuiu à União a competência para legislar sobre o processo civil e comercial. O Decreto-Lei n.º 1.965, de 16 de janeiro de 1940, trouxe o Código de Processo Civil, promulgado em 18 de setembro de 1939, para entrar em vigor em 1º de março de 1940, fruto de um projeto elaborado por Pedro Batista Martins, por solicitação do então Ministro da Justiça, Francisco Campos.

3. Cf. BARBOSA MOREIRA, José Carlos. Antecedentes da Reforma Processual e Sistemática Geral do Novo Código de Processo Civil. *Revista do Instituto dos Advogados Brasileiros*, n.º 31, págs. 7-; e BARBI, Celso Agrícola. *Comentários ao Código de Processo Civil*, vol. I, 11ª ed. Rio de Janeiro: Forense, 2002, págs. 1-5.

4. BARBOSA MOREIRA, José Carlos. Antecedentes da Reforma Processual e Sistemática Geral do Novo Código de Processo Civil. *Revista do Instituto dos Advogados Brasileiros*, n.º 31, págs. 7 e segs.

ao trabalho da Comissão. Barbosa Moreira foi enfático: "Não se fez, surpreendentemente a meu ver, nenhuma referência aos trabalhos da Comissão Revisora". Essa advertência de José Carlos Barbosa Moreira é acrescida da violação ao Decreto n.º 61.239, de 25 de agosto de 1967, que em seu art. 4º determinava que, após os trabalhos da Comissão Revisora, houvesse a publicação das conclusões e que, no prazo de 90 dias, seriam recebidas contribuições das pessoas e entidades interessadas no debate do "novo" Código de Processo Civil.[5]

Nicola Picardi e Dierle Nunes destacam que a técnica do Código de 1973 se mostrou pouco eficiente para enfrentar os problemas pragmáticos em razão de "diversos déficits operacionais e administrativos do Poder Judiciário brasileiro", sem esquecer o aumento da "complexidade normativa que se produziu ao longo de poucas décadas".[6]

O Código de 1973 foi estruturado de maneira a considerar única cada ação. Os litígios cingiam-se a duas pessoas. O processo civil foi concebido como "tradicionalmente individual". Contudo, considerando o desenvolvimento das atividades econômicas modernas, chegou-se "à insuficiência do Judiciário para atender ao crescente número de feitos que, no mais das vezes, repetem situações pessoais idênticas". Partiu-se, então, como acentuado por Leonardo José Carneiro da Cunha, para um tratamento coletivo a esses litígios, reunindo em um único processo, ou em alguns, os interesses em disputa.[7] É a chamada fase da coletivização do processo civil brasileiro.

◉ Seção 2: A coletivização do processo civil brasileiro

O marco inicial da chamada coletivização do processo civil[8] foi a Lei n.º 7.347/1985, que disciplina a ação civil pública de responsabilidade por danos causados ao meio ambiente, ao consumidor,

5. BARBOSA MOREIRA, Antecedentes da Reforma..., págs. 7 e segs.
6. PICARDI e NUNES, O Código de Processo Civil Brasileiro: Origem, formação e projeto de reforma, pág. 100.
7. CUNHA, Leonardo José Carneiro da. O regime processual das causas repetitivas. In: DIDIER Jr., Fredie (org.). *Leituras Complementares de Processo Civil*. 8ª ed. Ed. *Jus*Podim, 2010, págs. 289-314.
8. Cf. PINHO, Humberto Dalla Bernardina de.; PORTO, José Roberto Mello. Manual de tutela coletiva. São Paulo: Saraiva jur, 2021.

a bens e direitos de valor artístico, estético, histórico, turístico e paisagístico, a qualquer outro interesse difuso ou coletivo, por infração à ordem econômica e à ordem urbanística. É considerada um marco importante para a doutrina do processo coletivo.[9] Essa ação específica restou fortalecida com a Carta de 1988, a qual previu as garantias e proteção das pessoas com deficiência, dos consumidores, da criança e do adolescente, do idoso, da cidade e, entre outros, do meio ambiente. Na visão de Owen Fiss, a *class action* cria uma moldura em que uma pessoa pode ser representada em processos dos quais nada se sabe, por alguém que não escolheu representá-la nem ao menos conhece. Fiss aponta que os propósitos sociais da *class action* justificam essa "estranha" forma de representação, mas

9. Cf. REsp 1.377.400/SC (Ministério Público de Santa Catarina *vs.* Estado de Santa Catarina, 2ª Turma, STJ, rel. Min. Og Fernandes, julgado em 18.2.2014): "Segunda Turma dá efeito *erga omnes* à ação para fornecimento de fraldas descartáveis. Em julgamento de recurso especial interposto pelo Ministério Público de Santa Catarina, a Segunda Turma do STJ atribuiu eficácia *erga omnes* à ação civil pública destinada a garantir o fornecimento de fraldas descartáveis a portadores de doenças que necessitem desse item e não tenham condições de arcar com seu custo. A decisão foi unânime. A ação foi movida em favor de uma jovem de 21 anos, portadora de um conjunto de patologias de origem congênita. A família, de baixa renda, não conseguia arcar com o custo das fraldas descartáveis, de aproximadamente R$ 400 por mês, e o MP conseguiu garantir na Justiça o fornecimento gratuito pelo Estado. Na ação, o Ministério Público pediu que fosse atribuída eficácia *erga omnes* à decisão. O juízo de primeiro grau acolheu o pedido, mas o Tribunal de Justiça de Santa Catarina (TJSC) reformou a sentença. Segundo o acórdão, "não se afigura razoável impor ao Estado e aos municípios suportar os custos de publicação da sentença (artigo 94 do Código de Defesa do Consumidor) para atribuir-lhe eficácia *erga omnes*, nos casos em que a ação civil pública foi ajuizada para tratar da especificidade do caso concreto de uma determinada pessoa, cuja situação sequer poderá reproduzir-se no futuro ou poderá estar superada pela dinâmica de novos tratamentos ou medicamentos". No recurso ao STJ, o MP alegou que o acórdão, ao limitar a eficácia da decisão, deixou de observar que "a tutela difusa concedida na sentença, naturalmente, será objeto de liquidação individual, oportunidade em que os interessados deverão produzir a prova da necessidade". O ministro Og Fernandes, relator, também entendeu pela abrangência da sentença prolatada. Ele citou decisão da Corte Especial do STJ, em julgamento de recurso repetitivo, no sentido de que "os efeitos e a eficácia da sentença não estão circunscritos a lindes geográficos, mas aos limites objetivos e subjetivos do que foi decidido, levando-se em conta, para tanto, sempre a extensão do dano e a qualidade dos interesses metaindividuais postos em juízo. (...) A ausência de publicação do edital previsto no artigo 94 do CDC, com vistas a intimar os eventuais interessados da possibilidade de intervirem no processo como litisconsortes, constitui vício sanável, que não gera nulidade apta a induzir a extinção da ação civil pública, porquanto, sendo regra favorável ao consumidor, como tal deve ser interpretada", acrescentou o ministro. Desse modo, concluiu o relator, "os efeitos do acórdão em discussão nos presentes autos são *erga omnes*, e abrangem todas as pessoas enquadráveis na situação do substituído, independentemente da competência do órgão prolator da decisão. Não fosse assim, haveria graves limitações à extensão e às potencialidades da ação civil pública, o que não se pode admitir." (Notícia do STJ, em 27.2.2014).

não há como negar essa forma singular e a sua oposição aos valores individualistas que permeiam o sistema jurídico.[10]

Ada Pellegrini Grinover destaca que o Brasil foi pioneiro na criação e implementação dos processos coletivos entre os países de *civil law*. Segundo Grinover, isso se deu a partir da reforma da lei da ação popular de 1977.[11] Aliás, não se pode deixar de mencionar a previsão inicial na Constituição de 1934 da ação popular, depois regulamentada pela Lei n.º 4.717/1965 e prevista no inciso LXXIII, do art. 5º, da Constituição de 1988, que autoriza a qualquer cidadão a legitimidade para sua propositura objetivando anular ato lesivo ao patrimônio público.

José Afonso da Silva avalia a ação popular como um instituto "tridimensional" porque pode ser estudada sob o "tríplice aspecto constitucional, administrativo e processual", considerando a sua natureza de garantia constitucional da boa administração, do controle da ilegalidade dos atos administrativos e, no aspecto processual, da sua natureza de ação civil, com características particulares processuais e procedimentais.[12]

Registre-se também, na coletivização do processo civil, a Lei n.º 7.853, de 24 de outubro de 1989, que garantiu o apoio às pessoas com deficiência. Segundo esse marco legal, cabe ao poder público e a seus órgãos assegurar a elas o pleno exercício de seus direitos básicos, inclusive dos direitos à educação, à saúde, ao trabalho, ao lazer, à previdência social, ao amparo à infância e à maternidade, além de outros que, decorrentes da Constituição e das leis, propiciem seu bem-estar pessoal, social e econômico.

---

10. "The truly disquieting fact about the class action is that it creates a situation in which I may be represented in proceedings I know nothing about and by someone I do not know and had no role whatsoever in choosing. The social purposes served by the class action may well justify this odd form of representation, but it would be a mistake to ignore or deny its very oddity and the fact that it runs counter to the individualistic values that so permeate our legal system". FISS, Owen. The Political Theory of the Class Action. *Whashington and Lee Law Review*, Vol. 53, nº 1, Lexington, Virginia, 1996, pág. 31.

11. GRINOVER, Ada Pellegrini. Direito Processual Coletivo. In: GRINOVER, Ada Pellegrini; MENDES, Aluisio Gonçalves de Castro e WATANABE, Kazuo. (Coord.). *Direito Processual Coletivo e o anteprojeto de Código Brasileiro de Processos Coletivos*. São Paulo: Editora Revista dos Tribunais, 2007, pág. 11.

12. Prefácio de José Afonso da Silva à obra Ação Popular, de MANCUSO, Rodolfo de Camargo. *Ação Popular*. Coord. Teresa Arruda Alvim Wambier. 2 ed. São Paulo: Editora Revista dos Tribunais, 1996, págs. 9-10.

No mesmo ano, a Lei n.º 7.913, de 7 de dezembro de 1989, instituiu a ação civil pública de responsabilidade por danos causados aos investidores no mercado de valores mobiliários. O Ministério Público, de ofício ou a requerimento da Comissão de Valores Mobiliários (CVM), poderá mover essa ação civil objetivando o ressarcimento dos danos causados aos titulares de valores mobiliários e aos investidores do mercado quando constatadas, entre outras, operações fraudulentas, manipulação de preços, utilização de informações relevantes ainda não divulgadas para conhecimento do mercado.

Fruto de uma promessa constitucional, seguiu no percurso do processo coletivo o Estatuto da Criança e do Adolescente. Previsto na Lei n.º 8.069, de 13 de julho de 1990, esse Estatuto estabeleceu como dever da família, da comunidade, da sociedade em geral e do poder público assegurar, com absoluta prioridade, a efetivação dos direitos referentes à vida, à saúde, à alimentação, à educação, ao esporte, ao lazer, à profissionalização, à cultura, à dignidade, ao respeito, à liberdade e à convivência familiar e comunitária. Destaque-se, ainda em 1990, a edição do Código de Defesa do Consumidor (Lei n.º 8.078, de 11 de setembro de 1990), que criou um microssistema para os processos coletivos, com categorias próprias, como os interesses difusos, coletivos e individuais homogêneos.[13]

---

13. O Superior Tribunal de Justiça assegura a prioridade no processo coletivo em conflito com o individual. Suspendem-se ações individuais até que as coletivas sejam julgadas. Nessa toada, o recurso especial 1.110.549/RS, rel. Ministro Sidnei Beneti, DJe 14.12.2009, em passagem do voto, destacou Sidnei Beneti: "(...) A suspensão do processo individual pode perfeitamente dar-se já ao início, assim que ajuizado, porque, diante do julgamento da tese central na Ação Civil Pública, o processo individual poderá ser julgado de plano, por sentença liminar de mérito (CPC/1973, art. 285-A), para a extinção do processo, no caso de insucesso da tese na Ação Civil Pública, ou, no caso de sucesso da tese em aludida ação, poderá ocorrer a conversão da ação individual em cumprimento de sentença da ação coletiva. Não há incongruência, mas, ao contrário, harmonização e atualização de interpretação, em atenção à Lei de Recursos Repetitivos, com os julgados que asseguraram o ajuizamento do processo individual na pendência de ação coletiva – o que, de resto, é da literalidade do aludido art. 81 do Código de Defesa do Consumidor, cujo caput dispõe que 'a defesa dos interesses e direitos dos consumidores e das vítimas poderá ser exercida em juízo individualmente, ou a título coletivo'. O direito ao ajuizamento individual deve também ser assegurado, no caso de processos multitudinários repetitivos, porque, se não o fosse, o autor poderia sofrer consequências nocivas ao seu direito, decorrentes de acidentalidades que levassem à frustração circunstancial, por motivo secundário, do processo principal, mas esse ajuizamento não impede a suspensão. (...)"

Esse precedente foi utilizado pelo STJ para assegurar ainda prioridade em processo coletivo em detrimento de demandas individuais relativas ao piso salarial do magistério da educação pública para os professores do ensino básico no estado do Rio Grande do Sul. Entre outros, os

Segundo Grinover, esse arcabouço jurídico, aliado aos estudos doutrinários, cursos universitários de graduação e pós-graduação sobre processos coletivos, "autoriza o Brasil a dar um novo passo rumo à elaboração de uma Teoria Geral dos Processos Coletivos, assentada no entendimento de que nasceu um novo ramo da ciência processual, autônomo na medida em que observa seus próprios princípios e seus institutos fundamentais, distintos dos princípios e institutos do direito processual individual".[14]

Em 2001, a Lei n.º 10.257, de 10 de julho de 2001, consolidou o Estatuto da Cidade. Entre as inovações desse estatuto, está o usucapião especial coletivo, cabível nas áreas urbanas com mais de 250m^2 ocupadas por população de baixa renda para sua moradia, por cinco anos, ininterruptamente e sem oposição, desde que os possuidores não sejam proprietários de outro imóvel urbano ou rural.[15] Em 1º de outubro de 2003, foi editada a Lei n.º 10.741, conhecida como Estatuto do Idoso, em que se destaca a obrigação do Estado e da

---

seguintes precedentes: AgRg nos EDcl no AREsp 201.385/RS, DJe 17.9.2012 ao AgRg no REsp 1.353.384/RS, DJe 10.2.2014.

14. GRINOVER, Ada Pellegrini. Direito Processual Coletivo. In: GRINOVER, Ada Pellegrini; MENDES, Aluisio Gonçalves de Castro e WATANABE, Kazuo. (Coord.). *Direito Processual Coletivo e o anteprojeto de Código Brasileiro de Processos Coletivos*. São Paulo: Editora Revista dos Tribunais, 2007, pág. 11.

15. Esse estatuto é destacado no combate à grilagem de terras e na tentativa do reordenamento urbano do Distrito Federal, sendo, inclusive, base de decisões do TJDFT e do STJ. Registre-se o recurso especial 489.225/DF, da relatoria do então Ministro Luiz Fux em que o MPDFT objetivava que o DF se abstivesse de conceder termo de ocupação, alvarás de construção e de funcionamento, e não aprovasse os projetos de arquitetura e/ou engenharia a quaisquer pessoas físicas ou jurídicas, que ocupassem ou viessem a ocupar áreas públicas de uso comum do povo localizadas na quadra 705 Norte do Plano Piloto em Brasília (DJ 25.8.2003). Ainda no recurso especial 761.756/DF, da relatoria do Ministro Teori Zavascki, decidiu-se, no âmbito do STJ, que "a instalação de grades de proteção nos pilotis dos edifícios residenciais do plano piloto compromete o patrimônio cultural tombado, por alterar as características paisagísticas e ambientais. A cidade foi tombada em seu conjunto, com o seu singular conceito urbanístico e paisagístico, que expressa e forma a própria identidade da Capital" (DJ 02.02.2010). O termo de ajustamento de conduta-TAC 02/2007, celebrado entre o MPDFT e o Governo do Distrito Federal para ajustar os procedimentos de regularização dos parcelamentos de solo para fins urbanos implantados de forma irregular no território, do Distrito Federal, e as medidas de fiscalização e repressão destinadas a coibir a grilagem de terras e a ocupação desordenada do solo no Distrito Federal. Seguiu-se para esse TAC a orientação da ADIn 2.990/DF na qual se discutiu a venda direta dos lotes antes ocupados sem licitação ou que fosse aberto novo procedimento licitatório. O STF decidiu pelo afastamento dos procedimentos exigidos na lei de licitações, 8.666/1993, dado o histórico de ocupações irregulares do Distrito Federal (Requerente: PGR; Interessados: DF e MPDFT; Relator: Min. Joaquim Barbosa, Relator p/ acórdão: Min. Eros Grau, Tribunal Pleno, julgado em 18/04/2007, DJ 24-08-2007).

sociedade de assegurar à pessoa idosa a liberdade, o respeito e a dignidade como pessoa humana e sujeito de direitos civis, políticos, individuais e sociais, garantidos na Constituição e nas leis.

Em julgamento ocorrido em 1997, o Superior Tribunal de Justiça apontava que as ações coletivas foram concebidas em homenagem ao princípio da economia processual. Com uma decisão apenas, o Poder Judiciário resolve controvérsia que demandaria uma infinidade de sentenças individuais.

> As ações coletivas foram concebidas em homenagem ao princípio da economia processual. O abandono do velho individualismo que domina o direito processual é um imperativo do mundo moderno. Através dela, com apenas uma decisão, o Poder Judiciário resolve controvérsia que demandaria uma infinidade de sentenças individuais. Isto faz o Judiciário mais ágil. De outro lado, a substituição do indivíduo pela coletividade torna possível o acesso dos marginais econômicos à função jurisdicional. Em a permitindo, o Poder Judiciário aproxima-se da democracia.[16]

O Superior Tribunal de Justiça considerou essas ações chamadas "coletivas" como integrantes de um microssistema[17] de tutela dos interesses transindividuais. Em julgamento realizado no início de 2004, cujo relator foi Luiz Fux, afirmou-se que a lei de improbidade administrativa, em conjunto com a lei da ação civil pública, da ação popular, do mandado de segurança coletivo, do Código de Defesa do Consumidor e dos Estatutos da Criança e

---

16. Cf. MS n.º 5.187/DF, relator Min. Humberto Gomes de Barros (Impetrante: Sindicato dos Empregados em estabelecimentos bancários do Município do Rio de Janeiro; Impetrado: Ministro de Estado da Previdência e Assistência Social). DJ 29.6.1998. Julgamento da 1ª Seção do STJ de 24.9.1997. Votaram os Ministros Milton Luiz Pereira, Adhemar Maciel, Ari Pargendler, José Delgado, Garcia Vieira e Demócrito Reinaldo. Presidente o Ministro Peçanha Martins.

17. Ada Pellegrini Grinover também aponta para um "microssistema" de processos coletivos a partir de 1990: "Finalmente, com o Código de Defesa do Consumidor, de 1990, o Brasil pôde contar com um verdadeiro microssistema de processos coletivos, composto pelo Código – que também criou a categoria dos interesses ou direitos individuais homogêneos – e pela Lei 7.347/85, interagindo mediante a aplicação recíproca das disposições dos dois diplomas". Cf. artigo da autora Direito Processual Coletivo. In: GRINOVER, Ada Pellegrini; MENDES, Aluisio Gonçalves de Castro e WATANABE, Kazuo. (Coord.). *Direito Processual Coletivo e o anteprojeto de Código Brasileiro de Processos Coletivos*. São Paulo: Editora Revista dos Tribunais, 2007, pág. 11.

do Adolescente e do Idoso, integram um "microssistema de tutela dos interesses transindividuais e sob esse enfoque interdisciplinar, interpenetram-se e subsidiam-se".[18]

◉ Seção 3: As reformas do Código de Processo Civil de 1973 e a reforma do Poder Judiciário (Emenda Constitucional n.º 45/2004)

Paralelamente aos "novos mecanismos" chamados de processo coletivo, houve a reforma do Código de Processo Civil de 1973, na qual se destacam as leis que modificaram o próprio Código, como a Lei n.º 8.950, de 13 de dezembro de 1994, que alterou dispositivos referentes aos recursos; a Lei n.º 8.951, também de 13 de dezembro de 1994, que tratou dos procedimentos especiais para as ações de consignação em pagamento e de usucapião; a Lei n.º 8.952, ainda de 13 de dezembro de 1994, que modificou uma série de dispositivos do processo de conhecimento e do processo cautelar.

Nessa toada, a Lei n.º 8.953, do mesmo dia 13 de dezembro de 1994, que alterou dispositivos do processo de execução; a Lei n.º 9.139, de 30 de novembro de 1995, que reformulou o recurso de agravo, cabível contra as decisões interlocutórias; e a Lei n.º 9.079, de 14 de julho de 1995, que tratou da ação monitória.

Algumas outras alterações no CPC foram feitas pela Lei n.º 10.352, de 26 de dezembro de 2001, sobre recursos e reexame necessário; Lei n.º 10.358, de 27 de dezembro de 2001; e Lei n.º 10.444, de 7 de maio de 2002, sobre dispositivos do processo de conhecimento e execução.

Dado esse cenário legislativo consubstanciado na ideia de democratização do acesso à justiça e de busca pelo aprimoramento do sistema de justiça a fim de torná-lo mais transparente, acessível, rápido e eficiente, ganhou relevo a chamada "Reforma do Poder Judiciário", consolidada com a promulgação da Emenda Constitucional 45, de 8 de dezembro de 2004.

18. Superior Tribunal de Justiça. REsp nº 510.150/MA (Recorrente: José Câmara Ferreira; Recorrido: Ministério Público do Estado do Maranhão), Relator Ministro Luiz Fux. DJ 29.3.2004.

Esse marco legal trouxe alterações concretas na macroestrutura do Poder Judiciário, como a criação do Conselho Nacional de Justiça, Conselho Nacional do Ministério Público, a institucionalização dos juizados itinerantes, o fortalecimento das Escolas da Magistratura na formação e acompanhamento dos magistrados nas esferas estadual e federal, a criação da súmula vinculante e o instituto da repercussão geral, que serão objeto de análise adiante.

Por outro lado, a Emenda Constitucional n.º 45/04, que acrescentou ao rol dos direitos e garantias fundamentais da Constituição de 1988 o princípio da duração razoável do processo, bem como a celeridade da sua tramitação (art. 5º, LXXVIII), entre outros, ao contrário das consignações e advertências de Konrad Hesse, trouxe oxigênio para a concretude da reforma do Poder Judiciário no Brasil.[19] Segundo Cássio Scarpinella Bueno, é por esse princípio que "se deve repensar todo o processo civil de uma perspectiva que, se não é nova, é carente de uma maior reflexão. Para ir direto ao ponto saliente desse princípio, o processo civil deve gerar resultados práticos e concretos para aqueles que procuram o Estado-juiz para resolução de seus conflitos de interesses".[20]

Registre-se, ainda, que o cenário de efetividade para o Judiciário saiu da esfera apenas desse Poder. Um aspecto relevante foi o Pacto de Estado em favor de um Judiciário mais rápido e republicano, firmado em 16 de dezembro de 2004 pelos Chefes dos três Poderes, chamando à pauta a importância do debate e a calamidade em que se encontrava o sistema de prestação de justiça.

Esse Pacto teve os compromissos basilares de (i) implementação da reforma constitucional do Judiciário; (ii) reforma do sistema

---

19. "Igual de peligrosa para la fuerza normativa de la Constitución es la tendencia a la frecuente *revisión de la Constitución* so pretexto de necesidades políticas aparentemente ineluctables. Toda reforma constitucional pone de manifiesto cómo unas necesidades objetivas real o supuestamente inevitables se valoran más que la regulación normativa vigente. De ahí que los precedentes resulten a este respecto especialmente preocupantes. Si tales modificaciones se acumulan en poco tiempo la consecuencia inevitable será el resquebrajamiento de la confianza en la inviolabilidad de la Constitución y el debilitamiento de su fuerza normativa. Condición básica de la eficacia de la Constitución es que resulte modificada en la menor medida posible." HESSE, La fuerza normativa de la Constitución, pág. 74.

20. *Curso de direito processual civil: teoria geral do direito processual civil*. São Paulo: Saraiva, 2007, vol. 1, pág. 147.

recursal e dos procedimentos; (iii) fortalecimento da Defensoria Pública e ampliação do acesso à Justiça; (iv) apoio aos Juizados especiais e Justiça Itinerante; (v) revisão da lei de execução fiscal e do regime dos precatórios; (vi) adoção de medidas para aprimoramento da sistemática de apuração das graves violações contra os direitos humanos; (vii) implementação de políticas de informatização,[21] produção de dados e indicadores estatísticos referentes ao sistema de justiça; (viii) racionalização da atuação da advocacia pública e do (ix) incentivo à aplicação de penas alternativas.

Nessa mesma perspectiva, após quase cinco anos, em 13 de abril de 2009, os representantes dos três Poderes assinaram o II Pacto Republicano[22] para dar continuidade às ações que visavam à maior celeridade, acesso e efetividade à Justiça.

Esse Pacto estabeleceu entre seus objetivos: (i) o acesso universal à justiça, especialmente aos mais necessitados; (ii) o aprimoramento da prestação jurisdicional, especialmente pela efetividade do princípio constitucional da razoável duração do processo e pela prevenção de conflitos; e (iii) o aperfeiçoamento e fortalecimento das instituições de Estado para uma maior efetividade do sistema penal no combate à violência e criminalidade, por meio de políticas de segurança pública combinadas com ações sociais e proteção à dignidade da pessoa humana.

21. Quanto à informatização dos processos, destaque-se pesquisa divulgada pela Associação dos Juízes Federais do Rio Grande do Sul apontando efeitos negativos do processo eletrônico nas atividades dos magistrados. A notícia publicada no sítio consultor jurídico traz uma síntese dos dados divulgados: *"Juízes dizem que processo eletrônico piora a saúde"*: o estudo ouviu 92 juízes, entre 23 de maio e 8 de junho deste ano, sobre as condições de trabalho com o advento do processo eletrônico. O levantamento foi enviado, em papel, a todos os 167 magistrados ativos da Ajufergs, e teve uma taxa de resposta de 55%. Dos juízes ouvidos, 20% disseram não sentir nenhuma mudança em seu trabalho, enquanto apenas 1% acha que houve melhora. Entre os problemas relatados, 73% reclamaram da visão e 54% de dores físicas. Quarenta e sete por cento se referiram a cansaço, dor de cabeça ou problemas no sono. Entre os problemas de visão, 86% afirmaram sentir dificuldades de enxergar, como ardência ou cansaço nos olhos e aumento de grau nos óculos. Dos que falaram em dores físicas, 50% sentiram as mãos, os dedos e os punhos, 47% reclamaram de dores nas costas, 41%, pescoço, e 37%, nos ombros. Quanto à mente e bem-estar, 44% relataram cansaço, estresse, nervosismo ou preocupação excessiva, 33% falaram de dores de cabeça, e 14% disseram sofrer de ansiedade ou depressão. Cf.: http://www.ajufergs.org.br/noticia16082011.asp. Acesso em: 22.8.2023.

22. O II Pacto Republicano pode ser visualizado integralmente no sítio do Ministério da Justiça: http://portal.mj.gov.br/data/Pages/MJ8E452D90ITEMID87257F2711D34EE1930A4DC33A8DF216PTBRIE.htm. Acesso em: 24 de agosto de 2023.

Na esfera infraconstitucional, vários projetos foram convertidos em lei no sentido de aprimorar a prestação jurisdicional, em especial nas searas do processo civil, penal e trabalhista. Relevantes diagnósticos do sistema de Justiça como forma de subsidiar as diretrizes e políticas do Poder Judiciário para a busca de uma efetiva prestação jurisdicional também tiveram destaque.

Ainda nesse percurso histórico, no dia 8 de fevereiro de 2011, em reunião entre os então presidentes do Supremo Tribunal Federal, Ministro Cezar Peluso; da Câmara dos Deputados, Deputado Marco Maia (PT/RS); e do Senado Federal, Senador José Sarney (PMDB/AP), foi reforçada a temática em se definir o III Pacto Republicano, priorizando-se a celeridade na tramitação dos processos judiciais e a ampliação do acesso da população do País à Justiça.

Em 30 de junho de 2011, nova reunião foi realizada em que se acordou que as propostas do III Pacto seriam encaminhadas ao Congresso Nacional pelos chefes dos três Poderes na reabertura dos trabalhos do Legislativo, em agosto de 2011. A base desse III Pacto, que não saiu do papel, era a efetividade do sistema judicial. Na ocasião, participaram da reunião com o Ministro Cezar Peluso o Ministro de Estado da Justiça, José Eduardo Cardozo; o senador Ricardo Ferraço; o secretário-executivo da Casa Civil da Presidência da República, Beto Vasconcelos; o deputado João Paulo Cunha (PT/SP), presidente da Comissão de Constituição e Justiça da Câmara dos Deputados; o deputado Paulo Teixeira (PT/SP); o deputado Arthur Maia (PMDB/BA); e o consultor jurídico do Senado Federal, Bruno Dantas, entre outros.

◉ Seção 4: A comissão de juristas para elaborar o Anteprojeto do Código de Processo Civil (Atos 379 e 411 de 2009) e as reformas motivadas pelo ambiente da busca pela efetividade e racionalidade do sistema processual civil

Ainda nessa caminhada de aprimoramento do sistema processual civil, em 2009 foi instalada a comissão de juristas destinada a elaborar o Anteprojeto do Novo Código de Processo Civil, por meio dos Atos 379 e 411, de 2009, do então Presidente do Senado Federal, Senador José Sarney. Presidida pelo Ministro Luiz Fux, a comissão teve como integrantes Teresa Arruda Alvim, relatora; Adroaldo Furtado Fabrício; Benedito Pereira Filho; Bruno Dantas; Elpídio Donizetti Nunes; Humberto Theodoro Júnior; Jansen Almeida; José Miguel Medina; José Roberto dos Santos Bedaque Almeida; Marcus Vinícius Furtado Coelho; e Paulo Cezar Pinheiro Carneiro.

Os trabalhos da comissão foram concluídos em 8 de junho de 2010, com a entrega do Anteprojeto do Novo CPC ao então Presidente do Senado Federal, Senador José Sarney.[23] O Código seria sancionado em 16 de março de 2015, entrando em vigor em 17 de março de 2016.

A Reforma do Poder Judiciário, os Pactos Republicanos com a participação dos três Poderes e todo o movimento e ambiente para uma justiça mais célere e efetiva, na essência, objetivam a efetividade do sistema judicial, consubstanciados nas reformas dos procedimentos e dos recursos e na implementação de políticas de informatização e indicadores estatísticos relativos ao sistema de justiça. Segundo ponderou Sidnei Agostinho Beneti, vivemos o tempo da velocidade das transformações. Vivemos o tempo do consumo. Vivemos o tempo da comunicação eletrônica, da economia em escala, o que produziu no Poder Judiciário elevados recursos relativos a demandas individuais idênticas.[24]

Nesses casos, consoante Sidnei Beneti, não se há uma demanda individual clássica, mas, sim, a "macrolide", que se desdobra em ações e processos individuais. Destacam-se essas demandas, chamadas repetitivas, quanto às questões puramente de direito, que se aglomeram nos tribunais do país. Demandas relativas à "redução de valor de aposentadorias e pensões, cálculos de valores de fundo de garantia por tempo de serviço, recuperação de valor de ativos patrimoniais bloqueados ou expurgados, correção monetária decorrente de sucessivos planos econômicos, correção de mensalidades escolares, cobertura e correção de valores relativos a planos de saúde, compensação tribu-

23. No Senado Federal, o Anteprojeto tramitou sob o n.º 166/2010. Aprovado em plenário em 15.12.2010, com alterações, o texto seguiu para a Câmara dos Deputados – PL 8.046/2010.

24. BENETI, Sidnei Agostinho. Assunção de competência e *fast-track* recursal. Revista de Processo, v. 34, n. 171, maio, 2009, págs. 9-23.

tária, cobrança de tributos e numerosos outros casos que a memória do profissional jurídico experiente imediatamente figurará".[25]

Com o escopo de atender a essas demandas de massa, a partir das premissas estampadas na Emenda Constitucional n.º 45/2004, foram editadas as Leis n.os 11.276 e 11.277, em 7 de fevereiro de 2006, ambas com o escopo de conferir racionalidade e celeridade ao serviço de prestação jurisdicional. Essas leis alteraram o Código de Processo Civil de 1973, sendo a primeira para que o magistrado não recebesse o recurso de apelação quando a sentença atacada estivesse em conformidade com súmula do Supremo Tribunal Federal ou do Superior Tribunal de Justiça. O Código de Processo de 2015 não manteve essa disposição.

A Lei n.º 11.277 acrescentou o artigo 285-A ao CPC/1973 para, quando a matéria controvertida discutida no processo for unicamente de direito e no juízo já houver sido proferida sentença de total improcedência em outros casos idênticos, poder ser dispensada a citação e proferida sentença, reproduzindo-se o teor da anteriormente prolatada. Essas medidas foram dirigidas às instâncias ordinárias tomando-se como referência as interpretações do STF e STJ nas questões de direito.

Ainda no escopo da racionalidade e celeridade, foram editadas as Leis n.os 11.417 e 11.418, em 19 de dezembro de 2006, respectivamente dispondo sobre a súmula vinculante e a repercussão geral no Supremo Tribunal Federal, de modo a dirimir as controvérsias entre os Órgãos do Poder Judiciário e da Administração Pública e uniformizar as matérias com fundamento em "idêntica controvérsia".

Nesse mesmo propósito, em maio de 2008, foi editada a Lei n.º 11.672 relativa aos recursos especiais repetitivos no Superior Tribunal de Justiça também com o escopo de "conferir racionalidade e celeridade ao serviço de prestação jurisdicional". Na linha da repercussão geral no STF, a Lei n.º 11.672/2008 objetiva a uniformização das matérias com fundamento em idêntica questão de direito, denominada por

25. BENETI, Assunção de competência..., págs. 9-23.

José Carlos Barbosa Moreira, nos comentários ao Código de Processo Civil, "julgamento por amostragem".[26]

Em que pese o esforço contínuo de muitos atores, o sistema ainda pende de uma efetiva racionalização. Esse cenário ainda permanece inconclusivo. Apesar do debate e expectativa do Código de Processo Civil de 2015, o volume de processos, recursos nos Tribunais Superiores, só aumenta. É preciso repensar o sistema e discutir a concretização dos instrumentos para racionalização do sistema processual.

26. BARBOSA MOREIRA, José Carlos. *Comentários ao Código de Processo Civil, Lei n.º 5.869, de 11 de janeiro de 1973*, vol. V. Rio de Janeiro: Forense, 2009, art. 543-B.

Capítulo 3

Instrumentos para racionalização do sistema processual brasileiro

A "macrolide socioeconômica" sobre a qual nos adverte Sidnei Agostinho Beneti é o que se observa nas demandas privadas de intensa "prática negocial repetitiva", relativas a contratos de adesão e também nas demandas do âmbito público, decorrentes de "situações administrativas e tributárias que produzam consequências relativamente à pluralidade de sujeitos". No Poder Público, destacam-se a União, os estados, os municípios e suas entidades paraestatais. No âmbito privado, entre os entes de intensa atuação negocial reiterada, estão as instituições financeiras, os consórcios, os planos de saúde, os estabelecimentos de ensino, os prestadores de assistência técnica, os fornecedores e seus concessionários.[1]

Nesse sentido, Guilherme Rizzo Amaral consigna que, no Brasil, "a privatização dos serviços públicos, como os de telefonia e energia elétrica, ensejou a universalização desses mesmos serviços, que passaram a alcançar uma massa enorme da população, inclusive aquela mais carente, tanto do ponto de vista econômico quanto de instrução". Com isso, ampliou-se "o fosso já existente entre o consumidor e o

1. BENETI, Assunção de competência e fast-track recursal, pág. 10. Cf. ainda sob demandas de massa: OLIVEIRA, Carlos Alberto Alvaro de. Efetividade e processo de conhecimento. *Revista de processo*, v. 96, pp. 59-69, 1999; e MANCUSO, Rodolfo de Camargo. *A resolução de conflitos e a função judicial no contemporâneo Estado de Direito*. São Paulo: Ed. RT, 2009. Consigna Mancuso que o fenômeno da coletivização dos conflitos tomou uma grande proporção "à medida que, paralelamente, se foi reconhecendo a inaptidão do processo civil clássico para instrumentalizar essas megacontrovérsias, próprias de uma conflitiva sociedade de massas". *A resolução de conflitos...*, pág. 380.

fornecedor, agravando-se ou evidenciando-se a hipossuficiência do primeiro. A agravar tal cenário está o fato de que a regulamentação dos serviços públicos reveste-se de grande complexidade – diretamente proporcional às questões tecnológicas e econômicas relacionadas à prestação de tais serviços – e, 'subitamente', passou a ser contestada em juízo por supostamente violar normas de hierarquia superior – e normas bem mais genéricas –, como aquelas de proteção ao consumidor e a própria Constituição Federal de 1988".[2]

Em tempo de globalização, de sociedade em permanente transformação, atribuída por Zygmunt Bauman como modernidade líquida, temos, por consequência, conflitos. Esses, por sua vez, têm que ser solucionados.[3] Bauman aponta que "a informação agora flui independente dos seus portadores; a mudança e a rearrumação dos corpos no espaço físico é menos que nunca necessária para reordenar significados e relações".[4] É o tempo da velocidade das transformações[5] e do consumo imoderado.

Mauro Cappelletti e Bryant Garth trazem uma necessária distinção apoiada em Marc Galanter do que chamam de "litigantes eventuais" e "litigantes habituais". Os habituais apresentam extensa vantagem com os litigantes eventuais em razão de uma maior experiência no cotidiano forense e podem formular um planejamento mais apurado do litígio; há uma economia de escala, porque demonstram maior

---

2. AMARAL, Guilherme Rizzo. Efetividade, segurança, massificação e a proposta de um incidente de resolução de demandas repetitivas. *Revista de Processo*, Ano 36, vol. 196, junho/2011, pág. 247.

3. Na visão de Bauman, o mundo em que se vive é agora habitado por "Todos, Alguns, Muitos e seus companheiros. De modo semelhante, há Diferença, Número, Conhecimento, Agora, Limite, Tempo, Espaço, também Liberdade, Justiça e Injustiça, e, com certeza, Verdade e Falsidade". BAUMAN, Zygmunt. *Ética pós-moderna*. Trad. de João Rezende Costa. São Paulo: Paulus, 1997.

4. BAUMAN, Zygmunt. *Globalização: as consequências humanas*. Rio de Janeiro: Jorge Zahar Editor, 1999, pág. 26.

5. Revista Veja, de 2 de fevereiro de 1983 - *Apple lança o Lisa, um computador para os leigos* – "(...) Uma das diferenças que apresenta é na sua operação. Em vez de dedilhar o teclado, como nos computadores convencionais, solicitando as informações desejadas, a pessoa aciona um pequeno aparelho, do tamanho de um maço de cigarros, ligado à máquina por um cabo. Esse aparelho, conhecido como 'mouse' (camundongo), tem uma esfera em sua parte inferior. Quem está usando o computador desliza o mouse sobre a mesa, ao lado da máquina; a esfera, ao rolar, emite sinais elétricos que fazem aparecer, na tela, uma pequena seta que se move, chamada cursor. É através desse cursor que o usuário 'conversa' com o computador, indicando-lhe – sem necessidade de escrever – o que deve fazer". Cf. ainda *"A vida cibernética. Uma revolução se arma no horizonte. O computador entra na vida das pessoas e provoca mudanças radicais por toda parte"*. Revista Veja, 10 de junho de 1981 – Reportagem de capa.

número de casos, além das oportunidades de se relacionar com os servidores e magistrados; podem "diluir os riscos da demanda por maior número de casos; e podem testar estratégias com determinados casos, de modo a garantir expectativa mais favorável em relação a casos futuros".[6]

Por essas razões, são mais eficientes, segundo Cappelletti e Garth, que os indivíduos. Os litigantes eventuais, ao contrário dos habituais, como o próprio nome diz, socorrem-se uma ou duas vezes ao Poder Judiciário para requererem algum direito violado. Em muitos casos, não têm acesso a advogados, condições financeiras para arcarem com as custas judiciais e honorários, e até mesmo, instrução ou informação relativa aos direitos que lhes são assegurados.[7] Os habituais estão aportados por grandes departamentos jurídicos, com fácil capacidade de suportar riscos e "subsidiar" custos dos processos até as instâncias superiores, apoiando-se, ainda, da morosidade processual.[8]

Essas demandas de massa, relativas a matérias repetitivas puramente de direito, chegam às Cortes Superiores, como o Supremo Tribunal Federal, por meio do recurso extraordinário; ao Tribunal Superior do Trabalho, por meio do recurso de revista; e ao Superior Tribunal de Justiça, por meio do recurso especial. Esses recursos, pela natureza que apresentam, são classificados como recursos de natureza extraordinária, não cabendo qualquer discussão relativa a fatos e provas, que são tratadas nas instâncias ordinárias, como os Tribunais Regionais do Trabalho, os Tribunais Regionais Federais e os Tribunais de Justiça dos Estados e do Distrito Federal e Territórios.

Como se vê, as demandas de massa estão na pauta das preocupações de todos os atores do Poder Judiciário Nacional. Em outubro de 2012, foi realizada a primeira reunião da "Comissão de Altos Estudos de Reforma do Judiciário" do Ministério da Justiça.[9]

---

6. CAPPELLETTI, Mauro e GARTH, Bryant. *Acesso à Justiça*, trad. De Ellen Gracie Northfleet. Porto Alegre: Sergio Antonio Fabris, 1988. Reimpresso, 2002, págs. 25-26.
7. CAPPELLETTI e GARTH, *Acesso à Justiça*, págs. 25-26.
8. Cf. pesquisa do Tribunal de Justiça do Estado do Rio de Janeiro (TJRJ) sobre as empresas mais acionadas e o volume processual. Entre as mais acionadas, companhias telefônicas, bancos e planos de saúde: http://www4.tjrj.jus.br/MaisAcionadas/. Acesso em: 6.10.2023.
9. Integraram a Comissão o Secretário da Reforma do Judiciário, Flávio Caetano; Luís Roberto Barroso, professor da UERJ; Aristides Junqueira, advogado e ex-procurador Geral da República; Maria Tereza Sadek, professora da USP; Joaquim Falcão, professor e diretor da Escola de Direito

A Comissão tem como objetivos a formulação de políticas públicas para a modernização e a democratização do Sistema de Justiça e projetos de colaboração para a eficiência da gestão. Na ocasião, definiram-se cinco metas prioritárias para balizarem as discussões e diretrizes da Comissão, como o "fortalecimento da Defensoria Pública, a mudança de cultura dos operadores do direito para adoção de métodos adequados de resolução de conflitos antes da judicialização, o tratamento adequado às demandas de massa, o estudo de formas de redução de litígios envolvendo o poder público, limites para julgamentos da repercussão geral e valorização dos Tribunais de segundo grau".

Percebeu-se, com as demandas de massa, que a necessidade de criação de mecanismos para bloquear, de certa forma, a entrada dos processos no Superior Tribunal de Justiça, bem como para agilizar seus julgamentos, se fazia mais presente a cada ano, porquanto a demora do trâmite processual era o maior entrave para uma solução dos conflitos em tempo hábil. Assim, foi editada a chamada lei dos recursos repetitivos - Lei n.º 11.672, de 5 de maio de 2008. O escopo da lei é, entre outros, a tentativa de concretização da garantia fundamental da duração razoável do processo (art. 5º, LXXVIII, da CF-88) e do princípio da eficiência da administração pública (art. 37, "caput", da CF-88), com ênfase nos princípios da segurança jurídica[10], da isonomia e da celeridade.

Dessa forma, buscando claramente evitar inesgotável procedimento de julgamentos de milhares de processos da mesma matéria e, configurando uma nova etapa na reforma do Processo Civil Brasileiro (voltada, primordialmente, para a celeridade e o combate à morosidade da justiça), implementou-se o instituto dos recursos especiais repetitivos. Aldir Passarinho Júnior, em sua última sessão como Ministro do STJ, após 13 anos no cargo, salientou que seu desejo era

---

da FGV-RJ; Sérgio Rabello Renault, advogado e ex-Secretário da Reforma do Judiciário; Haman Cordova, defensor público-geral federal; Jarbas Soares, como representante do Conselho Nacional do Ministério Público; José Roberto Nalini, Desembargador do TJSP; e José Guilherme Vasi Werner, como representante do Conselho Nacional de Justiça.

10. Sobre o tema, dentre outros, LUÑO, Antonio-Enrique Pérez. Seguridad jurídica. In: VALDÉS E. y LAPORTA, Francisco J. *El derecho y la justicia*. Editorial Trotta, segunda edición, Madrid, 2000, págs. 481-492; NUNES, *Segurança jurídica e súmula vinculante*, págs. 77-102; CANOTILHO, J. J. GOMES. *Direito constitucional e teoria da Constituição*. Coimbra, Almedina, 2000, pág. 256.

"ter tempo suficiente para mergulhar fundo nos processos, pesquisar intensamente jurisprudências e doutrinas nacionais e estrangeiras, construir teses sólidas precedidas de exaustivo debate".[11]

No mesmo caminho, Osmar Mendes Paixão Cortes adverte que "por maiores que se consigam imaginar as estruturas administrativas e de assessoramento de um Tribunal, o juiz é humano e tem limites. Reapreciar todas as questões que envolvem a interpretação da legislação federal (infraconstitucional e constitucional) é impossível no âmbito das Cortes Superiores".[12]

Fácil se faz vislumbrar o requisito da multiplicidade de recursos, vez que, como sua própria denominação o diz, recursos repetitivos são aqueles que se apresentam em grande quantidade, ou seja, quando várias pessoas vão a juízo com determinada pretensão, em litisconsórcio ou individualmente, embora a lei não tenha instituído um número mínimo de casos para que assim sejam considerados.

Os conceitos e características que compreendem o instituto dos recursos especiais repetitivos, da repercussão geral e da súmula vinculante, considerando as especificidades que cada qual apresenta, em muito se assemelham e se complementam. Ambos os institutos convergem para o "desafogamento" das altas Cortes do País na medida em que a prestação jurisdicional, por elas entregue à sociedade, se insculpe na garantia fundamental da razoável duração do processo e do princípio da eficiência da administração pública, adotados pela Constituição Federal. Esses mecanismos visam a que os recursos que versem sobre a mesma questão de direito sejam julgados a partir de um recurso paradigma. Faz-se necessário apontar as convergências desses institutos.

◉ Seção 1: Repercussão geral

A regulamentação da repercussão geral teve por base o projeto de Lei n.º 6.648, proposto pelo Deputado Odair Cunha, do PT-MG,

11. Declaração dada na última sessão do Ministro Aldir Passarinho Júnior na Corte Especial do STJ em 18 de abril de 2011. O Ministro entrou no STJ em 1998 e ficou até abril de 2011. Nesse período, recebeu 103 mil processos e julgou 114 mil.
12. CORTES, Osmar Mendes Paixão. *Recursos para os tribunais superiores: recurso extraordinário, recurso especial, embargos de divergência e agravos*. Rio de Janeiro: GZ Ed., 2012, pág. 17.

que enfatizou o papel de Corte Constitucional do Supremo Tribunal Federal, e não um Tribunal de terceira ou quarta instância para apreciação de questões já decididas por outros Tribunais.

Em sua proposta, acentuou o Deputado "ser inegável que o STF vive atualmente a maior crise de sua história, abarrotado de processos de relevância duvidosa, capazes tão somente de postergar, obliterar ou impedir a prestação da jurisdição constitucional que a sociedade e as instituições brasileiras entendem devida e rotineiramente por essa clamam e esperam".

Nesse sentido, apontou que a proposta permitirá que o Supremo Tribunal Federal possa "selecionar" as suas causas, "de modo a se impedir o julgamento de recursos cuja irrelevância constitucional, sob os aspectos econômico, político, social ou jurídico, seja manifesta. Afastaremos, pois, os recursos extraordinários que apenas refletirem o espírito de emulação e de inconformismo das partes. Faremos, pois, que o STF deixe de ser um Tribunal de terceira ou quarta instância para apreciação de questões já decididas por outros tribunais. Alteraremos o seu perfil, alçando-o à condição de corte constitucional, cuja jurisdição será desvinculada do caso concreto, ainda que continue a ser um órgão do Poder Judiciário".[13]

Assim, regulamentando o §3º do art. 102 da Constituição Federal, com a redação dada pela Emenda Constitucional n.º 45/2004, a Lei n.º 11.418, de 19 de dezembro de 2006, prosseguindo com o escopo da reforma do Poder Judiciário, de uma justiça mais célere e efetiva, acrescentou ao Código de Processo Civil de 1973 os arts. 543-A e 543-B. O *caput* do art. 543-A destaca que o recurso extraordinário não será conhecido se a matéria constitucional nele tratada não oferecer repercussão geral.[14] O instituto da repercussão geral

---

13. http://www.camara.gov.br/proposicoesWeb/fichadetramitacao?idProposicao=314951 Acesso em: 2.7.2023.

14. O Plenário do STF estabeleceu no julgamento da questão de ordem no agravo de instrumento n.º 664.567 que "(...) a exigência da demonstração formal e fundamentada no recurso extraordinário da repercussão geral das questões constitucionais discutidas só incide quando a intimação do acórdão recorrido tenha ocorrido a partir de 3.5.2007, data da publicação da Emenda Regimental n.º 21, de 30 de abril de 2007" (AI 664.567-QO, Plenário, rel. Ministro Sepúlveda Pertence, DJ de 6.9.2007).

permaneceu no Código de Processo Civil de 2015. O artigo 543 se manteve na dicção dos arts. 1.035 e 1.036[15].

A repercussão geral deverá ser demonstrada como preliminar do recurso e a sua análise será feita se a matéria tratada no recurso extraordinário apresentar questões relevantes do "ponto de vista econômico, político, social ou jurídico, que ultrapassem os interesses subjetivos da causa", segundo dispõe o § 1º do art. 1.035 do Código de Processo Civil de 2015.

Ademais, conforme art. 1.036 do CPC/2015, quando houver multiplicidade de recursos com fundamento em idêntica controvérsia, o Tribunal de origem poderá selecionar um ou mais recursos representativos da controvérsia e encaminhá-los ao Supremo Tribunal Federal, sobrestando os demais recursos até o pronunciamento em definitivo do Tribunal. Negada a repercussão geral, os recursos sobrestados serão considerados automaticamente não admitidos, segundo previsão do § 8º do art. 1.035 do CPC.[16]

---

15. Art. 1.035. O Supremo Tribunal Federal, em decisão irrecorrível, não conhecerá do recurso extraordinário quando a questão constitucional nele versada não tiver repercussão geral, nos termos deste artigo.

    § 1º Para efeito de repercussão geral, será considerada a existência ou não de questões relevantes do ponto de vista econômico, político, social ou jurídico que ultrapassem os interesses subjetivos do processo.

    § 2º O recorrente deverá demonstrar a existência de repercussão geral para apreciação exclusiva pelo Supremo Tribunal Federal.

    § 3º Haverá repercussão geral sempre que o recurso impugnar acórdão que:

    I - contrarie súmula ou jurisprudência dominante do Supremo Tribunal Federal;

    II - Revogado

    III - tenha reconhecido a inconstitucionalidade de tratado ou de lei federal, nos termos do art. 97 da Constituição Federal .

    (...)

    Art. 1.036. Sempre que houver multiplicidade de recursos extraordinários ou especiais com fundamento em idêntica questão de direito, haverá afetação para julgamento de acordo com as disposições desta Subseção, observado o disposto no Regimento Interno do Supremo Tribunal Federal e no do Superior Tribunal de Justiça.

16. Em decisão no ARE 724.406, ainda na vigência do CPC/1973 o Presidente do STF decidiu monocraticamente um agravo em recurso extraordinário em um processo que não tinha o recurso extraordinário. Explica-se. O caso chegou pela via do processo eletrônico no STF por equívoco. Não bastasse a remessa ao Supremo, a Presidência da Corte decide monocraticamente que, pela ausência de repercussão geral, o recurso extraordinário estaria prejudicado (DJe 4.2.2013). Inconformado, o estado de Pernambuco interpõe agravo regimental apontando equívoco do sistema eletrônico, eis que "não há recurso extraordinário interposto nos presentes Autos!". Ou seja, houve decisão da Presidência do STF pela inexistência de repercussão geral em processo que não tinha sequer a peça do recurso extraordinário, mesmo porque, nem de

Caso julgado o mérito do recurso extraordinário, os recursos sobrestados serão apreciados pelos Tribunais de Justiça dos Estados e do Distrito Federal, Tribunais Regionais Federais, Turmas de Uniformização ou Turmas Recursais dos Juizados Especiais, que poderão declará-los prejudicados ou mesmo fazerem a retratação. Caso mantida a decisão e admitido o recurso, o STF poderá cassar ou reformar, liminarmente, o acórdão contrário à orientação firmada, conforme dispõe o art. 1.041 do CPC/2015.

A repercussão geral, de acordo com a formalidade da lei, se entende como a questão que ultrapassa os limites subjetivos da causa, ou seja, transcende os interesses das partes. Esse conceito, segundo parte da doutrina do Direito Processual, é vago ou indeterminado, não sendo facilmente identificável no mundo empírico. Está-se diante de uma atividade interpretativa.

Para Teresa Arruda Alvim, o termo repercussão geral é vago ou indeterminado. É um "signo linguístico, cujo referencial semântico não se enxerga com nitidez". Teresa Alvim entende que a expressão repercussão geral não é facilmente "identificável no mundo empírico", pois "o contrário de um conceito ou de uma expressão vaga ou indeterminada é uma expressão ou um conceito preciso". Não se deve, todavia, segundo Teresa Alvim, "ter a impressão de que o fato de este conceito ter sido incluído, seja na Constituição, seja na lei que disciplina esta figura possa ensejar o exercício do poder discricionário por parte do poder judiciário".[17]

Esse debate tem raiz na chamada "crise do Supremo", surgida em razão do acúmulo de processos na Corte no início da década de 1960. Com o agravamento dessa crise, diversos mecanismos foram criados com o objetivo de se conter a multiplicação do número de processos, como acentua José Carlos Moreira Alves. Na ocasião, advertiu o Ministro aposentado do Supremo que uma série de provi-

---

recurso extraordinário se tratava o caso. Após quase um ano, é proferida decisão monocrática reconhecendo-se "a inexistência de recurso a ser apreciado" pelo Tribunal. Registre-se não se tratar de amostra factível para eventuais críticas numéricas ou de volume processual. Todavia, difícil justificar uma decisão por ausência de repercussão geral em processo que nem sequer tem a peça do recurso extraordinário. (ARE 724.406, Estado de Pernambuco *vs.* Damocles Virgilio Leite do Amaral, rel. Min. Presidente, DJe 27.11.2013).

17. Repercussão Geral. *Revista do IASP. Revista dos Tribunais*. 2007. n. 19.

dências legais e regimentais deveria ser tomada pela Corte em razão do volume de recursos que a ela subiam. A ideia do fortalecimento das teses em detrimento das demandas individualizadas é revelada na preocupação do Ministro de, num único julgamento, solver a questão da constitucionalidade, ou não, das normas de modo a estancar "no nascedouro, a fonte de recursos extraordinários que lhe seriam interpostos se a declaração de inconstitucionalidade se tivesse de fazer em cada caso concreto".

Essa passagem revelava a preocupação de Moreira Alves:

> "A Lei 3.396 de 1958 exigiu que o despacho de admissão do recurso extraordinário fosse motivado, à semelhança do que já ocorria com o que não o admitia; a Emenda Regimental, de 28 de agosto de 1963, criou a súmula como instrumento de trabalho para facilitar a fundamentação dos julgados; a Emenda Constitucional 16/65 outorgou ao Supremo Tribunal Federal competência para julgar representações de inconstitucionalidade de lei e atos normativos, estaduais e federais, com a finalidade – que vem expressa na exposição de motivos do projeto dessa Emenda – de lhe permitir, num único julgamento, solver a questão da constitucionalidade, ou não, dessas normas, o que estancaria, no nascedouro, a fonte de recursos extraordinários que lhe seriam interpostos se a declaração de inconstitucionalidade se tivesse de fazer em cada caso concreto; a Emenda Constitucional 1/69 admitiu restrições ao cabimento do recurso extraordinário quando interposto com fundamento nas letras a e d do inciso III de seu artigo 119".[18]

Os Tribunais "estão abarrotados de recursos" e isso os leva, segundo Teresa Arruda Alvim, "compreensivelmente, a adotar medidas extremas para diminuir a sua carga de trabalho". Para a autora, quando a adoção dessas medidas extremas "passa a se traduzir no rigor excessivo e às vezes até indevido no que diz respeito à verificação da presença dos requisitos formais, relativos à admissibilidade dos recursos", passa-se a querer os "sistemas de filtro, que acabem levando a uma efetiva diminuição da carga de trabalho nos Tribunais, mas

18. Supremo Tribunal Federal em face da nova Constituição – Questões e perspectivas. *Arquivos do Ministério da Justiça*, Brasília, jun.- set. 1989.

cujos critérios sejam legítimos". Esse é o caso da repercussão geral, conforme Teresa Alvim.[19]

Osmar Mendes Paixão Côrtes aponta a estrutura do sistema de recorribilidade de natureza extraordinária como uma das razões da crise das Cortes Superiores. Segundo Paixão, "estruturais são as que acompanham a recorribilidade extraordinária desde a sua origem". Com inspiração no *writ of error*, criado para corrigir erros de julgamento relacionados à legislação federal no Direito norte-americano, o recurso extraordinário foi incorporado na primeira Constituição Republicana, em 1891.[20]

Ocorre, como observa Osmar Paixão, que, nos Estados Unidos, a competência legislativa dos estados, na divisão federativa, "é muito maior do que no Brasil, onde grande parte das matérias é de competência federal". Por essa razão, a consequência natural é que grande parte das questões levadas ao Poder Judiciário passa pela análise da legislação federal, chegando, assim, "quase que a maioria dos casos à apreciação das Cortes Superiores (encarregadas de apreciar alegações de ofensa às legislações constitucional e infraconstitucional)".[21] No entanto, os dados estatísticos[22] do Supremo Tribunal Federal identificam claramente uma redução relevante dos processos distribuídos.[23]

---

19. Cf. Repercussão Geral. *Revista do IASP. Revista dos Tribunais*. 2007. n. 19.
20. Nesse sentido, em que pese não ser objeto do trabalho tratar do recurso extraordinário, por todos, CÔRTES, Osmar Mendes Paixão. *Recurso Extraordinário: origem e desenvolvimento no direito brasileiro*. Rio de Janeiro: Forense, 2005. No capítulo III, o autor destaca com profundidade a origem e o desenvolvimento em todas as Constituições, especialmente na Carta de 1988.
21. CÔRTES, Osmar Mendes Paixão. *Recursos para os tribunais superiores: recurso extraordinário, recurso especial, embargos de divergência e agravos*, pág. 18.
22. Para atualização dos dados estatísticos do Supremo Tribunal Federal, conferir: http://www.stf.jus.br/arquivo/cms/sobreStfConhecaStfRelatorio/anexo/relatorio2013.pdf. Acesso em: 28.12.2023.
23. Cf. interessante estudo de Fábio Portela Lopes de Almeida apontando que a repercussão geral não cumpriu ainda sua proposta e que o atual sistema é menos eficiente que o anterior. "Todavia, até aqui a repercussão geral não cumpriu sua proposta. Pelo contrário, o sistema de processamento dos Recursos Extraordinários, ao final de 2012, era 41% mais ineficiente do que no modelo processual anterior. As conclusões do I Relatório "Supremo em Números" não são exatas, pois não levaram em conta várias questões que, na verdade, têm resultado em maior morosidade na tramitação dos Recursos Extraordinários. Isolar a análise no âmbito do Supremo Tribunal Federal, esquecendo-se do impacto sobre os demais órgãos do Poder Judiciário, apenas confere legitimidade a mecanismos que têm causado uma piora nos indicadores de celeridade e eficiência. Isso não significa dizer que o instituto da repercussão geral carece de utilidade, mas que é necessário reformá-lo de modo que possa, enfim, atingir sua finalidade. Essas reformas não podem, contudo, partir apenas de considerações teórico-pro-

Os conceitos e características que compreendem o instituto dos recursos especiais repetitivos no STJ e da repercussão geral no STF, em que pese as especificidades que cada qual apresenta, assemelham-se quanto à solução dada à controvérsia, eis que sairão das esferas individuais para a coletiva. Verifica-se, assim, a transcendência da questão, ou seja, a existência da repercussão geral.

◉ Seção 2: Súmula vinculante

Foi por emenda ao regimento interno do Supremo Tribunal Federal, em 30.8.1963, e por iniciativa de Victor Nunes Leal, que as súmulas entraram no cenário judicial brasileiro. Como membro da Comissão de Jurisprudência do STF juntamente com os Ministros Gonçalves de Oliveira e Pedro Chaves, Victor Nunes Leal apresentou a ideia e foi o relator da emenda regimental que criou a súmula. Na terminologia original e na regimental, a expressão "súmula", como analisa Fernando Dias Menezes, se referia ao "conjunto dos 'enunciados', publicada e atualizada periodicamente; a prática posterior consagrou também o uso da 'súmula' significando cada enunciado". [24] Leal destaca que foram 370 emendas aprovadas na sessão plenária de 13 de dezembro de 1963, com início no ano judiciário de 1964.[25]

A súmula – *não vinculante* – nasceu, segundo Victor Nunes, da dificuldade dos Ministros do Supremo em identificarem as matérias que "já não convinham discutir de novo, salvo se sobreviesse algum motivo relevante".[26] Revela que, na verdade, a súmula é um subproduto

---

cessuais — que, como se demonstrou, levaram à construção de um sistema pouco funcional. É preciso adotar uma leitura institucional que examine as distorções do atual sistema e auxilie na elaboração de alternativas que efetivamente solucionem o problema." Cf. ALMEIDA, Fábio Portela Lopes de. Quando a busca pela eficiência paralisa o Judiciário. In: http://www.conjur.com.br/2013-jan-28/fabio-portela-quando-busca-eficiencia-paralisa-poder-judiciario. Acesso em: 30.1.2024.

24. ALMEIDA, Fernando Dias Menezes. *Memória jurisprudencial: Ministro Victor Nunes*. Brasília: Supremo Tribunal Federal, 2006 (Série memória jurisprudencial), pág. 32. Também sobre o tema: ROSAS, Roberto. *Direito Sumular*. São Paulo: Malheiros, 14ª. edição, 2012 e MANCUSO, Rodolfo de Camargo. *Divergência jurisprudencial e súmula vinculante*. São Paulo: Revista dos Tribunais, 1999.

25. LEAL, Victor Nunes. Passado e Futuro da "súmula do STF". *Revista dos Tribunais*, Ano 70, novembro de 1981, vol. 553, págs. 287-299.

26. Cf. sobre essa parte histórica, o prefácio de Celso Lafer à obra de NUNES, *Segurança jurídica e súmula vinculante*.

da sua "falta de memória", o que fez com que se sistematizassem as numerosas notas e anotações para consulta nas sessões de julgamento do Supremo Tribunal Federal.

> "O hábito, então, era reportar-se cada qual a sua memória, testemunhando para os colegas mais modernos, que era tal ou qual a jurisprudência assente na Corte. Juiz calouro, como o agravante da falta de memória, tive que tomar, nos primeiros anos, numerosas notas e bem assim sistematiza-las, para pronta consulta durante as sessões de julgamento.
>
> Daí surgiu a ideia da Súmula, que os colegas mais experientes – em especial os companheiros da Comissão de Jurisprudência, Ministros Gonçalves de Oliveira e Pedro Chaves – tanto estimularam. E se logrou, rápido, o assentamento da Presidência e dos demais Ministros. Por isso, mais de uma vez, tenho mencionado que a Súmula é subproduto de minha falta de memória, pois fui eu afinal o Relator não só da respectiva emenda regimental como dos seus primeiros 370 enunciados. Esse trabalho estendeu-se até as minúcias da apresentação gráfica da edição oficial, sempre com o apoio dos colegas da Comissão, já que nos reuníamos, facilmente, pelo telefone".[27]

Para Celso Lafer, com apoio nas reflexões do Ministro Evandro Lins e Silva, as súmulas descongestionaram o Supremo e permitiram aos Ministros que ganhassem tempo para analisarem com afinco as questões importantes sem haver a necessidade de repetição de relatórios para decidir milhares de casos.[28]

Jorge Amaury Maia Nunes consigna que a "ideia que anima a súmula vinculante é justamente a de aumentar o controle sobre a dicção do Judiciário a respeito de demandas de igual natureza, em que deva incidir a mesma regra jurídica: para problemas iguais, soluções iguais".[29] A edição da súmula vinculante, "pondo uma pá

27. BRASIL. Diário da Justiça, 26.08.1985, pág. 13.905 e seguintes. Homenagem do Ministro Sepúlveda Pertence, do Supremo Tribunal Federal, a Victor Nunes Leal na sessão de julgamento do dia 14 de agosto de 1985.

28. Cf. prefácio à obra de NUNES, *Segurança jurídica e súmula vinculante*, pág. X.

29. NUNES, *Segurança jurídica e súmula vinculante*, pág. 160. Cf. também Victor Nunes Leal, ao afirmar que "Se tivermos de interpretar a Súmula com todos os recursos de hermenêutica, como interpretamos as leis, parece-me que a Súmula perderá sua principal vantagem. Muitas vezes, será apenas uma nova complicação sobre as complicações já existentes. A Súmula deve ser entendida pelo que exprime claramente, e não a *contrario sensu*, com entrelinhas,

de cal sobe o tema, é capaz de refrear esse impulso, estabilizando as posições ativa e passiva de determinadas relações jurídicas". Essa estabilização apresenta como pano de fundo frear a propositura de um número cada vez maior de ações com o mesmo objeto.[30]

A Emenda Constitucional n.º 45/2004 é o marco legal da criação da súmula vinculante, assim como do instituto da repercussão geral. A EC n.º 45/2004 incorporou o art. 103-A na Constituição Federal de 1988, estabelecendo que o Supremo Tribunal Federal poderá, de ofício ou por provocação, mediante decisão de dois terços dos seus membros, após reiteradas decisões sobre matéria constitucional, aprovar súmula que, a partir de sua publicação na imprensa oficial, terá efeito vinculante em relação aos demais órgãos do Poder Judiciário e à Administração Pública direta e indireta, nas esferas federal, estadual e municipal, bem como proceder à sua revisão[31] ou cancelamento, na forma estabelecida em lei.

O objetivo da súmula vinculante, segundo expressamente referido no texto constitucional, é a validade, a interpretação e a eficácia de normas determinadas nas quais haja atual controvérsia entre os órgãos do Poder Judiciário ou entre os órgãos e administração pública que acarrete grave insegurança jurídica e relevante multiplicação de processos sobre questão idêntica. A Lei n.º 11.417, de 19 de dezembro de 2006, regulamentando o art. 103-A, disciplinou a edição, a revisão e o cancelamento de enunciado de súmula vinculante pelo Supremo Tribunal Federal.

Dispõe o texto constitucional serem legitimados para a formulação de proposta de súmula vinculante os mesmos legitimados da ação direta de inconstitucionalidade, que, segundo o art. 103, são o (i) Presidente da República; (ii) a Mesa do Senado Federal; (iii) a Mesa da Câmara dos Deputados; (iv) a Mesa de Assembleia Legislativa

---

ampliações ou restrições. Ela pretende pôr termo a dúvidas de interpretação e não gerar outras dúvidas" Recurso Extraordinário n.º 54.190, referido por Fernando Dias Menezes de Almeida, em *Memória jurisprudencial: Ministro Victor Nunes*. Brasília: Supremo Tribunal Federal, 2006 (Série memória jurisprudencial), págs. 35-36.

30. NUNES, *Segurança jurídica e súmula vinculante*, pág. 160.

31. Sobre a revisão dos precedentes vinculantes, Neil MacCormick traz abordagem instigante: "não revisabilidade parece ser uma ideia pouco sábia. Mesmo precedentes vinculantes podem provocar novas reflexões em novas circunstâncias". MACCORMICK, Neil. Retórica e Estado de Direito. Trad. Conrado Hübner Mendes. Rio de Janeiro: Elsevier, 2008, pág. 211.

ou da Câmara Legislativa do Distrito Federal; o (v) Governador de Estado ou do Distrito Federal; (vi) o Procurador-Geral da República; (vii) o Conselho Federal da Ordem dos Advogados do Brasil; (viii) partido político com representação no Congresso Nacional; e (ix) confederação sindical ou entidade de classe de âmbito nacional.

A Lei n.º 11.417/2006 também trouxe os mesmos legitimados previstos na Carta, acrescentando, em seu art. 3º, a Defensoria Pública e os Tribunais, nos seguintes termos: o (i) Presidente da República; a (ii) Mesa do Senado Federal; (iii) a Mesa da Câmara dos Deputados; (iv) o Procurador-Geral da República; (v) o Conselho Federal da Ordem dos Advogados do Brasil; (vi) o Defensor Público-Geral da União; (vii) partido político com representação no Congresso Nacional; (viii) confederação sindical ou entidade de classe de âmbito nacional; (ix) a Mesa de Assembleia Legislativa ou da Câmara Legislativa do Distrito Federal; (x) o Governador de Estado ou do Distrito Federal; (xi) os Tribunais Superiores, os Tribunais de Justiça de Estados ou do Distrito Federal e Territórios, os Tribunais Regionais Federais, os Tribunais Regionais do Trabalho, os Tribunais Regionais Eleitorais e os Tribunais Militares.[32]

A participação do Ministério Público nesse processo se dá no papel do Procurador-Geral da República, que deverá, obrigatoriamente, se manifestar em todas as propostas que não houver formulado, antes mesmo da edição, revisão ou cancelamento da súmula. Afirma o §1º da Lei n.º 11.417/2006 que, nos casos em que for parte, poderá o município, no curso do processo, propor a edi-

32. Registre-se, ponderando não ser este o escopo do trabalho, a duvidosa constitucionalidade da Lei 11.417/2006 ao dar legitimidade à Defensoria Púbica e aos Tribunais, especificamente ao Defensor Púbico-Geral da União e aos Tribunais Superiores, os Tribunais de Justiça de Estados ou do Distrito Federal e Territórios, os Tribunais Regionais Federais, os Tribunais Regionais do Trabalho, os Tribunais Regionais Eleitorais e os Tribunais Militares. Como a competência do Supremo Tribunal Federal é constitucional, somente pela Constituição poderá ser regulado, e não por lei ordinária. A advertência e reflexão de Jorge Amaury Maia Nunes é pontual: "Por certo que a ideia do relator do projeto de lei, ao aumentar o número de partes funcionais autorizadas a deflagrar o procedimento, foi atribuir maior grau de legitimidade ao instituto da súmula vinculante. Não é infensa a críticas à medida. É que a competência da Corte Suprema é constitucional e só pela Constituição pode ser regida, sendo inextensível por lei ordinária. Da mesma maneira, há de ocorrer com os legitimados para os processos que tramitem perante aquele órgão. Pense-se no descalabro que seria se o legislador ordinário houvesse por bem (e isso fosse considerado constitucional) atribuir legitimidade a qualquer cidadão para propor uma ação direta de inconstitucionalidade, ou qualquer outra ação do rol das ações de controle abstrato de constitucionalidade". NUNES, *Segurança jurídica e súmula vinculante*, pág. 158.

ção, a revisão ou o cancelamento de súmula vinculante. Ou seja, o dispositivo legal, indiretamente, elenca o município como legitimado para a formulação de súmula, exigindo apenas essa hipótese para os casos em que for parte.

Alinham-se a esse preceito duas modalidades de procedimento para edição, revisão ou cancelamento de súmula. A classificação é balizada por Jorge Amaury Nunes. A modalidade autônoma, sem que esteja vinculada a nenhum processo específico em curso; e a segunda modalidade, a incidental, que, "aviada exclusivamente por Município, tem como pressuposto inafastável a circunstância de nascer no seio de determinado processo em curso".[33]

A participação dos colaboradores da Corte também é permitida no debate da consolidação das súmulas vinculantes. Enfatiza o §2º do art. 3º da lei que o relator poderá admitir a manifestação de terceiros interessados na questão objeto das súmulas. Essa inovação enfatiza a importância da democratização do debate na consolidação das súmulas. Isso se vê também, na mesma linha, na repercussão geral e nos recursos repetitivos, tratados adiante nesta obra.

Em que pese não ser objeto deste trabalho tratar das súmulas vinculantes, esse instrumento dialoga com o instituto dos recursos repetitivos quanto à relevante multiplicação de processos sobre questão idêntica, a participação de terceiros interessados, bem como na consolidação das teses de modo a garantir celeridade, segurança jurídica, isonomia e efetividade. Com efeito, Victor Nunes Leal trouxe a premissa para as provocações relativas ao engessamento da jurisprudência quando da edição de súmula, assegurando que "firmar a jurisprudência de modo rígido não seria um bem, nem mesmo viável. A vida não para nem cessa a criação legislativa e doutrinária do direito".

Victor Nunes defendia a adoção da súmula, de modo que eliminassem ou diminuíssem os dissídios da jurisprudência, e reconhecia que a rigidez na jurisprudência não seria um bem, enfatizando a

> "enorme diferença entre a mudança, que é frequentemente necessária, e a anarquia jurisprudencial, que é descalabro e tormento. Razoável e possível é o meio termo, para que o Supremo Tribunal

33. NUNES, *Segurança jurídica e súmula vinculante*, pág. 159.

> Federal possa cumprir o seu mister de definir o direito federal, eliminando ou diminuindo os dissídios da jurisprudência".[34]

Não é diferente o escopo das alterações do Código de Processo Civil por meio das Leis n.os 11.276 e 11.277, de 7 de fevereiro de 2006. A maior parte dos processos repetidos que tramitam e "assoberbam o Judiciário" tem em um dos polos da relação processual o Poder Público. Nesse sentido, como consigna Jorge Amaury Maia Nunes, "a edição de súmulas deverá concentrar-se em ações dessa natureza, isto é, ações sobre matéria constitucional em que se discuta validade, interpretação e eficácia de normas a respeito das quais exista dissenso entre órgãos do Poder Judiciário capaz de provocar abalo na segurança jurídica (...)".[35]

◉ Seção 3: Memórias póstumas do Código de 1973: Súmula impeditiva de recursos

Na esteira das diretrizes balizadas para a reforma do Poder Judiciário com a Emenda Constitucional 45/2004, foi editada a Lei n.º 11.276, de 7 de fevereiro de 2006, a qual foi chamada súmula impeditiva de recursos. Por meio da Exposição de Motivos n.º 182-MJ, o então Ministro de Estado e da Justiça Márcio Thomaz Bastos encaminhou ao Presidente da República o projeto de lei destacando a necessidade de alteração no sistema processual brasileiro com o escopo de conferir racionalidade e celeridade ao serviço de prestação jurisdicional, sem, contudo, ferir o direito ao contraditório e à ampla defesa.[36] Essa diretriz de racionalidade e celeridade permeou todas as reformas à época, o que mostra desde então a preocupação de mais efetividade e o excesso de recursos e crescente aumento do número de processos no Poder Judiciário.

Na linha do relatório do Deputado Inaldo Leitão (PL-PB), então relator do Projeto de Lei n.º 4.724/2004, antes da Reforma do Judiciário, já se sustentava "que o direito à inafastabilidade da tutela jurisdicional

---

34. LEAL, Victor Nunes. Atualidade do Supremo Tribunal Federal. *Revista dos Tribunais*, v. 349, págs. 623-629.
35. NUNES, *Segurança jurídica e súmula vinculante*, pág. 168.
36. Na Câmara dos Deputados, PL 4.724/2004, aprovado em 18 de agosto de 2005. Enviado ao Senado Federal em 24 de agosto de 2005 (PLC 90/2005) e aprovado em plenário no dia 25 de janeiro de 2006, com sanção presidencial em 8 de fevereiro de 2006.

(art. 5º, XXXV, CF/88) englobava o direito a uma decisão tempestiva, efetiva e justa, predicados sem os quais não é politicamente legítimo o sistema processual de um país. O verdadeiro acesso à ordem jurídica justa desqualifica a justiça tardia, que nega o próprio acesso à justiça".

Essa lei alterou, entre outros, o art. 518 do Código de Processo Civil de 1973, Lei n.º 5.869, de 11 de janeiro de 1973, no tocante ao recebimento do recurso de apelação, acrescentando o §1º ao artigo, que determina ao juiz de primeiro grau o não recebimento do recurso de apelação quando a sentença atacada estiver em conformidade com súmula do Superior Tribunal de Justiça ou do Supremo Tribunal Federal. O comando legal inserido nessa alteração do Código de 1973 também demonstra a observação da interpretação da legislação federal pelo STJ e da Constituição pelo STF, em síntese, não seguir com o recurso de apelação quando em desconformidade com o entendimento dessas Cortes Superiores.

O dispositivo não faculta ao magistrado o não recebimento. Trata-se de norma imperativa, de cunho obrigatório. Tanto o é que o §2º, acrescido pela Lei n.º 11.276/2006, estabelece que, após a apresentação das contrarrazões ao recurso de apelação, é facultado ao magistrado, em cinco dias, o reexame dos pressupostos de admissibilidade do recurso. Ou seja, poderia o juiz não só entender que o caso concreto não se encontra na moldura da súmula do Supremo ou do Superior Tribunal de Justiça, como também determinar o processamento da apelação para julgamento do Tribunal de segundo grau.

O recebimento do recurso pelo juiz de primeiro grau estava adstrito a que a integralidade da sentença estivesse em conformidade com a súmula do Superior Tribunal de Justiça ou do Supremo Tribunal Federal. Caso parte da sentença não tivesse amparo em súmula, o recurso deveria seguir regularmente. Para o STJ, o objetivo dessa lei é "uniformizar e racionalizar os julgamentos, dando maior efetividade ao processo, visto que permite impedir que a apelação prossiga caso a matéria integrante do juízo de mérito objeto da sentença esteja em conformidade com súmula do Superior Tribunal de Justiça ou do Supremo Tribunal Federal".[37]

---

37. Cf. REsp 970.391, rel. Min. João Otávio Noronha, DJ 29.3.2010. Nesse julgado, entendeu o STJ que "constatado que existem outras matérias suficientes e capazes de influir no julgamento

Em outro caso, decidiu o STJ que, ao se analisar o art. 518, §1º, do CPC e "interpretá-lo gramaticalmente, observa-se que se trata de norma cogente, vez que não faculta ao magistrado o recebimento do recurso de apelação, caso este tenha motivado sua sentença em súmula do STJ ou do STF, pelo contrário, obriga o juiz a não o receber: 'o juiz não receberá'". A finalidade desse dispositivo legal era justamente "evitar a tramitação de recursos sem chance de êxito".[38]

O então relator do Projeto de Lei n.º 4.724/2004 na Câmara dos Deputados, aliás, enfatizou que o não recebimento da apelação contra sentença em consonância com súmula dos Tribunais Superiores representa uma medida "condizente com a adoção da súmula vinculante. Ou seja, se optamos pela súmula vinculante, não há sentido em permitir o processamento de recurso contrário ao entendimento fixado por aquela". Essa conduta do juiz apenas anteciparia o provimento do recurso que "fatalmente" seria proferido pelo relator do recurso com fundamento no já consolidado art. 557 do Código de Processo Civil de 1973, o qual permite ao relator negar seguimento a recurso em confronto com súmula ou jurisprudência dominante.

Esse mecanismo permitia, conforme estabelecido na nova redação do Código de Processo Civil de 1973 e, ainda, em decisões já consolidadas do Superior Tribunal de Justiça, ao magistrado de primeiro grau não receber o recurso de apelação quando a sentença atacada estiver em conformidade com súmula do STJ ou do STF. Não se trata de conformidade com jurisprudência dominante, como dispõe a redação do art. 285-A do CPC de 1973, mas quando

do mérito que não foram apreciadas e que não estão incluídas no teor da súmula utilizada para julgar a causa e obstar o processamento da apelação, faz-se necessário, então, que se proporcione o seguimento dessa, para apreciação e julgamento, não sendo o caso de se aplicar a norma do art. 518, § 1º, do Código de Processo Civil". Ainda nessa decisão, trouxe o relator o entendimento de Humberto Theodoro Júnior sobre esse dispositivo legal: "É bom lembrar que o trancamento da apelação, *in casu*, pressupõe inteira fidelidade da sentença à súmula do STJ ou do STF. É preciso que a decisão seja toda ela assentada na súmula, e não apenas em parte, de modo que se esta serviu tão-só de argumento utilizado pelo sentenciante, para solucionar parte das questões deduzidas no processo, havendo outros dados influentes na motivação do julgado, não será o caso de considerar a sentença como irrecorrível. Fora do tema da súmula, restariam questões passíveis de discussão recursal, sem risco de contradizer a matéria sumulada" (In: *Curso de Direito Processual Civil*, 50ª Edição, Editora Forense, 2009, pág. 594).

38. Cf. REsp 1.144.147, rel. Min. Mauro Campbell, DJ 13.4.2011. Nesse mesmo sentido: REsp 1.078.394/PE, rel. Ministra Eliana Calmon, 2ª Turma, DJe 11.11.2008.

a matéria objeto da controvérsia fosse unicamente de direito e já houvesse no juízo sentenças anteriores de total improcedência em outros casos idênticos.

Essa súmula impeditiva não permaneceu no Código de Processo Civil de 2015. Foi retirado o duplo grau de admissibilidade da apelação e, consequentemente, esse instituto, o que, a nosso sentir, destoou do propósito de racionalidade do sistema processual.

◉ Seção 4: Improcedência liminar do pedido

No mesmo dia 7 de fevereiro de 2006, data da edição da súmula impeditiva de recursos, foi editada a Lei n.º 11.277, que acrescentou o art. 285-A ao Código de Processo Civil de 1973. Também no mesmo dia do encaminhamento da exposição de motivos da súmula impeditiva de recursos e com os mesmos fundamentos, o então Ministro de Estado e da Justiça Márcio Thomaz Bastos encaminhou ao Presidente da República projeto de lei destacando a necessidade de alteração no sistema processual brasileiro com o escopo de conferir racionalidade e celeridade ao serviço de prestação jurisdicional, sem, contudo, ferir o direito ao contraditório e à ampla defesa. Nesse caso, quando a matéria controvertida discutida no processo for unicamente de direito e no juízo já houver sido proferida sentença de total improcedência em outros casos idênticos[39] [processos repetitivos], poderá ser dispensada a citação e proferida sentença, reproduzindo-se o teor da anteriormente prolatada.

Se o autor da ação interpuser recurso de apelação, é facultado ao juiz prolator da decisão optar, no prazo de cinco dias, por não manter a sentença e determinar o regular prosseguimento da ação

39. "*Casos idênticos*, tal como referido no art. 285-A do CPC, constituem aqueles relativos a *demandas de massa*, que se multiplicam, com a mesma argumentação, apenas se adequando ao caso concreto, com a adaptação dos nomes das partes e de alguns dados pessoais seus. Nesses casos repetidos, as causas de pedir e os pedidos são diferentes em cada uma das demandas: cada autor tem uma relação jurídica diferente com a parte contrária, sofrendo uma lesão ou ameaça própria, que não se confunde com a posição de cada um dos autores das outras demandas. (...) O que se identifica, o que é igual em todas essas demandas é a *argumentação ou fundamentação jurídica.*" CUNHA, Leonardo José Carneiro. Primeiras impressões sobre o art. 285-A do CPC (Julgamento imediato de processos repetitivos: uma racionalização para as demandas de massa). *Revista Dialética de Direito Processual*, n.º 39, junho/2006, pág. 96.

ou, caso mantida a sentença, ordenar a citação do réu para responder ao recurso de apelação.

Após a publicação da lei, precisamente em 29 de março de 2006, o Conselho Federal da Ordem dos Advogados do Brasil ajuizou ação direta de inconstitucionalidade contra a Lei n.º 11.277/2006.[40] Sustentou a OAB que a lei ofende os princípios constitucionais da isonomia (art. 5º, caput), segurança jurídica (art. 5º, caput), direito de ação (art. 5º, inciso XXXV), devido processo legal (art. 5º, inciso LIV) e contraditório (art. 5º, inciso LV). O Instituto Brasileiro de Direito Processual (IBDP) requereu o ingresso, como colaborador da Corte, e a improcedência do pedido formulado pela OAB. Essa ação aguarda apreciação do STF.[41]

Esse dispositivo específico foi objeto de análise no ST J. No Recurso Especial n.º 1.109.398/MS, julgado em 16.6.2011, a Quarta Turma entendeu que a aplicação do art. 285-A do Código de Processo Civil tem como escopo a celeridade e a economia processual, supondo "alinhamento entre o juízo sentenciante, quanto à matéria repetitiva, e o entendimento cristalizado nas instâncias superiores, sobretudo junto ao Superior Tribunal de Justiça e Supremo Tribunal Federal". Segundo Luis Felipe Salomão, relator do processo, não há dissociação na "nova técnica de julgamento" da observância de súmula ou jurisprudência dominante dos Tribunais Superiores. Essa opção processual, na visão do Ministro Salomão, está estampada no art. 120, parágrafo único, art. 527, inciso I, e art. 557, *caput* e §1º-A do CPC de 1973.

Permitir decisões conflitantes com entendimentos consolidados aumenta o "patológico estado de litigiosidade verificado atualmente" nos Tribunais. Para o Superior Tribunal de Justiça, "o art. 285-A do CPC [1973] criou método de trabalho voltado à celeridade e racionalidade processuais, revelando-se como benfazeja técnica de julgamento que, se corretamente aplicada, possui a virtualidade até mesmo de pôr fim, ainda na primeira instância, a demandas

40. ADI 3.695, relatoria do Ministro Cezar Peluso, e, a partir de 29.11.2012, do Ministro Teori Zavascki.
41. http://www.stf.jus.br/portal/processo/verProcessoAndamento.asp?incidente=2373898. Acesso em: 30.11.2023.

repetitivas, tão comuns no âmbito do serviço público, do direito do consumidor, previdenciário e tributário".[42]

Aliás, quanto à eventual alegação de violação à independência da magistratura, assentou a Quarta Turma do STJ que "ser independente não significa uma garantia conferida exatamente à pessoa do juiz e, para a pessoa do juiz, às cegas, sem nenhuma teleologia". Nesse sentido, "a garantia de independência hospeda-se nos escopos da própria jurisdição, dirigidos que são aos jurisdicionados, à sociedade e ao próprio Estado, garantia da paz social e da segurança. A independência do juiz é mecanismo de otimização da jurisdição, a qual não deve ser prestada sob os influxos políticos externos ao sistema jurídico, sob pena de o jurisdicionado não receber a realização do que exatamente era desejado pelo direito material".[43]

Referindo-se a Calmon de Passos, Luis Felipe Salomão acentua que, se a interpretação do art. 285-A do CPC de 1973 causa alguma perplexidade, "é a mesma suscitada, por exemplo, por ocasião da criação de súmulas vinculantes, perplexidade essa que deita raízes em motivos muito bem revelados pelas ácidas palavras do eminente Calmon de Passos, isto é, 'porque, infelizmente, no Brasil pós-1988 se adquiriu a urticária do autonomismo, e todo mundo é comandante e ninguém é soldado, todo mundo é malho e ninguém é bigorna'" (Súmula vinculante. *Revista do Tribunal Regional Federal da 1ª Região*, jan.-mar. 1997, p. 176).

A 3ª Turma do STJ, ao julgar o recurso especial n.º 1.225.227, entendeu que, a partir de uma interpretação sistemática e teleológica do art. 285-A, do CPC de 1973, mais importante do que a quantidade de sentenças de improcedência em casos idênticos, é a conformidade delas com a jurisprudência sumulada ou dominante do respectivo Tribunal local e dos Tribunais Superiores.[44]

---

42. REsp n.º 1.109.398/MS, Banco Itaú S/A *vs.* Alcides Siqueira Godoi, rel. Min. Luis Felipe Salomão, 4ª Turma, DJe 1.8.2011.

43. REsp n.º 1.109.398/MS, DJe 1.8.2011.

44. REsp n.º 1.225.227/MS, BV Financeira S/A Crédito Financiamento e Investimento *vs.* Luiz Felipe da Cruz, rel. Min. Nancy Andrighi, 3ª Turma, DJe 12.6.2013: DIREITO PROCESSUAL CIVIL. RECURSO ESPECIAL. AÇÃO REVISIONAL DE CONTRATO BANCÁRIO. SENTENÇA LIMINAR DE IMPROCEDÊNCIA. ART. 285-A DO CPC. NECESSIDADE DE CONFORMIDADE COM O ENTENDIMENTO DO TRIBUNAL LOCAL E DOS TRIBUNAIS SUPERIORES. 1. Sentença de improcedência proferida com fulcro no art. 285-A do CPC que, embora esteja em consonância com a jurisprudência do STJ,

Leonardo José Carneiro da Cunha apresenta exemplo ilustrativo no qual determinada pessoa ingressa em juízo em face da Fazenda Pública, postulando certa vantagem e, nessa situação, enquadram-se centenas ou milhares de pessoas. Essa postulação representará uma quantidade significativa de demandas repetidas. Se o "juízo" entender que não há direito a ser resguardado, julgando improcedente o pedido do autor e dos demais que ingressaram com a ação, todas as seguintes terão o mesmo resultado.[45]

Assim como a súmula impeditiva de recursos, a redação do art. 285-A do CPC/1973 pela Lei n.º 11.277/2006 trouxe mais um instrumento de racionalização das demandas de massa. Esse dispositivo foi materializado no CPC de 2015 por meio do art. 332, em que prevê a hipótese das causas que dispensarem a fase instrutória; o juiz, independentemente da citação do réu, julgará liminarmente improcedente o pedido que contrariar (i) enunciado de súmula do STF ou do STJ; (ii) acórdão proferido pelo STF ou pelo STJ em julgamento de recursos repetitivos;[46] (iii) entendimento firmado em Incidente de Resolução de Demandas Repetitivas (IRDR) ou

---

diverge do entendimento do Tribunal de origem. 2. O art. 285-A do CPC constitui importante técnica de aceleração do processo. 3. É necessário, para que o objetivo visado pelo legislador seja alcançado, que o entendimento do Juiz de 1º grau esteja em consonância com o entendimento do Tribunal local e dos Tribunais Superiores (dupla conforme).

45. CUNHA, Primeiras impressões sobre o art. 285-A do CPC (Julgamento imediato de processos repetitivos: uma racionalização para as demandas de massa), p. 94: "Enfim, já se sabe qual o resultado em cada uma dessas demandas, havendo um acúmulo de processos. Não existisse o art. 285-A do CPC, haveria, em cada um desses processos, citação, com grande gasto de recursos para confecção de mandados, destinação de oficial de justiça a cumpri-los, a fim de que o réu possa oferecer contestações simplesmente reproduzidas e já conhecidas – e, por isso mesmo, não mais lidas pelo juízo, que se restringirá a adaptar a sentença já pronta".

46. A título ilustrativo e nesse sentido, cf. a Apelação Cível n. 07014201120208070007, 4ª Turma do TJDFT, Rel Des. Luís Gustavo B. de Oliveira. DJe 10.9.2020: APELAÇÃO CÍVEL. CONTRATO DE FINANCIAMENTO DE VEÍCULO. IMPROCEDÊNCIA LIMINAR DO PEDIDO. QUESTÃO SEDIMENTADA EM SÚMULA DE TRIBUNAL SUPERIOR E RECURSO REPETITIVO. STJ/RESP 973.827/RS E STF/RE 592.377/RS. CERCEAMENTO DE DEFESA. INOCORRÊNCIA. CAPITALIZAÇÃO DE JUROS. PREVISÃO CONTRATUAL. LEGALIDADE. RECURSO CONHECIDO E DESPROVIDO. 1. O Código de Processo Civil autoriza o magistrado a julgar de plano e improcedente os pedidos, quando a questão estiver pacificada em súmula de tribunais superiores ou em acórdãos proferidos pelo STF ou STJ em recurso repetitivo (art. 332, incisos I e II, do CPC). A adoção dessa modalidade de julgamento, disciplinada pela lei adjetiva, não causa cerceamento do direito de acesso à jurisdição ou de defesa. Preliminar rejeitada. 2. Havendo previsão contratual expressa, a capitalização mensal de juros é admitida em contratos de financiamento. Jurisprudência do STF, STJ e do TJDFT. 3. RECURSO CONHECIDO E DESPROVIDO.

em Assunção de Competência (IAC); e (iv) enunciado de súmula de tribunal de justiça sobre direito local.

◉ Seção 5: Turma nacional de uniformização de jurisprudência dos Juizados Especiais Federais

A Turma Nacional de Uniformização de Jurisprudência dos juizados especiais federais, aliada aos demais mecanismos anteriormente apontados, representa um subsistema de consolidação da interpretação da legislação federal para balizar o entendimento das varas dos juizados especiais federais.

Os juizados especiais federais foram instituídos pela Lei n.º 10.259, de 12 de julho de 2001.[47] Cada Tribunal Regional Federal tem em seu 'microssistema' as varas dos Juizados Especiais Federais, com as respectivas turmas recursais, nas quais as partes podem interpor recursos inominados, garantindo-se o duplo grau de jurisdição nos juizados.[48] Os conflitos jurisprudenciais entre turmas recursais da mesma região são resolvidos no âmbito da própria região, por meio de pedido de uniformização de interpretação de lei federal especificamente sobre questões de direito material.

Em casos de divergência entre decisões de turmas de diferentes regiões ou daquelas proferidas em contrariedade à súmula ou jurisprudência dominante do Superior Tribunal de Justiça, será julgado pela Turma Nacional de Uniformização de Jurisprudência, sob a presidência do Coordenador da Justiça Federal.

---

47. Cf., do autor do trabalho, estudo sobre a concepção e implementação dos Juizados Especiais na Justiça Federal: OLIVEIRA, Democratizando o acesso à justiça: juizados especiais federais, novos desafios, 2001.

48. As Turmas Recursais dos Juizados Especiais Federais das Seções Judiciárias dos Tribunais Regionais Federais são formadas, cada uma, por três juízes federais titulares dos cargos de Juiz Federal de Turmas Recursais e por um juiz suplente. A Lei n. 12.665, de 13 de junho de 2012, criou uma estrutura permanente de 75 Turmas Recursais nos Juizados Especiais Federais, assim distribuídas: 25 turmas recursais nos Juizados Especiais Federais da 1ª Região (DF, MG, BA, GO, TO, MT, MA, PI, AM, PA, RO, RR, AP, AC); 10 turmas na 2ª Região (RJ e ES); 18 na 3ª Região (SP e MS); 12 na 4ª Região (RS, PR e SC); e 10 na 5ª Região (PE, CE, AL, RN, SE e PB). Atualmente, com a criação da 6ª Região – por ocasião da Lei n. 14.226, de 20 de outubro de 2021 –, a Lei n.12.665/2012 ainda não foi alterada, porém, em 4.1.2024, a 6ª Região (BH) possuía seis Turmas Recursais.

A Lei n.º 11.798, de 29 de outubro de 2008, dispõe sobre o Conselho da Justiça Federal, responsável pela supervisão administrativa e orçamentária da Justiça Federal, como órgão central do sistema, conforme disposto no inciso II, § único, do art. 105 da Constituição Federal. Segundo o art. 9º da lei, compete à Turma Nacional de Uniformização dos juizados especiais federais apreciar os incidentes de uniformização de interpretação de lei federal, previstos na Lei n.º 10.259/2001. Compõem a Turma Nacional de Uniformização o (i) Corregedor-Geral da Justiça Federal e (ii) dois juízes federais por região, escolhidos pelo respectivo Tribunal Regional Federal entre os titulares em exercício em juizados especiais federais.

A Resolução n.º 586, de 30 de setembro de 2019, que dispõe sobre o regimento interno da Turma Nacional de Uniformização de Jurisprudência dos juizados especiais federais, estabelece em seu art. 6º a competência para analisar as questões exclusivas de direito material, ou seja, não há qualquer uniformização de questões processuais[49] (i) fundada em divergência entre decisões de Turmas Recursais de diferentes Regiões; (ii) em face de decisão de Turma Recursal proferida em contrariedade à súmula ou jurisprudência dominante do Superior Tribunal de Justiça; ou (iii) em face de decisão de Turma Regional de Uniformização proferida em contrariedade à súmula ou jurisprudência dominante do STJ.

Caso a orientação da Turma Nacional de Uniformização em questões de direito material contrarie súmula ou jurisprudência dominante do Superior Tribunal de Justiça, a parte interessada poderá provocar o próprio STJ para dirimir a divergência. O relator, no âmbito do STJ, poderá conceder medida liminar determinando a suspensão dos processos nos quais a controvérsia esteja estabelecida. Do mesmo modo, as Turmas Recursais dos Tribunais Regionais Federais poderão reter pedidos de uniformização idênticos recebidos até o pronunciamento do Superior Tribunal de Justiça.[50] Vê-se, assim,

---

49. "Descabe incidente de uniformização versando sobre honorários advocatícios por se tratar de questão de direito processual" (Súmula 7 da TUJEF, DJ 25.9.2003).

50. Para o Superior Tribunal de Justiça, se a Turma Nacional de Uniformização não conhece do pedido de uniformização, não se admite a provocação de manifestação do STJ (AgRg na Pet 6.080, rel. Min. Teori Zavascki, DJ 1.9.2008; AgRg na Pet 6.293, rel. Min. Felix Fischer, DJ 2.2.2009). A Resolução n.º 10, de 21 de novembro de 2007 (DJU 23.11.2007), – também replicada no art. 67, parágrafo único, VIII-A, do Regimento Interno do STJ – dispõe sobre o processamento, no

a Turma Nacional de Uniformização de Jurisprudência dos Juizados Especiais Federais como um dos instrumentos de racionalização das demandas de massa.

◉ Seção 6: Recursos especiais repetitivos

Em 8 de maio de 2008, foi sancionado pelo presidente da República o projeto que estabeleceu o procedimento para o julgamento dos recursos especiais repetitivos no âmbito do Superior Tribunal de Justiça. Consubstanciando-se na Lei nº 11.672, acrescentando o art. 543-C ao Código de Processo Civil de 1973, a essência do texto estabeleceu que, nas hipóteses em que houver *multiplicidade de recursos com fundamento em idêntica questão de direito*, o recurso especial será processado nos moldes procedimentais estabelecidos nesse artigo.

No Código de Processo Civil de 2015, o dispositivo manteve essa sua essência na redação dada ao art. 1036, que determinou o rito procedimental dos *recursos com fundamento em idêntica questão de direito* na subseção *Do Julgamento dos Recursos Extraordinário e Especial Repetitivos.*

Em 5 de abril de 2007, o então Ministro de Estado e da Justiça, Tarso Genro, submeteu o encaminhamento ministerial nº 40 ao Presidente da República, relativo ao projeto de lei que acrescentaria o art. 543-C ao Código de Processo Civil, Lei nº 5.869, de 11 de janeiro de 1973, "estabelecendo o procedimento para o julgamento de recursos repetitivos no âmbito do Superior Tribunal de Justiça".

Destaca o encaminhamento ministerial a necessidade de alteração do sistema processual brasileiro com o objetivo de "conferir racionalidade e celeridade ao serviço de prestação jurisdicional", sem, "contudo, ferir o direito ao contraditório e à ampla defesa". Ressalta que muitas propostas e sugestões para a reforma do processo civil,

Superior Tribunal de Justiça, de incidente de uniformização da jurisprudência dos Juizados Especiais Federais. O incidente será protocolado perante a Turma Nacional, cujo Presidente procederá ao juízo prévio de admissibilidade. Admitido o incidente ou, se inadmitido, houver requerimento da parte, o pedido de uniformização será distribuído no Superior Tribunal de Justiça a relator integrante da Seção competente. Se o relator indeferir o pedido, dessa decisão caberá agravo à Seção respectiva, que proferirá julgamento irrecorrível.

como do Instituto Brasileiro de Direito Processual, da Associação dos Magistrados Brasileiros, da Associação dos Juízes Federais do Brasil, de órgãos do Poder Judiciário, do Poder Legislativo e do próprio Poder Executivo, são uniformes na necessidade de alteração do Código de Processo Civil para "conferir eficiência à tramitação de feitos e evitar a morosidade".

Pelo texto encaminhado à Presidência da República, destacam-se os seguintes pressupostos: (i) conferir racionalidade e celeridade ao serviço de prestação jurisdicional, sem ferir o contraditório e a ampla defesa e (ii) conferir eficiência à tramitação de feitos e evitar a morosidade.

A raiz da ideia dos repetitivos está nesse projeto de lei, fruto da sugestão de Athos Gusmão Carneiro, "com o objetivo de criar mecanismo que amenize o problema representado pelo excesso de demanda" do Superior Tribunal de Justiça. O encaminhamento ministerial é enfático ao revelar que, em 2005, foram remetidos mais de 210 mil processos ao ST J, "grande parte deles fundados em matérias idênticas, com entendimento já pacificado naquela Corte".

Assim, com o objetivo de "amenizar esse problema", o anteprojeto encaminhado ao Presidente da República foi inspirado no procedimento previsto na Lei nº 11.418/06, que criou mecanismo para simplificar o julgamento de recursos múltiplos, fundados em idêntica matéria, no Supremo Tribunal Federal.

> 7. Conforme a redação inserida no diploma processual pela norma mencionada, em caso de multiplicidade de recurso fundados na mesma matéria, a Corte Suprema poderá julgar um ou mais recursos representativos da controvérsia, sobrestando a tramitação dos demais. Proferida decisão pela inadmissibilidade dos recursos selecionados, será negado seguimento aos demais processos idênticos. Caso a decisão seja de mérito, os tribunais de origem poderão retratar-se ou considerar prejudicados os recursos. Mantida a decisão contrária ao entendimento firmado no Supremo Tribunal Federal, o recurso seguirá para aquela Corte, que poderá cassar a decisão atacada.
>
> 8. Na proposta que submeto a Vossa Excelência, busca-se disponibilizar mecanismo semelhante ao Superior Tribunal de Justiça para o julgamento do recurso especial.

> 9. De acordo com a regulamentação proposta, verificando a multiplicidade de recursos especiais fundados na mesma matéria, o Presidente do Tribunal de origem poderá selecionar um ou mais processos representativos da controvérsia e encaminhá-los ao Superior Tribunal de Justiça, suspendendo os demais recursos idênticos até o pronunciamento definitivo dessa Corte.
>
> 10. Sobrevindo a decisão da Corte Superior, serão denegados os recursos que atacarem decisões proferidas no mesmo sentido. Caso a decisão recorrida contrarie o entendimento firmado no Superior Tribunal de Justiça, será dada oportunidade de retratação aos tribunais de origem, devendo ser retomado o trâmite do recurso, caso a decisão recorrida seja mantida.
>
> 11. Para assegurar que todos os argumentos sejam levados em conta no julgamento dos recursos selecionados, a presente proposta permite ao relator que solicite informações sobre a controvérsia aos tribunais estaduais e admita a manifestação de pessoas, órgãos ou entidades, inclusive daqueles que figurarem como parte nos processos suspensos. Além disso, prevê a oitiva do Ministério Público nas hipóteses em que o processo envolva matéria pertinente às finalidades institucionais daquele órgão.
>
> 12. Estas, Senhor Presidente, as razões que me levam a submeter a anexa proposta ao elevado descortino de Vossa Excelência, acreditando que, se aceita, estará contribuindo para a efetivação das medidas que se fazem necessárias para conferir celeridade aos ritos do processo civil (grifos).

Pelo encaminhamento do Ministério da Justiça à Presidência da República, verifica-se que o escopo do projeto de lei baseado na sugestão de Athos Gusmão Carneiro era no sentido de se conferir racionalidade e celeridade ao serviço de prestação jurisdicional, sem violar o direito ao contraditório e à ampla defesa.

Previu ainda o projeto conferir eficiência à tramitação dos processos, para se evitar a morosidade. Tudo isso com o intuito de amenizar o problema representado pelo excesso de demanda do Superior Tribunal de Justiça, em grande parte fundado em matérias idênticas, com entendimento já pacificado pelo Tribunal. Para tanto, inspirou-se na Lei nº 11.418, de 19 de dezembro de 2006, que acrescentou os arts. 543-A e 543-B ao Código de Processo Civil de 1973, a fim de regulamentar o §3º do art. 102 da Constituição Federal, tratando da repercussão geral. Hoje, a matéria está regulamentada pelo Código de Processo Civil de 2015, entre os arts. 1.029 e 1.041 (Seção *Do Recurso Extraordinário e do Recurso Especial*).

Esse anteprojeto de lei de recursos especiais repetitivos no âmbito do Superior Tribunal de Justiça foi apresentado em plenário da Câmara dos Deputados em 30 de maio de 2007, de autoria do Poder Executivo, e autuado como Projeto de Lei nº 1.213, de 2007.

Na Comissão de Constituição e Justiça e de Cidadania (CCJC), o parecer do Relator, Deputado Maurício Rands, foi no sentido da oportunidade e conveniência do projeto, vindo ao encontro dos anseios dos jurisdicionados por uma prestação jurisdicional mais célere e eficiente.

> *Com o volume de processos atualmente existentes nos tribunais, fica impossível julgar com rapidez e eficácia, o que tem produzido a morosidade da justiça e o descontentamento dos jurisdicionados.*
>
> O Projeto traz inovações salutares, como a simplificação no julgamento de recursos múltiplos, *cujo fundamento seja idêntico*. Além disso, a possibilidade de oitiva de terceiros interessados no processo fortalece o princípio da segurança jurídica, na prolação da decisão judicial.
>
> Todas essas alterações propostas resultarão em aperfeiçoamento da legislação processual vigente, diante do que o meu voto é pela constitucionalidade, juridicidade e boa técnica do Projeto de Lei nº 1.213/07 e, no mérito, pela sua aprovação. (grifos).

Após o voto do Relator, pediu vista dos autos na Comissão o Deputado Regis de Oliveira para examinar possível violação ao direito dos recorrentes, pois a não apreciação do recurso decorrente do sobrestamento poderia haver, "em tese", violação ao princípio do duplo grau de jurisdição ou a denegação da jurisdição.

Contudo, após análise, concluiu o Deputado vistor não ser possível tal violação, eis que a suspensão é temporária até o julgamento do processo pelo Superior Tribunal de Justiça.

> Analisando o projeto, vê-se que tal situação não ocorrerá, pois a suspensão é temporária até o julgamento do feito pelo Superior Tribunal de Justiça. Na sequência *e se a matéria de direito for exatamente igual à submetida a julgamento pelo Superior Tribunal de Justiça*, terá seu seguimento denegado (inciso I do parágrafo 7º do art. 543-C [CPC de 1973]). Em hipótese contrária, a ques-

> tão será examinada pelo tribunal de origem, 'na hipótese de o acórdão recorrido divergir da orientação do Superior Tribunal de Justiça' (inciso II do art. já mencionado).
>
> Afasta-se, assim, qualquer inconstitucionalidade, uma vez que a sujeição do feito à jurisdição estatal não sofrerá qualquer limitação. Ao contrário, *o procedimento racionaliza o processamento de inúmeros recursos cuja matéria de direito é idêntica a outros tantos*. A apreciação apenas de alguns feitos economiza custos e racionaliza a atividade jurisdicional.
>
> À luz do exposto, meu voto acompanha o voto do eminente deputado Maurício Rands.
>
> Sala da Comissão, 2 de outubro de 2007 (grifos)

Após a tramitação na Câmara dos Deputados, o projeto seguiu para o Senado Federal - PLC nº 117/2007 e foi aprovado em 9 de abril de 2008.

Em 8 de maio de 2008, foi promulgada a Lei nº 11.672, com vigência a partir de 8 de agosto de 2008, acrescentando o art. 543-C ao Código de Processo Civil de 1973 e estabelecendo o procedimento para o julgamento de recursos repetitivos no âmbito do Superior Tribunal de Justiça.[51] No Código de Processo Civil de 2015, o dispositivo se manteve, aperfeiçoado na redação dada ao art. 1.036.[52]

Athos Gusmão Carneiro, mentor do projeto dos recursos especiais repetitivos, ao encaminhar a proposta de projeto da lei ao Ministério da Justiça, destacou que a maioria dos recursos interpostos no Superior Tribunal de Justiça refere-se a matérias idênticas e com entendimento já consolidado pelo Tribunal. Contudo, em nenhum momento definiu ou mesmo justificou a terminologia ou o conceito do que seriam "matérias idênticas". O que são recursos múltiplos com fundamento em idêntica questão de direito? O que é uma matéria idêntica? Há casos ou matérias idênticas?[53]

---

51. Art. 543-C/1973. Quando houver multiplicidade de recursos com fundamento em idêntica questão de direito, o recurso especial será processado nos termos deste artigo.

52. Art. 1.036/2015. Sempre que houver multiplicidade de recursos extraordinários ou especiais com fundamento em idêntica questão de direito, haverá afetação para julgamento de acordo com as disposições desta Subseção, observado o disposto no Regimento Interno do Supremo Tribunal Federal e no do Superior Tribunal de Justiça.

53. O procedimento para julgamento dos recursos especiais repetitivos foi regulamentado no âmbito do Superior Tribunal de Justiça por meio da Emenda Regimental nº 24, de 28 de

⦿ Seção 7: Incidente de resolução de demandas repetitivas: entre o idealismo e a realidade

Entre as inovações do Código de Processo Civil de 2015 está o incidente de resolução de demandas repetitivas, inspirado no Direito alemão,[54] conforme exposição de motivos do anteprojeto do Código de

---

setembro de 2016, na linha dos termos contidos no Código de Processo Civil de 2015, qual seja, com fundamento em idêntica questão de direito: "Havendo multiplicidade de recursos especiais com fundamento em idêntica questão de direito, caberá ao presidente ou ao vice-presidente dos Tribunais de origem (Tribunal de Justiça ou Tribunal Regional Federal), conforme o caso, admitir dois ou mais recursos especiais representativos da controvérsia, que serão encaminhados ao Superior Tribunal de Justiça, ficando os demais processos, individuais ou coletivos, suspensos até o pronunciamento do STJ."

54. Daniel de Andrade Lévy faz uma análise de instituto análogo no Direito inglês, o *Group Litigation Order*, apresentando as críticas e os pontos positivos desse instituto. Para o autor, há institutos semelhantes não só na Alemanha, como também nos EUA e na Espanha. LÉVY, Daniel de Andrade. O incidente de resolução de demandas repetitivas no Anteprojeto do Novo Código de Processo Civil. Exame à luz da *Group Litigation Order* britânica. *Revista de Processo*. Ano 36, vol. 196, junho/2011, pp. 165-205.

Guilherme Rizzo Amaral, noutro giro, apresenta uma visão mais crítica do incidente, consignando que a solução encontrada no direito alemão é tímida para conter o fenômeno dos litígios massificados no Brasil: "É claro que a adoção da solução do direito comparado não pode nem deve ser aplicada de forma cega, sem atender às particularidades de cada jurisdição. (...) A solução encontrada pelo direito alemão, a chamada *Musterverfahren*, foi introduzida naquele ordenamento jurídico há muito pouco tempo, mais precisamente em 16.08.2005. Embora se noticie o crescente interesse dos juristas alemães pela temática da tutela coletiva – inclusive o interesse específico em estudar o modelo estadunidense das *class actions* –, a evolução dos institutos alemães é ainda muito tímida se comparada a, no mínimo, quatro séculos de desenvolvimento do tema nos países do *common law* e, em especial, nos Estados Unidos. Vale ressaltar que, na Alemanha, diferentemente do que ocorre nos Estados Unidos e também no Brasil, não houve grande pressão para adoção de mecanismos de tutela coletiva, até mesmo por conta da eficácia de mecanismos extrajudiciais (administrativos e governamentais) de solução de conflitos, bem como em razão de uma atitude cultural de maior respeito à lei naquele país. Em suma, não temos dúvida em afirmar que a solução encontrada no direito germânico é por demais tímida para conter o fenômeno dos litígios massificados no Brasil". AMARAL, Guilherme Rizzo. Efetividade, segurança, massificação e a proposta de um incidente de resolução de demandas repetitivas. *Revista de Processo*, Ano 36, vol. 196, junho/2011, págs. 270-271.

Luiz Felipe Otharan, que faz um estudo sobre institutos semelhantes no Direito comparado, especificamente na Alemanha (*Musterverfahren*), Suíça, Portugal e Inglaterra (*Group Litigation Order – GLO*): OTHARAN, Luiz Felipe. Incidente de resolução de demandas repetitivas como uma alternativa às ações coletivas: notas de direito comparado. *Revista Jurídica: órgão nacional de doutrina, jurisprudência, legislação e crítica judiciária*. Ano 59, nº 402, abril de 2011, págs. 11-27; GAIO Jr., Antônio Pereira. Incidente de resolução de demandas repetitivas no projeto do novo CPC – breves apontamentos. *Revista de Processo*, Ano 36, vol. 199, setembro/2011, pp. 247-256; CUNHA, Leonardo José Carneiro da. Anotações sobre o incidente de resolução de demandas repetitivas previsto no projeto do novo Código de Processo Civil. *Revista de Processo*, Ano 36, vol. 193, mar./2011, pp. 255-279; e MENDES, Aluisio Gonçalves de Castro; RODRIGUES, Roberto de Aragão Ribeiro. Reflexões sobre o incidente de resolução de demandas repetitivas

2015. Em reunião realizada no dia 21 de abril de 2010, foi concebida pela Comissão de Juristas a ideia da criação de um incidente com o escopo de melhorar a produtividade dos Tribunais.[55] O objetivo era a suspensão da tramitação de "ações chamadas idênticas" até se decidir o tema em discussão. Essa decisão valeria como um *leading case* a ser seguido por todas as instâncias inferiores. Assim, o entendimento adotado em decisão do Superior Tribunal de Justiça seria seguido pelos Tribunais Regionais Federais e Tribunais de Justiça dos Estados. Consequentemente, uma decisão em incidente de resolução de demandas repetitivas do Tribunal de Justiça Estadual, por exemplo, deverá ser adotado por todos os juízes a ele vinculados.[56]

Nessa reunião da Comissão de Juristas, antes da finalização e apresentação do Anteprojeto, José Miguel Garcia Medina propôs chamar o incidente de resolução de questões repetitivas. A ideia do nome atual veio por sugestão de Luiz Fux, então Presidente da Comissão, para incidente de resoluções de demandas repetitivas, recomendando à Comissão evitar o "discurso político contra o incidente de coletivização".

Para José Miguel Medina, a expressão "repetitivo" está bem incorporada na nossa cultura. A advertência de Marcus Vinícius Furtado Coelho, porém, foi do receio de o Congresso Nacional entender que essa ação aumentaria a força do Ministério Público, concentrando o poder. Adroaldo Furtado Fabrício alertou que a palavra "coletivização" é que poderia "complicar" a Comissão com essa proposta.

Com essas ponderações, a Comissão decidiu retirar a expressão e prevaleceu "incidente de resolução de demandas repetitivas". Para Luiz Fux, as decisões superiores devem ser respeitadas. Segundo ele, qual a razão de um magistrado, em nome da sua suposta independência jurídica, poder proferir uma decisão contrária a de um Tribunal Superior?

---

previsto no Projeto de novo Código de Processo Civil. *Revista de Processo*, Ano 37, vol. 211, setembro/2012, pp. 192-208.

55. Comissão de Juristas instituída pelo Ato do Presidente do Senado Federal 379, de 30.9.2009, publicado no DOU de 2.10.2009, Seção 2, pág. 46.

56. Ata da 9ª Reunião da Comissão de Juristas, responsável pela elaboração de anteprojeto de Código de Processo Civil, instituída pelo Ato nº 379/2009. CF. www.senado.gov.br/senado/novocpc/. Acesso em: 10.8.2023.

Na diretriz do CPC/2015, o incidente de resolução de demandas repetitivas é cabível quando houver, simultaneamente, efetiva repetição de processos que contenham controvérsia sobre a mesma questão unicamente de direito e risco de ofensa à isonomia e à segurança jurídica. É uma das inovações do Código. O pedido de instauração do incidente é dirigido (art. 977) ao presidente do tribunal pelo juiz ou relator, por ofício; pelas partes, por petição; ou pelo Ministério Público ou pela Defensoria Pública, por petição.

Caso admitido o incidente, o relator suspenderá os processos pendentes (individuais ou coletivos) que tramitam no estado ou região (art. 982).[57] O IRDR deverá ser julgado no prazo de um ano (art. 980). As tutelas de urgência no período da suspensão serão dirigidas ao juízo onde tramita o processo suspenso.

O IRDR não tem natureza de recurso. Não há previsão legal para assim considerá-lo, mas, pelo Código, é considerado como incidente. O que se julga no IRDR é a tese jurídica, e não o caso concreto. A sua aplicação é obrigatória. A tese definida no incidente será aplicada a todos os processos individuais e coletivos relativos à idêntica questão de direito e que tramitem na mesma jurisdição do Tribunal, assim como aos processos em curso nos juizados especiais do respectivo estado ou região (art. 985, inciso I). Caso não seja observada a tese adotada no IRDR, caberá reclamação (§1º, art. 985).

Essa concepção do incidente de resolução de demandas repetitivas, por si só, poderia questionar a sua real necessidade no sistema processual civil brasileiro. Isso porque a ofensa à isonomia e à segurança jurídica e a repetição de processos sobre a mesma questão unicamente de direito já foram previstas nos recursos repetitivos, com o mesmo escopo, qual seja, a multiplicidade de recursos com fundamento em idêntica questão de direito.[58]

57. O art. 313 do CPC dispõe sobre a suspensão do processo pela morte ou pela perda da capacidade processual de qualquer das partes, de seu representante legal ou de seu procurador (I), pela convenção das partes (II), pela arguição de impedimento ou de suspeição (III); e pela admissão de incidente de resolução de demandas repetitivas (IV).

58. "Evitar a dispersão excessiva de jurisprudência" é o que dispõe a exposição de motivos do Anteprojeto, pág. 19. O incidente foi criado, segundo a Comissão de Juristas incumbida de elaborar a proposta de reforma do CPC, "com inspiração no direito alemão". O incidente "consiste na identificação de processos que contenham a mesma questão de direito, que estejam ainda

Como se vê, há no ordenamento jurídico nacional um instrumento de racionalização de idêntica questão de direito com esse propósito. Considerando a crise de gestão procedimental do Poder Judiciário e os instrumentos legais e constitucionais de racionalização de demandas de massa existentes, há que se ponderar o propósito e a razão de ser do incidente.

A apreciação do incidente de resolução de demandas repetitivas caberá ao órgão do Tribunal indicado pelo regimento interno. Caso admitido, o presidente do respectivo Tribunal determinará a suspensão de todos os processos que tramitam no estado (TJ) ou região (TRF). Colaboradores poderão se manifestar no incidente. Eventuais interessados, órgãos e entidades com interesse na controvérsia poderão juntar documentos, bem como as diligências necessárias para a elucidação da questão de direito controvertida. Em seguida, manifestar-se-á o Ministério Público (art. 983 CPC). Nesse ponto também, nada de novo. No procedimento dos recursos especiais repetitivos, eventuais interessados poderão manifestar-se, a critério do relator.

Após o julgamento do incidente de resolução de demandas repetitivas, dispõe o Código que a tese jurídica será aplicada a todos os processos individuais ou coletivos que "versem sobre idêntica questão de direito e que tramitem na área de jurisdição do respectivo tribunal". Essa disposição parece não observar o papel constitucional do Superior Tribunal de Justiça de uniformizador da legislação federal. A ele cabe esse papel.[59] E mais. A área de jurisdição dos Tribunais Regionais Federais perpassa o âmbito estadual, sobretudo na primeira região. Isso desencontra ainda com a previsão do §4º do art. 995 do CPC/2015 que dispõe do cabimento de recurso especial ou recurso

---

no primeiro grau de jurisdição, para decisão conjunta" (Exposição de Motivos do Anteprojeto, pág. 20).

59. Paulo Cezar Pinheiro Carneiro levantou essa preocupação na 4ª Reunião da Comissão, realizada em 8.3.2010: "E eu estou propondo aqui a competência do órgão especial ou do pleno, dada a relevância da matéria e também para evitar às vezes determinadas situações que podem ocorrer, enfim, em determinados tribunais, e propus também uma flexibilização do recurso, colocando que o recurso especial ou extraordinário teria efeito devolutivo e suspensivo, dada a extrema relevância da matéria. Por que o que é que se quer no incidente de coletivização? Se a questão for federal ou constitucional, que seja decidido pelo STJ ou pelo Supremo, é isso que se quer, mas nós não podemos dar esse *bypass* porque a competência do STJ e do Supremo é constitucional, nós não podemos colocar aqui no Código de Processo Civil". (Ata da 4ª Reunião da Comissão). www.senado.gov.br/senado/novocpc. Acesso em: 27.12.2023.

extraordinário contra a decisão que julgar o incidente de resolução de demandas repetitivas. Ou seja, mesmo com eventual solução da demanda repetitiva pelo incidente, a matéria poderá alçar ao STJ, órgão com competência constitucional para tanto.

O que pretende o incidente de resolução de demandas repetitivas é a uniformização de teses para questões unicamente de direito. O mesmo propósito dos recursos especiais repetitivos. Consoante Fátima Nancy Andrighi, a possibilidade de um recurso representativo de controvérsia ser o primeiro processo a instaurar determinada discussão no âmbito do STJ é plenamente factível. Em uma situação regional, revela Nancy Andrighi, "derivada de um fato único e temporalmente bem delimitado, que afetou milhares de cidadãos. Estes oferecerão ações praticamente ao mesmo tempo, receberão julgamentos próximos, recorrerão em datas parecidas e o Tribunal de Justiça, de repente, receberá centenas de apelações muito semelhantes. Possivelmente, o primeiro acórdão será alvo de recurso especial e o Tribunal o afetará". Essa situação, segundo Nancy, ocorreu em caso por ela relatado no STJ relativo a uma discussão possessória em área de loteamento irregular nos arredores de Brasília.[60]

Após quase dez anos do Código de Processo Civil, o Instituto IRDR não apresentou resultados concretos. Pelo contrário, em grande parte, congestionou o sistema. Como já destacado, o recurso especial faz esse papel de uniformização e racionalidade do sistema quando o caso chega do Superior Tribunal de Justiça. Um desafio, quiçá, ao Departamento de Pesquisa do Conselho Nacional de Justiça fazer um estudo do congestionamento dos casos e do sistema. Vê-se, em alguns Tribunais de Justiça, a não aplicação da tese firmada em IRDR em razão da oposição de embargos de declaração. Outros que aguardam a apreciação do recurso especial interposto contra a decisão que julgou o IRDR. Fora os casos que estão há tempos suspensos por determinação do Tribunal e, no âmbito nacional, pelo STJ.

Desnecessário, assim, a nosso sentir, no sistema processual civil brasileiro, o IRDR, eis que a decisão paradigma em recurso especial repetitivo já é suficiente para tratar das demandas repetitivas. Na verdade, esse instituto tem o mesmo propósito dos demais relativos

60. ANDRIGHI, *Recursos repetitivos*, pág. 278.

à solução das demandas repetitivas. Trata-se de mais um processo, mais um procedimento e mais demandas processuais.

Não se pretende, com essa análise, confrontar a implementação de modelos do Direito Comparado e nem ser o "Major Policarpo Quaresma",[61] contado por Lima Barreto, mesmo porque "Policarpo Quaresma", extremamente patriota e adorador do Brasil, era tido como louco e, ao final de sua vida, viu que havia se iludido com o Brasil e com os governantes. Talvez o propósito de Lima Barreto de mostrar o choque no confronto do idealismo e o enfrentamento da realidade sirva-nos de exemplo.[62]

◉ Seção 8: Filtro de relevância

Promulgada em 14 de julho de 2022, a Emenda Constitucional 125 exige a demonstração da relevância das questões de direito federal infraconstitucional pelo recorrente nos recursos especiais.[63] Considerando ainda não termos um projeto de lei que regulamenta a

---

61. Ilana Godinho Kenne comprova em análise comparativa do instituto alemão e do incidente do Anteprojeto treze pontos "*que representam uma diferença entre o* Musterverfahren *e o Incidente de Resolução de Demandas Repetitivas. Foram eles: a especificidade do tema de cada lei, seu tempo de vigência, o requisito formal de admissão do procedimento modelo, a amplitude do objeto de análise de cada instituto, a amplitude do contraditório, a extensão de cada lei e a profundidade com que trata dos temas, a possibilidade de instauração 'ex officio', a importância do papel do juiz, os limites subjetivos da vinculação do julgado, a divisão de custas, a escolha do líder e participação dos interessados, os recursos cabíveis da decisão final e a extensão do julgado*". Por outro lado, a autora encontrou apenas quatro assuntos que aproximam os dois institutos: "*o fato de que ambos os institutos são instrumentos de tutela coletiva, a questão da suspensão dos processos, a concentração do julgamento dos processos em um só tribunal e a existência de um registro eletrônico*". E conclui Ilana Kenne apontando que, se há semelhança, está se dá "*quando muito, em um plano abstrato, já que ambos são procedimentos por meio dos quais causas repetitivas são reunidas para julgamento em um só tribunal, poupando recursos e evitando a dispersão da jurisprudência. A dita influência não significou, entretanto, que os procedimentos dos institutos alemão e brasileiro são semelhantes, já que, como demonstrado, possuem viscerais diferenças*". KENNE, Ilana Godinho. A extensão da influência do *Musterverfahren* na criação do Incidente de Resolução de Demandas Repetitivas. *Trabalho de Conclusão de Curso apresentado à Faculdade de Direito da Universidade de Brasília*, sob orientação de NUNES, Jorge Amaury Maia, outubro de 2012: http://bdm.bce.unb.br/bitstream/10483/4031/1/2012_IlanaGodinhoKenne.pdf.. Acesso em: 29.12.2023.
62. A obra completa está no sítio domínio público do Governo Federal. BARRETO, Afonso Henriques de Lima. *O triste fim de Policarpo Quaresma*. Fundação Biblioteca Nacional: http://www.dominiopublico.gov.br/pesquisa/DetalheObraForm.do?select_action&co_obra=2028. Acesso em: 28.12.2023.
63. Cf. OLIVEIRA, André Macedo; FREITAS, Sarah Roriz de. A PEC da relevância no STJ. https://www.migalhas.com.br/depeso/376721/a-pec-da-relevancia-no-stj. Acesso em: 26.12.2023.

arguição de relevância no STJ, um histórico da tramitação legislativa da Emenda se faz necessário, pois poderá direcionar e ilustrar as balizas dessa regulamentação no âmbito infraconstitucional.

O histórico da PEC 39, desde 2012 até 14 julho de 2022, quando promulgada como Emenda Constitucional n.º 125/2022. O embrião está na PEC 209/2012, que insere o § 1º ao art. 105 da Constituição Federal e renumera o parágrafo único para atribuir requisito de admissibilidade ao recurso especial no âmbito do STJ. A PEC n.º 209/2012 foi apresentada em 23.08.2012 pela Deputada Rose Freitas (PMDB/ES), que pretendia atribuir requisito de admissibilidade ao recurso especial no âmbito do STJ. O texto adicionava ao art. 105 da CBFB o seguinte parágrafo:

> "1º No recurso especial, o recorrente deverá demonstrar a relevância das questões de direito federal infraconstitucional discutidas no caso, nos termos da lei, a fim de que o Tribunal examine a admissão do recurso, somente podendo recusá-lo pela manifestação de dois terços dos membros do órgão competente para o julgamento."

A proposta foi designada para apreciação apenas da Comissão de Constituição e Justiça e de Cidadania e do Plenário. Na CCJC, foi designado relator o Deputado Sandro Mabel (PMDB-GO) e em 6 de novembro de 2012 ele apresentou seu parecer, que foi aprovado na CCJC em 27 de março de 2013. Em 21 de maio de 2013 a Presidência constituiu, por ato da presidência, Comissão Especial para avaliar o projeto.

Mais uma vez, foi designado, em 11 de junho de 2013, relator na Comissão Especial o Deputado Sandro Mabel. Durante a tramitação do projeto foram feitos diversos requerimentos de Audiência Pública, que foram realizadas (em 2.10.2013). O relator apresentou o parecer pela Comissão Especial em 12 de maio de 2014. Em 13 de maio de 2014 o parecer do Relator foi aprovado e destacava:

> Sem dúvida, a demonstração da relevância das questões de direito federal infraconstitucional como requisito para a admissibilidade do Recurso Especial pelo STJ em muito contribuirá para a redução dos processos, a exemplo do que ocorreu quando se instituiu a exigência de se demonstrar a repercussão geral das questões

> constitucionais para a admissão dos recursos extraordinários no Supremo Tribunal Federal.
>
> Contudo, creio que, diferentemente do que prevê a Proposta, o próprio Texto Constitucional deve conter os critérios para a admissão do Recurso Especial, emprestando auto-aplicabilidade ao instrumento da matéria, dispensando-se assim a necessidade de lei regulamentadora.
>
> Outro instrumento que também poderá contribuir para otimização da prestação jurisdicional é a previsão da Súmula Impeditiva de Recurso para o STJ, tema já anteriormente debatido na Comissão Especial que trata da Reforma do Poder Judiciário (PEC 358/05), ainda em tramitação nessa Casa, e que tem como Relator, o Deputado PAES LANDIM, ilustre Presidente desta Comissão Especial. Assim, apresento o Substitutivo em apenso, que intenta, senão solucionar o problema, pelo menos mitigá-lo, com a previsão desses dois importantes instrumentos processuais junto ao STJ: a demonstração da relevância das questões de direito federal infraconstitucional para a admissibilidade do Recurso Especial e a Súmula Impeditiva de Recurso, este último em termos similares aos já previstos no Substitutivo da PEC 358, de 2005.

A matéria ficou em pauta no Plenário de 2 de setembro de 2014 até 30 de setembro de 2015, não tendo sido apreciada em razão de quórum. Em 30 de setembro de 2015, ocorreu a discussão em primeiro turno dessa matéria. O Substitutivo da Comissão Especial à PEC foi rejeitado pelo placar: Sim: 139; Não: 304; Abstenções: 03; Total: 446.

Em razão de um acordo dos líderes, foi adiada a continuação da votação e a matéria ficou em pauta, sem ser apreciada, até 30 de novembro de 2016. Nesse dia a votação foi retomada e a matéria foi aprovada em primeiro turno pelo placar: Sim: 327; Não: 75; Abstenções: 5; Total: 407.

A matéria foi encaminhada de volta à CCJC para elaboração da redação para o segundo turno. Para essa nova Redação, foi designado Relator o Deputado Paes Landim (PTB-PI), que apresentou a seguinte redação final:

> Art. 1º O art. 105 da Constituição Federal passa a vigorar acrescido do seguinte § 1º, renumerando-se o atual parágrafo único para § 2º: "Art. 105. ....

> § 1º No recurso especial, o recorrente deverá demonstrar a relevância das questões de direito federal infraconstitucional discutidas no caso, nos termos da lei, a fim de que o Tribunal examine a admissão do recurso, somente podendo recusá-lo pela manifestação de dois terços dos membros do órgão competente para o julgamento.
>
> § 2º ....

A votação em segundo turno ocorreu em 15 de março de 2017 e foi aprovada pelo placar: Sim: 376; Não: 7; Abstenções: 2; Total: 385. A matéria, então, foi encaminhada ao Senado Federal.

No Senado, a PEC tramitou sob o n.º 10/2017, cuja ementa acrescenta §1º ao art. 105 da Constituição Federal e renumera o atual parágrafo único para, no âmbito do Superior Tribunal de Justiça, dispor que no recurso especial o recorrente deverá demonstrar a relevância das questões de direito federal infraconstitucional discutidas no caso, nos termos da lei, a fim de que o Tribunal examine a admissão do recurso, somente podendo recusá-lo pela manifestação de dois terços dos membros do órgão competente para o julgamento.

A matéria chegou da Câmara sob a numeração 10/2017 em 21 de março de 2017. Da mesma forma que na Câmara a matéria foi designada apenas à CCJ. Nessa comissão, foi designado relator o Senador José Maranhão. Em 28 de abril de 2017, o Senador apresentou o relatório favorável à PEC n.º 10/2017 e pela prejudicialidade da PEC n.º 17/2013 que tramitava em conjunto. Após a apresentação do parecer, foram juntadas duas emendas, portanto, foi elaborado novo parecer para contemplá-las. Em 5 de julho de 2017, o Senador apresentou parecer favorável à PEC 10/2017 e à Emenda nº 2 a ela oferecida; e contrário à PEC 17/2013 e à Emenda nº 1, oferecida à PEC 10/2017. A seguir o registro da conclusão do relator sobre o texto da PEC:

> A decisão acerca das hipóteses de relevância presumida não deve estar dissociada da elaboração do modelo de filtragem recursal como um todo, de modo que deve ser discutida no momento da elaboração da lei que regulamentará o instituto. Assim, deve ser rejeitada a Emenda nº 1-CCJ. Já a Emenda nº 2-CCJ, de autoria do Senador Antonio Anastasia, merece ser acatada, vez que torna efetivamente mais clara a exigência de que a lei defina os

> critérios e o procedimento para a demonstração da relevância da questão infraconstitucional no âmbito do STJ.
>
> Dessa forma, entendemos que o requisito relevância das questões de direito federal infraconstitucional para fins de admissibilidade do recurso especial contribuirá significativamente para a criação de um sistema recursal mais justo e equilibrado, que contemple a racionalização da apreciação dos recursos, permitindo que o STJ reassuma sua função constitucional, mas que promova também a segurança jurídica e a duração razoável dos processos, atendendo ao clamor da sociedade por Justiça.

Na mesma data, 5 de julho de 2017, o parecer apresentado em Plenário foi aprovado, tendo sido realizada uma emenda de Plenário. No entanto, a legislatura encerrou-se e apenas em 28 de dezembro de 2018 a matéria foi redistribuída ao Senador Rodrigo Pacheco, que a devolveu em 19 de fevereiro por ter deixado a CCJ.

Apenas em 3 de novembro de 2021 foi designado relator o Senador Rogério Carvalho na CCJ e na mesma data foi registrado o recebimento do parecer em Plenário. O parecer concluiu pela aprovação da Proposta e pelo acolhimento parcial da Emenda n.º 3 na forma da Emenda n.º 4 (substitutivo) que foi apresentada.

A proposta foi aprovada na forma da Emenda n.º 4 em primeiro turno pelo placar: Sim: 69; Não: 0; Presidente: 1; Total: 70. Destaca-se a seguir:

> Contudo, em sentido semelhante ao da Emenda nº 1-CCJ, de autoria do Senador Flexa Ribeiro, e ao da Emenda nº 3-PLEN, que teve como primeiro signatário o Senador Edison Lobão, mas que contou com a assinatura de 28 Senadores, entendemos necessário que o Constituinte reformador já defina objetivamente no texto constitucional algumas hipóteses de presunção de relevância do recurso especial, quais sejam: i) nas ações penais; ii) nas ações de improbidade administrativa; iii) nas ações cujo valor de causa ultrapasse quinhentos salários mínimos; iv) nas ações que possam gerar inelegibilidade; e v) nas hipóteses em que o acórdão recorrido contrariar jurisprudência dominante do Superior Tribunal de Justiça. Além disso, deve o texto constitucional abrir margem para que outras hipóteses previstas em lei possam ter previsão de relevância como forma de se possibilitar a correta calibragem posterior do filtro recursal.

> Desse modo, a Emenda nº 3-PLEN é parcialmente acolhida, no que diz respeito aos pontos acima descritos. Há fortes razões para o estabelecimento das presunções de relevância. Algumas das hipóteses mencionadas tratam de direitos fundamentais, como o direito à liberdade e os direitos políticos, questões que entendemos não devem ser impedidas de chegar ao exame do STJ. No caso do valor de alçada proposto, é estabelecida uma presunção de relevância econômica para a análise dos recursos especiais, medida coerente com a proposta de filtro idealizada. Ao prever a presunção de relevância nas hipóteses em que o acórdão recorrido contrariar jurisprudência dominante do Superior Tribunal de Justiça, busca-se manter no recurso especial a função uniformizadora da jurisprudência nacional por parte do STJ.
>
> Quanto à Emenda nº 2-CCJ, de autoria do Senador Antonio Anastasia, embora seja bem-vinda a sugestão de aperfeiçoamento redacional, deixamos de acolhê-la apenas para manter a simetria entre a redação do novo dispositivo e o texto do art. 102, § 3º, da Constituição Federal, que trata da repercussão geral no recurso extraordinário.

E em segundo turno foi aprovada pelo placar: Sim: 70; Não: 0; Presidente: 1; Total: 71. Após a aprovação, a matéria foi remetida à Câmara dos Deputados em razão de alteração substancial do projeto, para revisão.

No retorno à casa revisora (Câmara dos Deputados), em 8 de novembro de 2021, a PEC 10/2017 recebeu o número 39/2021. Nessa casa, a proposta foi designada para a análise da CCJC e em 06 de dezembro de 2021 a deputada Bia Kicis (PL/DF) foi designada relatora na Comissão. Em 18 de maio de 2022, foi apresentado parecer na comissão pela relatora, que foi aprovado no dia 25 de maio de 2022, e subsequentemente apresentado o parecer final pela CCJC.

Posteriormente, foi criada comissão especial, em 7 de junho de 2022, e designada Relatora novamente a Deputada Federal Bia Kicis. Nessa Comissão, foi apresentado parecer da relatora em 3 de julho de 2022 e , então, aprovado o parecer nessa mesma data e emitido o Parecer Final da Comissão Especial:

> A proposta em exame, portanto, nada cria de novo no plano conceitual, espelhando institutos similares em diversos países do globo.

> (...)
>
> A duas, a PEC em análise tem o mérito de reconduzir o recurso especial à sua concepção originária, reforçando-lhe a natureza de apelo extraordinário e evitando que o STJ atue como órgão meramente revisor de terceira instância.
>
> (...)
>
> A PEC em exame é meritória porque se insere numa longa trajetória de racionalização da prestação jurisdicional, aprofundando-a. Com efeito, no curso das últimas décadas, o Congresso Nacional tem realizado numerosos aperfeiçoamentos em nosso ordenamento jurídico para tornar a justiça mais ágil e eficaz. Nisso se destacam, dentre outros exemplos, a Emenda Constitucional nº 45, de 2004, com a súmula vinculante e a criação do direito fundamental à razoável duração do processo, bem como a reforma do processo com o novo Código de Processo Civil, de 2015, com o incidente de resolução de demandas repetitivas e o fortalecimento da jurisprudência e da padronização decisória.
>
> (...)
>
> O texto em análise já foi objeto de amplo debate no Congresso Nacional, recebendo aperfeiçoamentos e agregando consenso suficiente para a sua aprovação. Na Câmara dos Deputados, a PEC nº 209, de 2012, foi objeto de discussão na comissão especial, onde se manifestaram, em audiência pública, os Ministros Luiz Felipe Salomão e Marco Aurélio Bellizze Oliveira, do STJ, e o advogado Miguel Pereira Neto.
>
> (...)
>
> A proposta em exame conta com o apoio do próprio STJ, na figura de seus Ministros. Para o Presidente do tribunal, Ministro Humberto Martins, a alteração constitucional "vai permitir ao Tribunal da Cidadania concentrar esforços nas grandes questões nacionais, que demandam a busca pela uniformização de entendimentos como meio de promoção da segurança jurídica no Brasil".
>
> (...)
>
> Sublinhamos que a inovação aqui proposta concretiza um dos escopos precípuos da jurisdição, que consiste na pacificação social, na medida em que impede o prolongamento indefinido de demandas e propicia a segurança jurídica indispensável ao Estado de Direito.

Em 12 de julho, poucos dias depois, foi discutida e votada a matéria no Plenário, que foi aprovada em primeiro e segundo turnos com os placares: Sim: 400; Não: 13; Abstenções: 1; Total: 414 (primeiro turno) e Sim: 366; Não: 10; Abstenções: 2; Total: 378, respectivamente (segundo turno).

A redação final foi consolidada e a norma foi promulgada em 14 de julho de 2022 sob a forma da EC 125/2022:

> "Art. 105. ....
>
> § 1º ....
>
> § 2º No recurso especial, o recorrente deve demonstrar a relevância das questões de direito federal infraconstitucional discutidas no caso, nos termos da lei, a fim de que a admissão do recurso seja examinada pelo Tribunal, o qual somente pode dele não conhecer com base nesse motivo pela manifestação de 2/3 (dois terços) dos membros do órgão competente para o julgamento.
>
> § 3º Haverá a relevância de que trata o § 2º deste artigo nos seguintes casos:
>
> I – ações penais;
>
> II – ações de improbidade administrativa;
>
> III – ações cujo valor da causa ultrapasse 500 (quinhentos) salários mínimos;
>
> IV – ações que possam gerar inelegibilidade;
>
> V – hipóteses em que o acórdão recorrido contrariar jurisprudência dominante do Superior Tribunal de Justiça;
>
> VI – outras hipóteses previstas em lei."(NR)
>
> Art. 2º A relevância de que trata o § 2º do art. 105 da Constituição Federal será exigia nos recursos especiais interpostos após a entrada em vigor desta Emenda Constitucional, ocasião em que a parte poderá atualizar o valor da causa para os fins de que trata o inciso III do § 3º do referido artigo.
>
> Art. 3º Esta Emenda Constitucional entra em vigor na data de sua publicação.

Segundo o voto da Relatora no Congresso, o "objetivo da PEC em análise é descongestionar o sistema de justiça, reduzindo o número de recursos especiais junto ao STJ, mediante a imposição de um novo requisito que servirá como filtro de acesso". Isto é, a emenda representa mais um passo para reduzir o número de processos que chegam ao STJ. Mais um filtro. Um novo requisito para se chegar à análise do mérito do recurso especial.

Como se vê, o texto, em síntese, acrescentou os §§ 2º e 3º ao art. 105 da Constituição Federal. De acordo com o art. 2º da Emenda Constitucional 125, a relevância será exigida nos recursos especiais interpostos após sua entrada em vigor. Nesses casos, mesmo antes da regulamentação, entende-se pelo texto que, desde já, deve-se abrir um tópico no recurso especial para a demonstração da relevância.

Todavia, recentes decisões monocráticas proferidas por alguns Ministros da Corte indicam que o requisito de admissibilidade criado pela Emenda Constitucional 125 não se aplica aos casos em que o acórdão impugnado por recurso especial tenha sido publicado em data anterior à publicação da emenda.[64]

Ainda nos termos da norma, o Tribunal somente poderá não conhecer do recurso especial com base na não demonstração da relevância pela manifestação de 2/3 (dois terços) dos membros do órgão competente para o julgamento do recurso.

Por fim, a novidade comporta exceções. De acordo com o novo § 3º do art. 105, não se exigirá a demonstração da relevância para as ações penais, ações de improbidade administrativa, ações cujo valor da causa ultrapasse 500 salários mínimos (nesse caso, a emenda prevê a possibilidade de se ajustar o valor quando da interposição do recurso especial, após a entrada em vigor da emenda constitucional), ações que possam gerar inelegibilidade, nas hipóteses em que o acórdão recorrido contrariar jurisprudência dominante do STJ e abrir espaço para outras hipóteses, a serem previstas em lei.

Há ainda que se aguardar a regulamentação da emenda constitucional para disciplinar o procedimento, bem como o "órgão competente" para o julgamento da relevância e outras questões.

Os números continuam em escala crescente.[65] No encerramento do primeiro semestre de 2023, a Presidente do STJ, Ministra Maria Thereza de Assis Moura, pontuou preocupação com o crescimento da demanda processual ao afirmar que somente no primeiro semestre

---

64. A título de exemplo, veja-se AREsp 2.159.014, Ministro Antonio Carlos Ferreira, DJe de 31/8/22 e AREsp 2.129.898, Ministro Ricardo Villas Bôas Cueva, DJe de 31/8/22.

65. Encerramento do ano judiciário de 2022, segundo portal de notícias do STJ que apresenta esses dados crescentes: https://www.stj.jus.br/sites/portalp/Paginas/Comunicacao/Noticias/2022/19122022-Tribunal-encerra-2022-com-recorde-de-julgamentos-e-reduz-estoque-processual--pelo-quinto-ano-seguido.aspx. Acesso em: 19.7.2023.

de 2023 foram recebidos 10% de processos a mais do que no mesmo período do ano anterior. Como uma alternativa plausível para alterar o cenário, segundo a Ministra Presidente, a regulamentação e a implementação do filtro de relevância da questão federal, que trata "de preservar a função precípua desta corte, que é a de estabelecer precedentes em matéria infraconstitucional federal. Precisamos urgentemente avançar nesse tema que nos é tão caro. Para dar efetividade a esse novo regramento, conto não só com a colaboração de todos os colegas, mas, também, com a de todos os atores envolvidos, em especial a Ordem dos Advogados do Brasil e o Congresso Nacional".[66]

A consolidação do efetivo papel constitucional do Superior Tribunal de Justiça necessita da observância seletiva dos Ministros. É para o que Ovídio Baptista da Silva chamava a atenção em 1999 como "competência seletiva". Para as Cortes Superiores cumprirem sua função primordial, "é indispensável que se lhes dê competência seletiva, permitindo-lhes escolher, entre o número de processos que lhes são encaminhados, aqueles que, pelo grau de relevância para o sistema, mereçam sua apreciação".[67]

Essa advertência de Ovídio Baptista vai ao encontro das balizas que devem ser observadas na aplicação e efetivação do sistema de precedentes no STJ. Não há espaço para julgar tudo que chega à Corte. Como as estatísticas processuais revelam, as demandas no âmbito do STJ vêm aumentando anualmente e, num cenário próximo, não há sinal de estagnação.

---

66. Segundo a Ministra Presidente do STJ, "Se considerarmos que, historicamente, recebemos um volume ainda maior de casos no segundo período do ano, estamos nitidamente caminhando para atingir uma demanda recorde em 2023, estimada em torno de 450 mil processos", declarou, lembrando que há 20 anos o Tribunal, com o mesmo número de ministros e praticamente a mesma força de trabalho, recebia um terço desse volume. "Receio que esse volume crescente de processos que recebemos, em um futuro breve, possa prejudicar a qualidade do trabalho prestado pelo tribunal", expressou a presidente. Ela comentou que o STJ, nos últimos anos, vem investindo na ampliação de sua capacidade produtiva, "por meio de iniciativas que visaram adequar recursos humanos e financeiros, modernizar estruturas e incrementar sobremaneira o uso da tecnologia para racionalizar e agilizar diversas etapas do processo de julgamento". https://www.stj.jus.br/sites/portalp/Paginas/Comunicacao/Noticias/2023/30062023-STJ-encerra-primeiro-semestre-de-2023-com-mais-de-306-mil-julgamentos.aspx#:~:text=%22Desde%20o%20in%C3%ADcio%20do%20ano,virtual%20ou%20presencial%2C%203.292%20processos. Acesso em: 19.7.2023.

67. SILVA, Ovídio A. Baptista da. A função dos tribunais superiores. In: *STJ 10 anos*: obra comemorativa 1989-1999. Brasília: Superior Tribunal de Justiça, 1999, págs. 160-161.

Parte 2

CENÁRIOS DO SISTEMA DE PRECEDENTES NO DIREITO PROCESSUAL BRASILEIRO E O PAPEL DO SUPERIOR TRIBUNAL DE JUSTIÇA

Capítulo **4**

Existe uma teoria de precedentes no cenário brasileiro?

Para o desenho do cenário de um sistema de precedentes no Direito Processual brasileiro, o título deste capítulo é instigante. Nessa toada, o autor escreveu, juntamente com Rodrigo Nery e Luisa Rocha Corrêa,[1] sobre a complexidade do tema precedentes e de um conceito que em cada ordenamento adquire significações diversas. Na ocasião, questionamos: existe uma teoria de precedentes no Brasil? Com essa provocação, Michele Taruffo, referindo-se à doutrina italiana, em comentário aplicável à realidade brasileira, aponta que há uma tendência de se compreender a noção de precedente como um fenômeno amplamente difundido, que seria comum a diversos ordenamentos jurídicos e "*tendenzialmente unitario*"[2].

Na ocasião, foi feita uma análise[3] com percepções dos entendimentos de doutrinadores brasileiros sobre o tema precedentes, cujas

---

1. Essa análise foi feita de forma mais detida em artigo sobre a teoria de precedentes no Brasil. Cf. OLIVEIRA. André Macedo; NERY, Rodrigo; CORRÊA, Luísa Rocha. Existe uma teoria de precedentes no Brasil? Reflexões sob o olhar de Michele Taruffo. In: Processo Constitucional Brasileiro – Desafios de consolidação, sistematização e harmonização das normas de regência. Londrina-PR: Ed. Thoth, 2022, v. 1, p. 65-85. No texto, fazemos uma reflexão sobre a tendência doutrinária ao estudar precedentes no Brasil, observando a advertência feita por Michele Taruffo acerca dos problemas comuns aos estudos de Direito comparado e os seus reflexos na doutrina brasileira. Fizemos também uma análise da compreensão de doutrinadores brasileiros a respeito do tema dos precedentes, seguidos de uma análise da teoria proposta por Taruffo relativa ao estudo dos precedentes em diversos ordenamentos jurídicos.
2. TARUFFO, Michele. Dimensioni del precedente giudiziario. Rivista Trimestrale di Diritto e Procedura Civile. Anno XLVIII - N. 2. Milano: Giuffrè Editore: giugno 1994, p. 413.
3. OLIVEIRA. André Macedo; NERY, Rodrigo; CORRÊA, Luísa Rocha. Existe uma teoria de precedentes no Brasil? Reflexões sob o olhar de Michele Taruffo. In: Processo Constitucional Brasileiro – Desafios de consolidação, sistematização e harmonização das normas de regência. Londrina-PR: Ed. Thoth, 2022, v. 1, p. 65-85.

concepções são objeto de discussão na atualidade, levando-se em conta as modificações oriundas do CPC/2015 na sistemática processual brasileira. Entre outros, Gilberto Júnior e Cláudia Barbosa afirmam que "o sistema de precedentes é, na realidade, uma ficção"[4]. Sem a pretensão de esgotar o debate, buscou-se, na ocasião, a reflexão sobre a importância de estudar um fenômeno com dimensões tão amplas quanto o dos "precedentes".

Também é perceptível a falta de preocupação com o que advertiu Taruffo, quanto ao fato de que há relevantes peculiaridades em cada ordenamento jurídico que fazem com que o fenômeno que se busque rotular como precedentes possua natureza peculiar, em temas que envolvem discussões sobre a própria compreensão do Direito em cada país.[5]

A peculiaridade de cada ordenamento é tão marcante que até mesmo a distinção entre *civil law* e *common law* acaba sendo mitigada. É possível observar um compartilhamento de peculiaridades das duas tradições no modelo jurídico do país, unidas a formar uma noção de precedentes única e até mesmo contraditória da que se pensaria para determinada nação baseada em sua tradição.

Até mesmo entre os modelos classicamente entendidos como de *common law* (estadunidense e inglês), há diferenças. É como menciona Taruffo ao afirmar que, por exemplo, o precedente do Direito inglês é mais rígido e vinculante do que o precedente oriundo do Direito norte-americano.[6] De fato, Taruffo chega a destacar que as cortes americanas cultivam uma concepção elástica e persuasiva do precedente, a diferenciar-se da concepção inglesa sobre o tema.[7]

Essa constatação de Taruffo se torna bastante peculiar quando observamos obras de fôlego no Brasil afirmando o caráter vincu-

---

4. ANDREASSA JUNIOR, Gilberto; BARBOSA, Claudia Maria. Teoria dos precedentes e sua incompatibilidade com o sistema deliberativo dos tribunais superiores. Revista Eletrônica do Curso de Direito da UFSM, Santa Maria, RS, v. 12, n. 3, p. 861-888, dez. 2017. ISSN 1981-3694. Disponível em: https://periodicos.ufsm.br/revistadireito/article/view/26773. Acesso em: 4 dez. 2023, p. 880
5. TARUFFO, Michele. *Dimensioni del precedente giudiziario. Rivista Trimestrale di Diritto e Procedura Civile. Anno XLVIII - N. 2.* Milano: Giuffrè Editore: giugno 1994, p. 412-415.
6. TARUFFO, Michele. *Dimensioni del precedente giudiziario. Rivista Trimestrale di Diritto e Procedura Civile. Anno XLVIII - N. 2.* Milano: Giuffrè Editore: giugno 1994, p. 414.
7. Idem.

lante do precedente, seja horizontal, seja vertical, apenas por ser o "precedente" (fenômeno) um "precedente" (conceito), tendo como base estritamente esses dois ordenamentos, inglês e norte-americano, que em si já se distinguem, sendo pouco dessa distinção informado nos trabalhos.

Conforme pontua José Rogério Cruz e Tucci, "desse modo, não é preciso dizer que em cada sistema jurídico, qualquer que seja ele, o precedente é dotado de diferente eficácia"[8]. Esse autor, em sua obra, escrita em 2004, destaca a presença da figura do que ele chama de precedentes do *civil law* desde antes do surgimento da noção precedentalista inglesa vinculativa do *common law*[9]. Essa noção somente se iniciou na segunda metade do século XVI no Direito inglês, tomando forma apenas a partir do século XVIII, segundo Neil Duxbury, não obstante ser possível falar em uma noção anterior de precedentes já a partir do século XIII[10], porém de maneira muito diversa da que surgiu posteriormente[11].

8. TUCCI, José Rogério Cruz e. Precedente judicial como fonte do direito. São Paulo: Editora Revista dos Tribunais, 2004, p. 12.

9. Por exemplo, conforme se observa do seguinte extrato retirado do subcapítulo 2.4 de sua obra *Precedente judicial como fonte do direito*: "Essa hipótese fica mais clara se observarmos que em outros discursos a sentença judicial vem efetivamente considerada por Cícero como prova inartificial, isto é, como um exemplum, um *precedente*. O orador chega mesmo a aludir aos critérios mais produtivos para a citação dos *precedentes* perante o juiz" (TUCCI, José Rogério Cruz e. Precedente judicial como fonte do direito. São Paulo: Editora Revista dos Tribunais, 2004, p.p. 46-47). Sobre o tema, referindo-se a uma noção de precedente desvinculada da ideia do *stare decisis*: DUXBURY, Neil. *The Nature and Authority of Precedent*. Cambridge: Cambridge University Press, 2008, p. 34-35.

10. Daniel Mitidiero, valendo-se de sua pertinente classificação dos períodos de evolução dos precedentes em "ilustração, persuasão e vinculação" (MITIDIERO, Daniel. Precedentes: da persuasão à vinculação. 3ª ed. rev. atual. e ampl. São Paulo: Thomson Reuters Brasil, 2018, p. 29), faz a seguinte explicação sobre o tema: "Historicamente, o precedente no direito inglês aparece vinculado ao modo de formação case to case que presidiu da tradição do Common Law. Os juízes medievais ingleses desde cedo invocavam precedentes em suas decisões, sendo que Bracton já referia que '*if any new and unwonted circumstances (....) shall arise, then if anything analogous has happened before, let the case be adjudged in like manner (si tamen similia evenerint per simile iudicentur), since it is a good opportunity for proceeding from like to like (a similibus ad similia)*'. A invocação do precedente pelos juízes, porém, dava-se com o intuito de simples ilustração ou explicação do significado do Direito aplicado ao caso. Diferentemente do que acontece atualmente, nenhuma Corte que o fizesse imaginava encontrar-se juridicamente vinculada ao precedente" (MITIDIERO, Daniel. Precedentes: da persuasão à vinculação. 3ª ed. rev. atual. e ampl. São Paulo: Thomson Reuters Brasil, 2018, p. 30-31).

11. DUXBURY, Neil. *The Nature and Authority of Precedent*. Cambridge: Cambridge University Press, 2008, p. 31-35.

Não é demais relembrar que, nas palavras de Duxbury, *common law* e a doutrina de precedentes são assuntos diversos e de certa forma independentes. Ainda que atualmente entrelaçados em alguns países, "*the common law does not need the doctrine of precedent in order to function*"[12] [13].

Aliado a isso, Marinoni e Mitidiero são enfáticos ao afirmarem que somente os tribunais de cúpula poderiam produzir precedentes. A justificativa para tal posicionamento se baseia na função que eles compreendem que o ordenamento jurídico brasileiro teria outorgado a essas Cortes (por ele chamadas de "Cortes Supremas"), que seria diversa da função que as Cortes de Justiça (tal como eles rotulam as cortes judiciárias que não são de cúpula) exerceriam[14].

Abstraindo as razões fundamentadas dos citados autores, ainda assim resta uma pergunta: por que essa limitação quanto à ideia de precedentes apenas ao produto das Cortes Superiores? Seria com base no nosso ordenamento ou em uma concepção pautada no Direito estrangeiro (ou em doutrina estrangeira)? Por que seria equivocado chamar de precedente uma decisão de corte regional (TJs ou TRFs, por exemplo)?[15]

---

12. Ibidem, p. 34.
13. Na doutrina brasileira vemos essa afirmação ser feita por José Miguel Garcia Medina, dentre outros: "Como procuramos demonstrar em outro estudo, o *stare decisis* 'não se confunde com o *common law*. Este surgiu muito antes daquele. São, pois, independentes'" (MEDINA, José Miguel Garcia. Integridade, estabilidade e coerência da jurisprudência no Estado Constitucional e Democrático de Direito: o papel do precedente, da jurisprudência e da Súmula, à luz do CPC/2015. In: ALVIM, T. A; DIDIER JR., F. (org.). Precedentes: Execução: Procedimentos especiais. Coleção doutrinas essenciais: novo processo civil, v. 6. 2. ed. em e-book baseada na 2ª ed. impressa. Thomson Reuters Brasil, 2018, parte I: precedentes, texto 8, np. Tópico 1).
14. MARINONI, Luiz Guilherme. Julgamento nas cortes supremas: precedentes e decisão do recurso diante do novo CPC. 2. ed. rev., atual. e ampl. São Paulo: Editora Revista dos Tribunais, 2017, p. 22-23 e passim; Daniel. Cortes superiores e cortes supremas: do controle à interpretação, da jurisprudência ao precedente. 3ª ed. ver., atual. e ampl. São Paulo: Editora Revista dos Tribunais, 2017, p. 93, 153 e *passim;* MITIDIERO, Daniel. Precedentes: da persuasão à vinculação. 3ª ed. rev. atual. e ampl. São Paulo: Thomson Reuters Brasil, 2018, p. 85-87 e passim; MARINONI, Luiz Guilherme. O STJ enquanto corte de precedentes: recompreensão do sistema processual da corte suprema. 3ª ed. 3. ed. em e-book baseada na 4. ed. impressa. São Paulo: Revista dos Tribunais, 2019, passim; MARINONI, Luiz Guilherme. Precedentes obrigatórios. 6. ed. rev., atual. e ampl. São Paulo: Thomson Reuters Brasil, 2019, p. 295 e ss, 311 e ss.
15. Criticando as vertentes teóricas que defendem a limitação da noção de precedentes às cortes superiores, cf. STRECK, Lenio Luiz; RAATZ, Igor. A teoria dos precedentes à brasileira entre o solipsismo judicial e o positivismo jurisprudencialista ou "de como o mundo (não) é um brechó". In: ALVIM, T. A; DIDIER JR., F. (org.). Precedentes: Execução: Procedimentos especiais. Coleção

Parcela da doutrina nacional critica esse entendimento, tal como é o caso de Dierle Nunes, Flávio Quinaud Pedron e André Frederico Sena Horta, em obra conjunta[16], e Lênio Streck e Igor Raatz, também em obra conjunta[17], sendo possível perceber posicionamentos diversos quanto à possibilidade de cortes de justiça produzirem precedentes, conforme se observa de Fredie Didier Jr., Paula Sarno Braga, Rafael Oliveira, Leonardo Carneiro da Cunha, esses últimos em obras conjuntas com Didier Jr.[18]; José Miguel Garcia Medina[19] e Humberto Theodoro Júnior[20], por exemplo.

Mitidiero e Marioni também possuem relevante concepção quanto à justificativa para a aplicação de teoria de precedentes no Direito brasileiro, especialmente no que toca à vinculação. Para eles, a vinculação ao Direito é um problema que deveria ser central a

---

doutrinas essenciais: novo processo civil, v. 6. 2. ed. em e-book baseada na 2ª ed. impressa. Thomson Reuters Brasil, 2018, parte I: precedentes, texto 9, np, tópico 5.

16. NUNES, Dierle; PEDRON, Flávio Quinaud; HORTA, André Frederico de Sena. Os precedentes judiciais, o art. 926 do CPC e suas propostas de fundamentação: um diálogo com concepções contrastantes. In: ALVIM, T. A; DIDIER JR., F. (org.). Precedentes: Execução: Procedimentos especiais. Coleção doutrinas essenciais: novo processo civil, v. 6. 2. ed. em e-book baseada na 2ª ed. impressa. Thomson Reuters Brasil, 2018, parte I: precedentes, texto 1, np, Tópicos 1,3,5 e 7.

17. STRECK, Lenio Luiz; RAATZ, Igor. A teoria dos precedentes à brasileira entre o solipsismo judicial e o positivismo jurisprudencialista ou "de como o mundo (não) é um brechó". In: ALVIM, T. A; DIDIER JR., F. (org.). Precedentes: Execução: Procedimentos especiais. Coleção doutrinas essenciais: novo processo civil, v. 6. 2. ed. em e-book baseada na 2ª ed. impressa. Thomson Reuters Brasil, 2018, parte I: precedentes, texto 9, np, passim.

18. DIDIER JR., Fredie; BRAGA, Paula Sarno; OLIVEIRA, Rafael Alexandria de. Curso de direito processual civil: teoria da prova, direito probatório, ações probatórias, decisão, precedente, coisa julgada e antecipação dos efeitos da tutela. 10. ed. Salvador: Ed. Jus Podivm, 2015, p. 441-444 e p. 467; e DIDIER JR., Fredie. CUNHA, Leonardo Carneiro da. Curso de direito processual civil: o processo civil nos tribunais, recursos, ações de competência originária de tribunal e querela *nullitatis*, incidente de competência originária de tribunal. 13. ed. reform. Salvador: Ed. JusPodivm, 2016, p. 591.

19. MEDINA, José Miguel Garcia. Integridade, estabilidade e coerência da jurisprudência no Estado Constitucional e Democrático de Direito: o papel do precedente, da jurisprudência e da Súmula, à luz do CPC/2015. In: ALVIM, T. A; DIDIER JR., F. (org.). Precedentes: Execução: Procedimentos especiais. Coleção doutrinas essenciais: novo processo civil, v. 6. 2. ed. em e-book baseada na 2ª ed. impressa. Thomson Reuters Brasil, 2018, parte I: precedentes, texto 8, np, tópico 3.

20. THEODORO JÚNIOR, HUMBERTO. Jurisprudência e precedentes vinculantes no novo Código de Processo Civil – Demandas repetitivas. In: ALVIM, T. A; DIDIER JR., F. (org.). Precedentes: Execução: Procedimentos especiais. Coleção doutrinas essenciais: novo processo civil, v. 6. 2. ed. em e-book baseada na 2ª ed. impressa. Thomson Reuters Brasil, 2018, parte I: precedentes, texto 9, np, tópico 2.

ordenamentos jurídicos democráticos, a marcar também uma teoria de precedentes, e tal concepção possui caráter transnacional[21].

Não há como questionar que precedentes são fonte de Direito, pois toda decisão interpreta e extrai significados do ordenamento jurídico[22]. Até mesmo precedentes são interpretados[23], servindo como fonte para a norma, que é fruto da interpretação adstrita a determinadas limitações advindas do próprio material jurídico interpretado e demais outros fatores[24].

Nessa esteira, em diversos estudos[25] é possível observar que o entendimento do que se aplica atualmente como precedentes no Brasil não cumpre os requisitos principais para assim ser chamado, ao menos pela lógica inglesa ou norte-americana dos precedentes, ainda que com as variações aqui mencionadas. O que temos no Brasil, hoje, e na maior parte dos países que se alinham à tradição da *civil law* ou até mista, é a chamada jurisprudência ou um conceito peculiar de precedente, diverso do que afirmam alguns autores. Gilberto Junior e Claudia Barbosa já assinalavam a importante diferenciação

---

21. MITIDIERO, Daniel. Precedentes: da persuasão à vinculação. 3ª ed. rev. atual. e ampl. São Paulo: Thomson Reuters Brasil, 2018, p. 55. Defendendo a importância da visão do precedente para a experiência jurídica, independente do sistema jurídico analisado, cf. PEREIRA FILHO, Benedito Cerezzo; CORDEIRO, Luis Phillipe de Campos. Processo e progresso: os precedentes vinculantes nas tradições da civil law e da common law. Revista de Processo, Jurisdição e Efetividade da Justiça. v. 2, n. 2, p. 43-65, 2016, p. 61 e passim.
22. MITIDIERO, Daniel. Precedentes: da persuasão à vinculação. 3ª ed. rev. atual. e ampl. São Paulo: Thomson Reuters Brasil, 2018, p. 55-68.
23. "Ora, o problema da indeterminação do direito, que Hart apontou como 'textura aberta do direito' não deixa de ser um desdobramento do caráter indeterminado da linguagem, e que, portanto, também estará refletido na interpretação do mecanismo vinculante e do 'precedente', na medida em que estes também são textos" (STRECK, Lenio Luiz; RAATZ, Igor. A teoria dos precedentes à brasileira entre o solipsismo judicial e o positivismo jurisprudencialista ou "de como o mundo (não) é um brechó". In: ALVIM, T. A; DIDIER JR., F. (org.). Precedentes: Execução: Procedimentos especiais. Coleção doutrinas essenciais: novo processo civil, v. 6. 2. ed. em e-book baseada na 2ª ed. impressa. Thomson Reuters Brasil, 2018, parte I: precedentes, texto 9, np, tópico 5).
24. Expondo raciocínio semelhante, mas com base na interpretação das leis, cf. NEVES, Marcelo. Entre Hidra e Hércules: princípios e regras constitucionais como diferença paradoxal do sistema jurídico. 1ª ed. São Paulo: Editora WMF Martins Fontes, 2013, p. 4 – 5.
25. Nesse sentido ressaltamos os trabalhos de LOPES, Jânia Maria Saldanha; HOFFMANN, Fernando; GARCIA, Thaís. Teoria dos precedentes à brasileira e a destemporalização da decisão jurídica. Prisma Jurídico, vol. 12, núm. 1, jan.-jun., 2013, pp. 319-346. Disponível em: https://www.redalyc.org/pdf/934/93428124011.pdf. Acesso em: 04 jan. 2021; e de AL-ALAM, Caroline Ledesma. A Teoria de Precedentes nos Sistemas de Common Law e a sua inserção no direito brasileiro. Disponível em: https://www.lume.ufrgs.br/handle/10183/129925. Acesso em: 05 dez. 2023.

entre jurisprudência e precedentes em sua concepção oriunda da *common law*:

> O equívoco dos profissionais do direito no Brasil é confundir o termo jurisprudência com o termo precedente. Isto faz com que os próprios julgadores deixem de estudar o sistema do common law para se voltar única e exclusivamente para a aplicação de normas e ementas. Aliás, conforme exposto em momento anterior, a ideia de precedente é muito mais complexa do que afirmam grande parte das pessoas e de forma alguma se assemelha às súmulas vinculantes e aos recursos repetitivos.[26]

Com efeito, a ideia de precedentes, como apontado, concordando com Michelle Taruffo, transcende a delimitação de um único ordenamento[27]. Nesse sentido, alinha-se Neil MacCormick ao afirmar que as doutrinas dos precedentes são variadas em diferentes sistemas jurídicos ou em diferentes épocas, bem como a doutrina do precedente "vinculante" pode indicar que "cada decisão de cada tribunal vincula estritamente qualquer outro tribunal de nível semelhante ou inferior na hierarquia dos tribunais"[28].

A doutrina brasileira, em geral, ainda não conseguiu encontrar um caminho para satisfatoriamente construir as bases para um sistema de precedentes isento de pré-concepções incompatíveis e que consiga coexistir e funcionar de forma eficiente e atrelada à noção de Direito codificado herdada da tradição da *civil law*.[29]

Nessa toada dos cenários e dos desafios a serem enfrentados e construídos, vê-se as provocações de Taruffo da observância das peculiaridades de cada ordenamento, a concepção elástica e persuasiva

26. ANDREASSA Jr., Gilberto; BARBOSA, Claudia Maria. Teoria dos precedentes e sua incompatibilidade com o sistema deliberativo dos tribunais superiores. Revista Eletrônica do Curso de Direito da UFSM, Santa Maria, RS, v. 12, n. 3, p. 861-888, dez. 2017. ISSN 1981-3694. Disponível em: https://periodicos.ufsm.br/revistadireito/article/view/26773. Acesso em: 04 dez. 2023, p. 880.
27. Sobre o tema, cf. OLIVEIRA, André Macedo de. Recursos especiais repetitivos. Brasília-DF: Gazeta Jurídica, 2015, p. 151.
28. MACCORMICK, Neil. Retórica e Estado de Direito. Trad. Conrado Hübner Mendes. Rio de Janeiro: Elsevier, 2008, p. 193.
29. FACHINI, Laura Stefenon. Aplicação dos Precedentes no Brasil: descompasso entre teoria e prática. Disponível em: https://www.lume.ufrgs.br/handle/10183/174559. 2017. Acesso em: 06 dez. 2023, p. 69.

de precedente das Cortes americanas e uma concepção mais rígida e vinculante das Cortes inglesas. No Brasil, como exposto, há quem diga do caráter vinculante do precedente, seja horizontal ou vertical, e, outros que apontem a produção dos precedentes apenas pelos Tribunais de Cúpula, conforme estampado na Constituição, e não nas Cortes Estaduais. Outros muitos autores, como destacado, criticam essa posição e afirmam que essas Cortes também podem produzir precedentes, aliado, também, às divergências de apontamento sobre o efeito vinculante ou persuasivo.

O cenário brasileiro caminha, ainda, na construção de uma teoria. Essa construção, o desafio.

Capítulo 5

Os precedentes no Código de Processo Civil de 2015

Considerando a existência ou não de uma teoria de precedentes no nosso sistema processual, fato é que o art. 926 do CPC/2015 estampou a preocupação maior de todo o sistema processual no tocante à uniformização da jurisprudência dos tribunais, mantendo-a estável, íntegra e coerente. Apontou ainda o referido artigo que os tribunais editarão enunciados de súmula correspondente à sua jurisprudência dominante, sem, contudo, trazer qualquer classificação ou conceito do que seja "jurisprudência dominante".

Inicialmente, vale destacar a clássica distinção preconizada por Michele Taruffo quanto a precedente e jurisprudência. Precedente, para ele, do ponto de vista quantitativo, como abordado em seu texto *Precedente e Jurisprudência*, refere-se a uma decisão de um caso particular, e Jurisprudência trata-se de uma pluralidade de julgados de variados casos concretos. Por outro lado, segundo Taruffo, "a decisão tomada no caso precedente pode explicar efeitos em qualquer modo prescritivos ou normativos sobre a decisão do caso sucessivo apenas sob a condição de que do precedente específico possa derivar-se uma regra aplicável também a outros casos", e apoiando-se em MacCormick, Taruffo destaca a condição de que a decisão formulada no direito sobre o caso precedente seja universalizável.[1]

1. TARRUFO, Michele. *Precedente e Juriprudência*. Trad. Trad. Chiara Antonia Spadaccini de Teffé e revisado por Maria Celina Bodin de Moraes. Civilistica.com, Rio de Janeiro, ano 3, n. 2, jul.-

Humberto Dalla Bernardina de Pinho e Roberto de Aragão Ribeiro Rodrigues acentuam que a distinção entre precedentes e jurisprudência está essencialmente no caráter quantitativo. Para os autores, a jurisprudência pressupõe uma "pluralidade de decisões proferidas em diversos casos concretos, nota que a distingue do precedente, que prescinde desse caráter quantitativo, já que pode surgir a partir de um único caso submetido ao poder judiciário, hipótese conhecida como *leading case*".[2]

Essa consolidação e uniformização se acentuam diante das chamadas demandas de massa. Em todas essas ações, identifica-se uma universalização, uma multiplicidade de questões de direito que requerem uma uniformização. É a universalização, conforme MacCormick, de casos para certas classes, ou para aqueles que satisfazem "certos predicados"[3].

Ponto é, para o Direito brasileiro, na conceituação de Taruffo sobre precedentes, que podemos ter um precedente do STJ – ou seja, um caso concreto – que será aplicado pelos juízes do Brasil em milhares de casos. É o que ocorre, por exemplo, numa decisão em recurso especial repetitivo. E essa decisão pode ser também a consolidação de vários julgados anteriores do próprio STJ, ou seja, na linha de Taruffo, da Jurisprudência. Ou, como destacam o CPC/2015 e os Tribunais do País há tempos, jurisprudência dominante. Os termos, como se vê, comunicam-se, a depender da abordagem.[4]

-dez./2014, p. 3. file:///C:/Users/and/Downloads/587-Texto%20integral-1162-1-10-20201204.pdf. Acesso em: 2.10.2023.

2. PINHO, Humberto Dalla Bernardina de; RODRIGUES, Roberto de Aragão Ribeiro. O microssistema de formação de precedentes judiciais vinculantes previstos no novo CPC. In: Revista de Processo: RePro, São Paulo, RT, v. 41, n. 259, pp. 405-435, set. 2016, pág. 408. Para os autores, "diante da singeleza do conceito de jurisprudência, passa-se desde já à noção de precedentes judicial, a qual merece análise mais detida, já que consiste em mecanismo estranho à nossa cultura jurídica tradicionalmente filiada à *civil law*. Demais disso, é da lógica de seu funcionamento que se inspira ainda que de forma inadequada, a maior parte dos mecanismos de julgamento por amostragem do sistema brasileiro".
3. MACCORMICK, Neil. Retórica e Estado de Direito. Trad. Conrado Hübner Mendes. Rio de Janeiro: Elsevier, 2008, pág. 117.
4. Taruffo pontua as incoerências que surgem nessa sistemática, dentre outros pontos: "Por outro lado, o número descontrolado de decisões promove uma ulterior degeneração, isto é, frequentemente, verificam-se incoerências, muitas vezes evidentes contradições e repentinas mudanças de direção, no âmbito da mesma jurisprudência da Cassação. Trata-se, infelizmente, de fenômenos conhecidos e frequentes, 8 sobre os quais não podemos aprofundar a discussão.

Além do art. 926 do CPC/2015, merece destaque o art. 927. Luis Alberto Gurgel de Faria aponta que esse artigo deve ser interpretado "de forma sistemática com o contido no art. 988, como também nos arts. 102, I, *l*, e 105, I, *f*, da CRFB/88. O respeito à autoridade das decisões do Pretório Excelso e do Superior Tribunal de Justiça (STJ) tem arrimo na Lei Maior, que prevê o ajuizamento de reclamação para preservar tal autoridade, de modo que o efeito vinculante é indubitável quanto a tais situações".[5]

Ainda nessa toada, o Superior Tribunal de Justiça, após o CPC/2015, incluiu em seu Regimento Interno a Emenda n.º 24/2016, inserindo o art. 121-A, que trata da "formação dos Precedentes Qualificados". Segundo o art. 121-A, os acórdãos proferidos em julgamento de incidente de assunção de competência (IAC) e de recursos especiais repetitivos, bem como os enunciados de súmulas do STJ, constituem, segundo o art. 927 do CPC/2015, precedentes qualificados de estrita observância pelos Juízes e Tribunais.[6]

As súmulas vêm a partir da consolidação da jurisprudência, bem como, em alguns casos, a partir dos julgados em incidente de assunção de competência ou recursos especiais repetitivos, em que pese o próprio julgamento seja do incidente ou de um recurso repetitivo. A diferença basilar entre o IAC e o recurso especial repetitivo no âmbito do STJ é a repetição em múltiplos processos. O IAC tem

---

Para o que aqui nos interessa, eles levam a fazer com que o uso da jurisprudência seja, muitas vezes, uma tarefa complicada, difícil e arriscada. De um lado, de fato, não se sabe quase nunca se realmente se chegou a conhecer toda a jurisprudência (o que é muitas vezes impossível) ou, pelo menos, toda a jurisprudência relevante sobre um determinado assunto. Por outro lado, frequentemente, descobre-se que a jurisprudência é incoerente e contraditória: tratar-se-á então de estabelecer se há ou não jurisprudência conforme, se há uma jurisprudência prevalente, se a jurisprudência é incerta, ou mesmo se há uma situação de caos jurisprudencial". TARRUFO, Michele. *Precedente e Juriprudência*. Trad. Chiara Antonia Spadaccini de Teffé e revisado por Maria Celina Bodin de Moraes. Civilistica.com, Rio de Janeiro, ano 3, n. 2, jul.-dez./2014. file:///C:/Users/and/Downloads/587-Texto%20integral-1162-1-10-20201204.pdf. Acesso em: 2.10.2023, págs. 6 e 7.

5. FARIA, Luis Alberto Gurgel de. In: Comentários ao Código de Processo Civil / coordenadores Angélica Arruda Alvim; Araken de Assis; Eduardo Arruda Alvim ... [et al.]. – São Paulo: Saraiva, 2016, p. 1062.

6. Cf. Regimento interno do Superior Tribunal de Justiça: https://www.stj.jus.br/publicacaoinstitucional/index.php/Regimento/article/view/500/3931. Acesso em: 27.12.2023.

a "relevante questão de direito"[7] e o repetitivo a "idêntica questão de direito" e a repetição de múltiplos casos.[8]

Embora não seja expresso nos dispositivos do CPC e no RISTJ sobre a vinculação ou a obrigatoriedade do respeito às decisões em incidente de assunção de competência e em recursos especiais repetitivos, eis que o texto legal utiliza o termo "observarão" e "estrita observância pelos Juízes e Tribunais", o que se vê, no entanto, é a implícita vinculação para as decisões proferidas nesses procedimentos.[9]

---

7. CAPÍTULO I-B

   Do Incidente de Assunção de Competência

   (Incluído pela Emenda Regimental n. 24, de 2016)

   Art. 271-B. O relator ou o Presidente proporá, de ofício ou a requerimento da parte, do Ministério Público ou da Defensoria Pública, na forma preconizada pelo Capítulo II-B do Título IX da Parte I do Regimento Interno, mediante decisão irrecorrível, a assunção de competência de julgamento de recurso, de remessa necessária ou de processo de competência originária que envolver relevante questão de direito, com grande repercussão social, sem repetição em múltiplos processos.

   (...)

   Art. 271-G. O acórdão proferido, em assunção de competência, pela Corte Especial vinculará todos os órgãos do Tribunal e, pela Seção, vinculará as Turmas e Ministros que a compõem, exceto se houver revisão de tese.

8. CAPÍTULO II-A

   Do Recurso Especial Repetitivo

   (Incluído pela Emenda Regimental n. 24, de 2016)

   SEÇÃO I

   Do Recurso Especial Representativo da Controvérsia

   (Incluído pela Emenda Regimental n. 24, de 2016)

   Art. 256. Havendo multiplicidade de recursos especiais com fundamento em idêntica questão de direito, caberá ao presidente ou ao vice-presidente dos Tribunais de origem (Tribunal de Justiça ou Tribunal Regional Federal), conforme o caso, admitir dois ou mais recursos especiais representativos da controvérsia, que serão encaminhados ao Superior Tribunal de Justiça, ficando os demais processos, individuais ou coletivos, suspensos até o pronunciamento do STJ.

   (Incluído pela Emenda Regimental n. 24, de 2016)

9. O art. 927 do CPC é ilustrativo ao afirmar que "Os juízes e tribunais observarão: (...); III – os acórdãos em incidente de assunção de competência ou de resolução de demandas repetitivas e em julgamento de recursos extraordinário e especial repetitivos". Cf.: MARINONI, Luiz Marinoni; ARENHART, Sérgio Cruz; MITIDIERO, Daniel. Novo código de processo civil comentado. São Paulo: Editora Revista dos Tribunais, 2015, pág. 872 e segs; ARRUDA ALVIM, Angélica ... [et al.] (coord.). Comentários ao código de processo civil. São Paulo: Saraiva, 2016, pág. 1062. Nos comentários do Ministro Luis Alberto Gurgel de Faria ao art. 927, verifica-se, por todos, essa controvérsia: "Nas searas doutrinária e jurisprudencial há uma forte controvérsia acerca do poder vinculante (ou seja, que impõe a obrigação de observância) ou persuasivo (isto é, que induz, aconselha) de determinadas decisões".

Isso se dá pelo papel constitucional do Superior Tribunal de Justiça, na qualidade de uniformizador da legislação infraconstitucional e ainda nos propósitos estampados na Lei nº 11.678/2008, que instituiu os recursos especiais repetitivos e pelos já referidos dispositivos do CPC/2015. Pela Constituição de 1988, no papel que ela deu ao STJ de uniformizar a legislação infraconstitucional, está o ponto fundante para se demonstrar a vinculação da interpretação por ele dada à lei infraconstitucional.

Os recursos especiais repetitivos têm um papel fundante na racionalização do sistema processual e na efetivação de uma cultura de precedentes. É, em essência, um instrumento para racionalizar o volume de processos tanto no âmbito do próprio STJ (com a afetação e definição de teses) quanto para racionalizar o sistema a partir dos Tribunais de Justiça e dos Tribunais Regionais Federais, que seguirão as teses firmadas pelo STJ, no seu papel de uniformizador da lei infraconstitucional.

Para Calmon de Passos, a jurisprudência dos Tribunais Superiores sempre vinculou. Em se tratando de decisão de Tribunal Superior "em sua plenitude e com vistas à fixação de um entendimento que balize seus próprios julgamentos", o Tribunal "impõe diretrizes para seus julgamentos e necessariamente as coloca, também, para os julgadores de instâncias inferiores". A força vinculante das decisões de Cortes Superiores é "essencial e indescartável", sob pena de retirar-se desses tribunais justamente a função que os justifica.

Adverte Calmon de Passos pouco importar o nome dessas decisões, como "súmulas, súmulas vinculantes, jurisprudência predominante ou o que for". Elas obrigam. Obrigam a todos "em favor da segurança jurídica que o ordenamento deve e precisa proporcionar aos que convivem no grupo social, como o fazem as normas de caráter geral positivadas pela função legislativa".[10]

10. CF. Súmula vinculante. *Revista do Tribunal Regional Federal da 1ª Região*, v. 9, n. 1, jan.-mar. 1997, p. 163-176. A ponderação de Calmon de Passos também é oportuna: "E isso eu percebi muito cedo, quando, falando para juízes federais sobre a irrecusabilidade da força vinculante de algumas decisões de tribunais superiores, um deles, jovem, inteligente, vibrante, me interpelou: Professor Calmon, e onde fica a minha liberdade de consciência e o meu sentido de justiça? Respondi-lhe, na oportunidade, o que aqui consigno. Essa mesma pergunta não seria formulável, validamente, pelos que, vencidos, sofrem os efeitos da decisão que lhes repugna o senso moral e lhes mutila a liberdade? Por que os juízes poderiam nos torturar e

O termo destacado pelo Poder Constituinte, no seu papel de "fundar o Ordenamento Jurídico" e permanecer como referencial para as demais normas,[11] no art. 105, inciso III, da Constituição de 1988, é objetivo ao estabelecer a competência do Superior Tribunal de Justiça para rever as decisões que contrariarem tratado ou lei federal ou negarem-lhes vigência, julgarem válido ato de governo local contestado em face de lei federal e derem a ela interpretação divergente da que lhe haja atribuído outro tribunal. Ora, se cabe ao STJ uniformizar a interpretação da lei federal e, em determinados casos, cassar a interpretação destoante, as suas decisões devem, no mínimo, ser consideradas pelos Tribunais Regionais Federais e Tribunais de Justiça dos Estados.[12]

Marinoni pondera que é "tranquilamente possível" sustentar que as decisões do Superior Tribunal de Justiça "devem ter efeito vinculante sobre os juízes e tribunais inferiores". Segundo Marinoni, essa advertência não é viável em termos concretos e práticos, atualmente, "em razão de a importância das decisões não ser assimilada pela cultura jurídica brasileira". Se não há "cultura de respeito aos precedentes, ou melhor, se as próprias Turmas do Superior Tribunal de Justiça não se vinculam às suas decisões, elimina-se de forma natural, a autoridade ou a força obrigatória dos seus precedentes em relação aos tribunais inferiores".[13]

Michele Taruffo destaca que pesquisas desenvolvidas em vários sistemas jurídicos comprovam que a referência ao precedente não é, há tempos, uma característica peculiar do sistema *common law*. Essa referência está em quase todos os sistemas, incluindo-se os do *civil law*.[14] Também MacCormick destaca pesquisa realizada em um

---

estariam livres de ser torturados por um sistema jurídico capaz de oferecer alguma segurança aos jurisdicionados?"

11. CF. BRITTO, Carlos Ayres. *Teoria da constituição*. Rio de Janeiro: Forense, 2006, p. 123.

12. Nesse sentido, Luiz Guilherme Marinoni é enfático ao afirmar que "a suposição de que os juízes e tribunais podem decidir sem considerar os precedentes do Superior Tribunal de Justiça não se coaduna com tal norma constitucional" (Aproximação crítica entre as jurisdições de *civil law* e de *common law* e a necessidade de respeito aos precedentes no Brasil. *Revista da Faculdade de Direito – UFPR*, Curitiba, n.49, 2009, pág. 53).

13. CF. do autor Aproximação crítica entre as jurisdições de *civil law* e de *common law* e a necessidade de respeito aos precedentes no Brasil. *Revista da Faculdade de Direito – UFPR*, Curitiba, n.49, 2009, pág. 53.

14. TARUFFO, *Precedente e giurisprudenza*, pp. 709-725.

projeto dedicado ao estudo comparativo referente à interpretação de leis e precedentes abarcando vários sistemas jurídicos diferentes nas décadas de 1980 e 1990, incluindo os sistemas do *civil law* e do *common law*. A partir dessa pesquisa, MacCormick apontou "categorias de argumentos interpretativos" nas quais inserem os "argumentos a partir de precedentes" como argumentos sistêmicos.[15]

Para trabalhar essas categorias, MacCormick utiliza o caso *Dunnachie v Kingston-upon-Hull city Council*,[16] julgado pela Câmara dos *Lords* em 2004, no qual se discutem direitos de empregado com base em dispositivos legais do *Employment Rights Act de 1996*. Nesse texto legal, o contexto da palavra "dano" inclui as perdas pecuniárias e/ou também perdas não pecuniárias, em razão de demissão de empregado que afirmara ter sofrido humilhação e angústia. O julgado desse caso *Dunnachie*, para MacCormick, traz o sentido "claro da palavra dano" de modo a excluir danos não econômicos. Ressalta MacCormick que, conforme acentuou um dos julgadores do caso, há o "sentido ordinário e o "sentido técnico" quando as leis lidam com matérias próprias a certos campos de especialidade.[17]

Os argumentos sistêmicos, para Neil MacCormick, "são aqueles que funcionam no sentido de prover uma compreensão aceitável do texto legal visto particularmente em seu contexto como parte de um sistema jurídico". Há sempre um contexto jurídico relevante para cada parte da lei, a qual é um elemento do sistema jurídico na sua totalidade. Nesse sentido, o autor destaca a harmonização jurídico--contextual; os argumentos a partir de precedentes; os argumentos

15. Pretende-se aqui trazer a compreensão de Neil MacCormick sobre os precedentes. Esses estão compreendidos dentro de uma concepção mais ampla, categorizados como argumentos sistêmicos. MACCORMICK, Neil. Retórica e Estado de Direito. Trad. Conrado Hübner Mendes. Rio de Janeiro: Elsevier, 2008, cap. 8. Em *La argumentación silogística: uma defensa matizada*, MacCORMICK destaca que "hoy em día, los diversos sectores del Derecho en su mayoría están estructurados mediante leyes, o destacan en ellos importantes leyes reformadoras; y esto ocurre en todas las ramas del Derecho, en los sistemas de *common law* tanto como en sistemas mixtos o en los puramente 'de Derecho civil'" DOXA, Cuadernos de Filosofia del Derecho, 30 (2007), pág. 333.

16. http://www.publications.parliament.uk/pa/ld200304/ldjudgmt/jd040715/dunn-1.htm. Acesso em: 10.11.2023.

17. A referência ao caso *Dunnachie* é no sentido de se destacar em MacCormick a constante utilização de casos e precedentes para o embasamento de todas as categorias que ele próprio apresenta.

por analogia; os argumentos conceituais; os argumentos a partir de princípios gerais; e os argumentos a partir da história.[18]

Os argumentos a partir de precedentes, na análise de MacCormick, são aqueles nos quais os dispositivos legais submetidos à interpretação judicial da Corte deverão ser interpretados nos casos futuros de acordo com essa mesma interpretação. Destaca o caso *Dunnachie*, no qual o argumento a favor do Sr. Dunnachie, no sentido de estender o conceito de "dano" incluindo os danos psicológicos ou aqueles causados aos "sentimentos" do empregado, é sustentado por um dos julgadores da Câmara dos *Lords* com base em um precedente.

A extensão do conceito de dano para inclusão de danos psicológicos ou causados aos "sentimentos do empregado" foi parcialmente baseada em uma afirmação de um magistrado em outro caso no qual se discutia a amplitude do conceito e aplicação de "dano".[19] Contudo, em outro momento, a Câmara dos *Lords* concluiu que essas observações seriam *obiter dicta*. Observa Neil MacCormick que "a referência a um precedente depende de doutrinas sistêmicas particulares sobre quando os precedentes são vinculantes, quando são persuasivos apenas, e a respeito de quais elementos são tanto vinculantes quanto persuasivos".[20]

Os argumentos interpretativos, segundo MacCormick, apresentam considerável complexidade, uma vez que podem ser argumentos de muitos tipos, "cada qual capaz de gerar uma interpretação para um dado texto que será distinta em relação à gerada por outro argumento possível".[21] Nas disputas jurídicas, argumentos de todos esses tipos são materiais disponíveis para aqueles que queiram contestar o sentido de um texto. Ao final, avalia que "é tarefa do juiz ou do tribunal encontrar uma conclusão, decidindo em relação a todo o contexto de qual interpretação deveria prevalecer (e, portanto, qual irá prevalecer) com base em quais razões".[22]

---

18. Essa referência à classificação de Neil MacCormick no texto tem por objetivo mostrar o contexto no qual MacCormick insere os precedentes judiciais.
19. MACCORMICK, Neil. Retórica e Estado de Direito. Trad. Conrado Hübner Mendes. Rio de Janeiro: Elsevier, 2008, pág. 171.
20. MACCORMICK, *Retórica...*, pág. 171.
21. MACCORMICK, *Retórica e Estado de Direito*, pág. 182.
22. MACCORMICK, *Retórica...*, pág. 183.

Vê-se, aqui, que os precedentes são utilizados como meios argumentativos para novos casos, neles se considerando os aspectos de fato e de direito das demandas. Como já destacado em capítulo anterior deste ensaio, apoiando-se em MacCormick, além de doutrinas sobre o "precedente", precisamos de "teoria do precedente". Sem um entendimento teórico dos precedentes (e de conceitos-chave, como o de *ratio decidendi*), não podemos implementar nenhuma doutrina jurídica do precedente. Para o autor, as teorias do precedente podem ser caracterizadas como formalistas, nas quais a *ratio* é "relativamente fixa a determinada ou ao menos determinável" e cética, a qual poderá significar "qualquer coisa que o intérprete desejar".[23]

MacCormick comunga da teoria formalista, sem, contudo, engessar e tratar os precedentes como decisões sujeitas à revisão, e não como fixas e vinculantes. Segundo o autor, as doutrinas dos precedentes são variadas em diferentes sistemas jurídicos ou em diferentes épocas, como a doutrina do precedente vinculante pode indicar que "cada decisão de cada tribunal vincula estritamente qualquer outro tribunal de nível semelhante ou inferior na hierarquia dos tribunais". Por outro lado, indica MacCormick que uma doutrina do precedente persuasivo pode apontar que "tribunais atribuam peso persuasivo maior ou menor para linhas decisórias de tribunais de nível semelhante ou superiores".[24]

Jorge Amaury Maia Nunes destaca do sistema do *common law* o *binding precedent* (precedente vinculante) e o *persuasive precedent* (precedente de natureza meramente persuasória). O *binding precedent* é aquele proferido "por órgão da jurisdição hierarquicamente superior àquele que vai julgar o caso futuro e que dele não se poderá afastar", ressalvadas as hipóteses de inaplicação do precedente, como o *distinguishing* ou o *overrruling*.[25] Tem-se um precedente de natureza persuasiva quando "(a) não se tratar de decisão de última

23. MACCORMICK, *Retórica...*, págs. 170-183.

24. MACCORMICK, Neil. Retórica e Estado de Direito. Trad. Conrado Hübner Mendes. Rio de Janeiro: Elsevier, 2008, pág. 193.

25. Segundo Jorge Amaury Maia Nunes, "a corte de justiça, tanto nos Estados Unidos quanto na Inglaterra, está autorizada a não aplicar o precedente, seja porque realmente não se ajusta ao caso concreto (*distinguishing*), seja porque o precedente não mais satisfaz aos ideais de justiça da época e merece ser revogado (*overruling*)". NUNES, *Segurança jurídica e súmula vinculante*, pág. 126.

instância a que esteja vinculada a corte que vai aplicá-lo; ou (b) quando se tratar de decisão de corte de outro sistema judiciário, tal como a corte de última instância estadual de Estado dos Estados Unidos diferente daquele em que tramita o processo no qual se quer utilizar o precedente".[26]

Apresentada a moldura dos precedentes, sejam eles vinculantes ou persuasivos, não há que se falar em ausência de disposição expressa específica sobre o efeito vinculante ou persuasivo das decisões proferidas pelo STJ. O papel constitucional do Superior Tribunal de Justiça, conforme a Carta de 1988,[27] de uniformizador da legislação infraconstitucional é, de fato, o comando para que os magistrados das Justiças Estadual, Federal e do Distrito Federal e Territórios sigam a interpretação infraconstitucional dada.

Calmon de Passos, como já destacado, também aponta a força vinculante das decisões das Cortes Superiores. Ou, caso não tenha esse papel, perde-se o caráter de Corte uniformizadora. Segundo ele, pouco importa o nome dessas decisões.[28] Marinoni advoga na mesma linha o efeito vinculante, mas aponta a ausência de uma cultura jurídica no Brasil. Sem cultura jurídica, sem respeito aos precedentes do Superior Tribunal de Justiça, elimina-se a força obrigatória dos precedentes em relação às Cortes inferiores.[29]

Num estado moderno, com muitos juízes e tribunais, e uma hierarquia estruturada de recursos, segundo Neil MacCormick, "as mesmas regras e soluções devem orientar a decisão independentemente do juiz do caso. Fidelidade ao Estado de Direito requer que se evite qualquer variação frívola no padrão decisório de um juiz ou corte para outro".[30]

---

26. NUNES, *Segurança jurídica e súmula vinculante*, pág. 125.
27. Registre-se o art. 105, inciso III, da Constituição de 1988, que estabelece a competência do STJ para rever as decisões que contrariarem tratado ou lei federal ou negarem-lhes vigência, julgarem válido ato de governo local contestado em face de lei federal e derem à lei federal interpretação divergente da que lhe haja atribuído outro tribunal.
28. Súmula vinculante. *Revista do Tribunal Regional Federal da 1ª Região*, v. 9, n. 1, jan.-mar. 1997, p. 163-176.
29. MARINONI, Aproximação crítica entre as jurisdições de *civil law* e de *common law* e a necessidade de respeito aos precedentes no Brasil, pág. 53.
30. MACCORMICK, Neil. Retórica e Estado de Direito. Trad. Conrado Hübner Mendes. Rio de Janeiro: Elsevier, 2008, pág. 191.

Não obstante a volatilidade que o conceito de precedentes possui, independentemente do posicionamento adotado, para a análise da atuação do STJ, é necessário destacar a sua função institucional de tutelar, segundo a Constituição Federal, a legislação infraconstitucional. Vê-se a importância das decisões do STJ num contexto que, ao interpretar a norma federal, estabelece diretrizes hermenêuticas que serão aplicadas em relação a todo o ordenamento. Apenas por essa variável percebe-se que não há como não classificar o STJ como Corte de precedentes.

Capítulo 6

Os recursos especiais repetitivos como expressão máxima do papel constitucional do Superior Tribunal de Justiça

◉ Seção 1: O procedimento dos recursos repetitivos no STJ

O procedimento para julgamento dos recursos especiais repetitivos foi regulamentado no âmbito do Superior Tribunal de Justiça por meio da Emenda Regimental nº 24 de 28 de setembro de 2016, na linha dos termos contidos no Código de Processo Civil de 2015, qual seja, com fundamento em idêntica questão de direito: "Havendo multiplicidade de recursos especiais com fundamento em idêntica questão de direito, caberá ao presidente ou ao vice-presidente dos Tribunais de origem (Tribunal de Justiça ou Tribunal Regional Federal), conforme o caso, admitir dois ou mais recursos especiais representativos da controvérsia, que serão encaminhados ao Superior Tribunal de Justiça, ficando os demais processos, individuais ou coletivos, suspensos até o pronunciamento do STJ".

O recurso especial, segundo os arts. 1.029 e seguintes do CPC e do art. 105 da Constituição Federal, além do regramento contido no Regimento Interno do Superior Tribunal de Justiça, é interposto perante o presidente ou o vice-presidente do tribunal recorrido – Tribunais Regionais Federais e Tribunais de Justiça dos Estados e do Distrito Federal e Territórios –, demonstrando a exposição do fato e do direito, o cabimento do recurso e as razões do pedido de reforma da decisão recorrida. Recebida a petição do recurso especial no Tribunal, intima-se, de imediato, a parte recorrida para apresentar contrarrazões ao recurso especial interposto. Em seguida, após a apresentação das contrarrazões, o processo segue para admissão ou não do recurso. É o que se chama de primeiro juízo de admissibilidade do recurso especial.

O Presidente ou Vice-Presidente do Tribunal de Justiça do Estado ou do Tribunal Regional Federal, conforme disposto em Resoluções internas ou Regimentos internos, ao receber o recurso especial, terá quatro opções.

A primeira (i) é admitir o recurso especial e determinar o regular seguimento ao Superior Tribunal de Justiça. A segunda (ii) opção do Presidente ou Vice-Presidente dos TRFs ou TJs é não admitir o recurso especial. Nesse caso, poderá a parte prejudicada interpor o recurso de "agravo", conforme prevê o art. 1.042 do Código de Processo Civil, com a redação que lhe foi dada pela Lei nº 13.256, de 4 de fevereiro de 2016,[1] no prazo de 15 dias. A parte agravada será intimada para, também nesse prazo, oferecer suas contrarrazões ao agravo, seguindo o processo ao STJ.

A nova codificação processual menciona, nos dispositivos que equivalem ao agravo de instrumento do código anterior, somente a expressão "agravo". Entretanto, as alterações que a Lei nº 12.322 promoveu na redação do CPC/1973 subsistiram no sentido da dispensa do "instrumento". A Lei nº 12.322, de 9 de setembro de 2010, que entrou em vigor em 9 de dezembro de 2010, transformou o agravo de instrumento interposto contra decisão que não admitia recurso especial em agravo nos próprios autos. Exigia a redação anterior do CPC/1973, em seu parágrafo 1º, que o então agravo de instrumento fosse instruído com as peças apresentadas pelas partes, devendo constar peças obrigatoriamente, sob pena de não conhecimento do recurso. Essas exigências eram um verdadeiro martírio na rotina

1. A Lei nº 13.256/2016 incluiu na redação do art. 1.042 a exceção do cabimento do agravo quando a decisão de inadmissibilidade estiver amparada pela sistemática da repercussão geral ou dos recursos repetitivos, alterando o CPC, a saber: "Art. 1.042. Cabe agravo contra decisão do presidente ou do vice-presidente do tribunal recorrido que inadmitir recurso extraordinário ou recurso especial, salvo quando fundada na aplicação de entendimento firmado em regime de repercussão geral ou em julgamento de recursos repetitivos."

dos advogados, dado o rigor do Superior Tribunal de Justiça no não conhecimento dos recursos por ausência de qualquer dessas peças. Com a nova lei, esse martírio acabou ao menos para o recurso de agravo, que deixou de ser "de instrumento" e passou a tramitar no próprio processo, chamado de agravo em recurso especial (AResp).

Poderá ainda (iii) o Presidente ou o Vice-Presidente negar seguimento ao recurso especial com fundamento em matéria já apreciada em recurso especial repetitivo (art. 1.040, I, do CPC), ou seja, na hipótese de o acórdão recorrido coincidir com a orientação do Superior Tribunal de Justiça. Nesse caso, caberá agravo interno para o Órgão especial do Tribunal de Justiça ou do Tribunal Regional Federal, e não agravo nos próprios autos, dirigido ao STJ, conforme decisões consolidadas do próprio Tribunal.

Esse posicionamento, hoje legislado, tem origem e foi definido pelo STJ na sessão de julgamento da Corte Especial de 16 de fevereiro de 2011. O Ministro Cesar Asfor Rocha, relator desse *leading case* – questão de ordem no agravo de instrumento nº 1.154.599/SP –, entendeu que a instituição dos recursos repetitivos, Lei nº 11.672, de 8 de maio de 2008, decorreu "da explosão de processos repetitivos junto ao Superior Tribunal de Justiça", ensejando centenas e, conforme a matéria, milhares de julgados idênticos, mesmo após a questão jurídica já estar pacificada. Esse mecanismo, criado pela lei de recursos repetitivos, "foi a solução encontrada para afastar julgamentos meramente burocráticos" no STJ, "já que previsível o resultado desses diante da orientação firmada em *leading case* pelo órgão judicante competente".

Entendeu-se não ser mais cabível a interposição de agravo na hipótese de o tribunal de origem impedir a subida do recurso especial em casos de matéria já pacificada em sede repetitiva. Essa posição foi refutada no julgamento da questão de ordem pelo Ministro Teori Zavascki, apontando que o art. 543-C do CPC/1973 não criou qualquer regra nesse sentido do não cabimento de recurso ao STJ. Não poderia o STJ, segundo Zavascki, criar obstáculo ao processamento de recurso especial previsto na Constituição Federal.

Assim, no agravo interno, é a parte que poderá demonstrar a distinção do caso para, eventualmente, ser admitido e seguir para apreciação do STJ. Esse entendimento, no entanto, não se confunde com as hipóteses de suspensão – sobrestamento – dos recursos especiais, pendentes de juízo de admissibilidade, enquanto se aguarda o julgamento de outros recursos encaminhados ao Superior Tribunal de Justiça como representativos da controvérsia, conforme §1º do art. 1.036 do CPC.[2]

A outra opção (iv) do Presidente ou Vice-Presidente do Tribunal de Justiça Estadual ou do Tribunal Regional Federal, de acordo com o art. 1.036 e seus parágrafos do Código de Processo Civil, somados aos procedimentos estabelecidos na Emenda Regimental nº 24/2016 do Superior Tribunal de Justiça, é admitir dois ou mais recursos especiais representativos da controvérsia, ficando os demais sobrestados no Tribunal até o julgamento em definitivo do STJ. Os demais recursos especiais sobrestados receberão um despacho destacando o sobrestamento, ou seja, aguardarão a análise do STJ nos casos "selecionados" como representativos da controvérsia. Desse despacho que determina a suspensão não caberá recurso para o Superior Tribunal de Justiça.

O recurso especial (REsp), bem como o agravo em recurso especial (AREsp), são recebidos e autuados no Superior Tribunal de Justiça e, antes de chegaram a um Ministro relator, os processos são recebidos e autuados no STJ, momento em que recebem um número, com indicação da unidade da federação, as partes e advogados, se tramita em segredo de justiça e se há alguma prioridade na tramitação (Estatuto do Idoso, por exemplo). Em seguida, os AREsps são encaminhados à Assessoria de Admissibilidade, Recursos Repetitivos e Relevância (ARP), vinculada ao Gabinete da Presidência, para cumprimento do art. 21-E do Regimento Interno do STJ, que cuida das atribuições do Presidente antes da distribuição dos processos.

De acordo com art. 21-E do Regimento Interno do STJ, compete à presidência, antes da distribuição, não conhecer de recurso inadmissível, prejudicado ou que não tiver impugnado especificamente todos os fundamentos da decisão recorrida; negar provimento a

---

2. "O presidente ou o vice-presidente de tribunal de justiça ou de tribunal regional federal selecionará 2 (dois) ou mais recursos representativos da controvérsia, que serão encaminhados ao Supremo Tribunal Federal ou ao Superior Tribunal de Justiça para fins de afetação, determinando a suspensão do trâmite de todos os processos pendentes, individuais ou coletivos, que tramitem no Estado ou na região, conforme o caso."

recurso que for contrário à súmula do Supremo Tribunal Federal ou do Superior Tribunal de Justiça, a acórdão proferido em julgamento de recursos repetitivos ou a entendimento firmado em incidente de assunção de competência; determinar a devolução ao Tribunal de origem dos recursos fundados em controvérsia idêntica àquela já submetida ao rito de julgamento de casos repetitivos para adoção das medidas cabíveis.

Esse órgão foi criado em 2007, com a denominação de Núcleo de Agravos da Presidência. Ao longo dos anos, passou por algumas modificações e teve suas atribuições aumentadas. Em 2010, passou a se chamar Núcleo de Procedimentos Especiais da Presidência – NUPRE; em 2013, Núcleo de Repercussão Geral e Recursos Repetitivos – NURER; em 2016, Núcleo de Admissibilidade e Recursos Repetitivos – NARER. Até chegar, aos dias atuais, na denominação de Assessoria de Admissibilidade, Recursos Repetitivos e Relevância.

Em 2022 chegaram ao STJ mais de 430 mil processos – quase meio milhão –, sendo 325 mil deles de recursos oriundos de Tribunais estaduais e federais. Para compararmos, em 1989, um ano após a criação do STJ, chegaram 6.103 processos. Dez anos depois, em 1999, foram quase 119 mil. O maior volume do STJ, ou seja, os que mais chegaram em 2022, foram os agravos em recurso especial (AREsp): mais de 240 mil (56%), o que representa mais da metade dos processos. Os recursos especiais (REsp) foram algo na base de 65 mil (15%).

A ARP é responsável por analisar, antes da distribuição, vários requisitos, para verificar se os processos estão aptos a serem julgados pelo STJ. São quatro filtros de análise.

O primeiro consiste em analisar se o recurso cumpre os pressupostos objetivos. De acordo com art. 21-E do regimento interno do STJ, compete à presidência, antes da distribuição, não conhecer de recurso inadmissível. Nessa etapa, será verificado se os agravos em recursos especiais (AREsps) são cabíveis, tempestivos, se houve o recolhimento do preparo e o exaurimento de instância, e se a representação processual está regular. A análise é bastante detalhada. Quanto às custas, por exemplo, a coordenadoria analisa se o número que consta da guia de recolhimento é o número do tribunal de origem, se o código de barras da guia corresponde ao do comprovante de pagamento; se o comprovante é pagamento das custas ou de agendamento de pagamento – que não é aceito.

Já quanto à tempestividade, é analisado, dentre outros, se houve a comprovação de feriado local, um tema que gera bastante debate. Caso a coordenadoria de pressupostos objetivos identifique algum óbice, uma minuta decisão é submetida à presidente. Se for um vício sanável, a decisão é para que a parte corrija o vício (pague ou complemente as custas, apresente procuração, por exemplo). Se for um vício não sanável, a decisão é no sentido de não conhecer do AREsp. Ou, caso o processo cumpra todos os requisitos objetivos, passa para o segundo filtro de análise.

O segundo filtro de análise dos agravos em recurso especial na Assessoria de Admissibilidade, Recursos Repetitivos e Relevância (ARP) faz uma análise cotejada do caso, observando, em primeiro lugar, se os agravos em recurso especial impugnaram, de modo específico, todos os fundamentos da decisão que inadmitiu o recurso especial. Depois, analisa os agravos em recurso especial interpostos contra as decisões de admissibilidade que aplicam óbice processual cumulado com tema repetitivo, para definir sobre sua: inadmissão; devolução à origem quando pendente análise de agravo interno ou houver sobrestamento.

Caso haja algum óbice, a coordenadoria submete uma minuta de decisão à presidência. Desde que o processo cumpra os requisitos da admissibilidade cotejada, prosseguirá para análise em uma das coordenadorias da Assessoria especializadas por matéria de Direito. É o terceiro filtro de análise dos agravos em recurso especial na ARP.

Para essa tarefa, há três coordenadorias, que essencialmente têm a mesma atribuição, mas são separadas por especialidade – aquelas de que falamos no terceiro episódio: uma coordenadoria de Análise de Recursos de Direito Público, outra de Direito Privado, e a terceira, de Direito Penal. A elas compete analisar os agravos em recurso especial para verificar a existência de óbices de admissibilidade no recurso especial. Caso seja identificado algum óbice, ou seja, se o recurso for considerado inadmissível, a coordenadoria elabora minuta de decisão, que é submetida à presidência. Caso contrário, o processo segue para o quarto e último filtro, sob a responsabilidade da Coordenadoria de Análise de Recursos Repetitivos e Relevância, que consiste em analisar os agravos em recursos especiais quanto à adequação à sistemática dos recursos repetitivos.

Caso o recurso esteja relacionado a temas afetados ao rito especial ou já julgados pelo rito especial, a coordenadoria elabora minuta de decisão, a fim de determinar a devolução à origem para sobrestamento ou de determinar a devolução à origem nos casos em que não houve juízo de adequação.

Caso o recurso tenha sido selecionado pelo Tribunal de origem como representativo da controvérsia (art. 1.030, IV, do CPC/2015); ou identificado pelo sistema Athos como potencial representativo da controvérsia[3], indicado por órgãos (como o Ministério Público Federal e as Defensorias Públicas) como potencial representativo da controvérsia – tais órgãos possuem acordos de cooperação técnica com o STJ visando, dentre outros, ao gerenciamento de precedentes qualificados de matérias discutidas em processos a eles relacionados.

É feita uma análise dos recursos pelo Núcleo de Gerenciamento de Precedentes (NUGEPNAC) e, caso se entenda pela viabilidade de sua qualificação como representativo da controvérsia, o Ministro Presidente da Comissão Gestora de Precedentes e de Ações Coletivas determina a intimação do Ministério Público Federal e das partes, para que se manifestem sobre a admissibilidade do recurso especial como representativo da controvérsia.

Findo o prazo, o Ministro Presidente da Comissão Gestora de Precedentes e de Ações Coletivas emite juízo opinativo, pela submissão, ou não, do recurso à sistemática dos repetitivos, e determina a distribuição do recurso a um relator (que poderá ser das Seções ou da Corte Especial).

Distribuído o recurso especial candidato à afetação, o Ministro relator redigirá voto propondo, ou não, a afetação do processo ao rito dos recursos repetitivos, delimitando a tese controvertida e

3. Cf. Seção 2, cap. 7, parte 3: O uso da Inteligência Artificial no Superior Tribunal de Justiça.

determinando a suspensão da tramitação dos processos pendentes que versem sobre a mesma questão de direito, no território nacional. O voto é, então, submetido ao plenário virtual (da respectiva Seção ou da Corte Especial) para o julgamento pelos demais integrantes do órgão.

Ao apreciar o Recurso Especial nº 1.061.530/RS, a 2ª Seção do Superior Tribunal de Justiça decidiu não ser possível a orientação do §7º, do art. 543-C do CPC de 1973, quando o recurso especial não puder ser conhecido, embora evidenciada a natureza repetitiva da questão. Para o Ministro Luis Felipe Salomão, somente haverá efeitos externos no acórdão quando a controvérsia contida no repetitivo puder ser dirimida em seu mérito. Segundo Nancy Andrighi, após esse julgamento, a questão idêntica que caracteriza a multiplicidade de recursos, "além de ser selecionada na decisão que instaura o incidente, deverá estar: 1) expressamente debatida no acórdão impugnado; 2) debatida nas razões do recurso especial; e 3) preencher todos os requisitos de admissibilidade".[4]

Na prática, consoante Nancy Andrighi, após essa decisão, o STJ passou a afetar um único tema dentro do recurso especial em apreciação. Isso mesmo quando existirem outras controvérsias de massa no âmbito do mesmo recurso. Trata-se, segundo Andrighi, "de boa solução prática, pois evita que todo o mecanismo do processo repetitivo seja acionado para que, ao final, ocorra a frustração do julgamento".[5] No julgamento da questão de ordem no Recurso Especial nº 1.087.108/MS, definiu a Segunda Seção:

> No curso do julgamento do Resp nº 1.061.530/RS, a 2ª Seção decidiu que não é possível o estabelecimento de tese jurídica vinculativa quando o recurso especial não puder ser admitido naquele particular. Assim, entendeu-se que, para os efeitos do § 7º do art. 543-C do CPC, a questão de direito idêntica, além de estar selecionada na decisão que instaurou o incidente de processo repetitivo, deve ter sido expressamente debatida no acórdão recorrido e nas razões do recurso especial, preenchendo todos os requisitos de admissibilidade.

4. ANDRIGHI, *Recursos repetitivos*, pág. 271.
5. ANDRIGHI, *Recursos...*, pág. 271.

> Na presente hipótese, verifica-se que o recurso especial selecionado não pode ser conhecido, em face do óbice da Súmula nº 284/STF. Percebe-se, portanto, que nem todo processo remetido ao STJ a partir do reconhecimento, pelas instâncias ordinárias, da existência de representatividade de controvérsia poderá ser realmente julgado nos termos do art. 543-C do CPC. - Muito embora o art. 2º da Resolução nº 8, de 7/08/2008, indique ser o julgamento dos processos desta natureza sempre de competência das Seções ou da Corte Especial, estes órgãos teriam desvirtuada sua natureza de unificadores de jurisprudência se os Ministros Relatores fossem obrigados a levar todos os processos repetitivos em pauta, ainda quando estes sejam notadamente inadmissíveis. Tais órgãos de sobreposição devem ficar vinculados apenas ao exame do mérito dos temas afetados.
>
> Questão de ordem acolhida para estabelecer que o art. 2º da Resolução nº 8, de 07.08.2008, aplicar-se-á aos recursos representativos de controvérsia que, de acordo com o entendimento do Ministro Relator, superem a fase de admissibilidade recursal e sejam admitidos para julgamento de mérito.
>
> Verificada a hipótese de não conhecimento do recurso, está autorizado o Ministro Relator a julgá-lo de acordo com o art. 557 do CPC, ou na forma colegiada. Oficie-se ao TJ/MS a respeito da não instauração do procedimento repetitivo, para que sejam adotadas as providências de estilo (...)[6]

O juízo de admissibilidade dos recursos especiais repetitivos apresenta uma disparidade entre a instauração do procedimento por iniciativa dos Presidentes dos Tribunais Regionais Federais e Tribunais de Justiça dos Estados e o segundo juízo de admissibilidade feito pelo Superior Tribunal de Justiça. Esses processos chegam ao STJ já com a especificação de recurso especial representativo da controvérsia, mas continuam sujeitando-se aos requisitos de admissibilidade comum a todos os recursos especiais. Na prática, o STJ, mesmo considerando um recurso como representativo da controvérsia, fará novo exame de admissibilidade e poderá, inclusive, negar seguimento ao recurso.

---

6. QO no REsp nº 1.087.108/MS, Banco Finasa S/A vs. Bethania Rocha Araújo Nascimento, 2ª Seção, rel. Min. Nancy Andrighi, DJ 4.3.2009.

Seção 2: Terceiros interessados: colaboradores da Corte e a intervenção do Ministério Público nos recursos especiais repetitivos

O relator do recurso especial submetido ao rito do especial repetitivo poderá autorizar a manifestação de "pessoas, órgãos ou entidades com interesse na controvérsia".[7] Essa faculdade, e não obrigatoriedade do relator, está prevista no inciso I do art. 1.038 do Código de Processo Civil e no inciso I, do art. 3º, da Emenda Regimental nº 24, de 28 de setembro de 2016, que estabelece os procedimentos relativos ao processamento e julgamento de recursos especiais repetitivos.

> Art. 256-J. O relator poderá solicitar informações aos Tribunais de origem a respeito da questão afetada e autorizar, em decisão irrecorrível, ante a relevância da matéria, a manifestação escrita de pessoas naturais ou jurídicas, órgãos ou entidades especializadas, com representatividade adequada, a serem prestadas no prazo improrrogável de quinze dias.

A escolha da afetação deverá ser balizada conforme a "relevância da matéria", a ser considerada pelo relator do processo. A admissão da manifestação de pessoas, órgãos ou entidades é avaliada pelo interesse na controvérsia. Muito se assemelha à chamada pertinência temática prevista nas ações diretas de inconstitucionalidade e ações declaratórias de constitucionalidade. Contudo, peca o legislador ao permitir ao relator decidir da manifestação ou não. De toda sorte, a faculdade do relator pode se tornar rotina, de modo a permitir obrigatoriamente a manifestação, contribuindo para a legitimação da tese objeto do recurso especial repetitivo. A abertura do debate e a manifestação de pessoas, órgãos ou entidades contribuirão para a maturação das discussões que permeiam os precedentes a serem consolidados nos recursos especiais repetitivos.

Em questão de ordem no recurso especial 1.023.053/RS, a 2ª Seção do STJ, seguindo a relatora, Ministra Isabel Gallotti, indeferiu

---

7. Sobre o *amicus curiae* conferir, dentre outros: BUENO, Cassio Scarpinella. *Amicus curiae no processo civil brasileiro: um terceiro enigmático.* 2ª ed. São Paulo: Saraiva, 2008; BUENO, Cassio Scarpinella. *Partes e terceiros no processo civil brasileiro.* São Paulo: Saraiva, 2003; CARNEIRO, Athos Gusmão. *Intervenção de terceiros.* 13ª ed. São Paulo: Saraiva, 2010.

todas as intervenções de *amicus curiae* – "sem prejuízo de que fiquem nos autos as manifestações apresentadas, inclusive memoriais" – pois, segundo Isabel Gallotti, a participação do *amicus curiae* é prevista no ordenamento jurídico para os processos e julgamentos de "ações de natureza objetiva, admitindo-se essa espécie de intervenção, excepcionalmente, no processo subjetivo quando a multiplicidade de demandas similares demonstra a generalização da decisão a ser proferida". No caso, como o recurso especial não estava submetido ao rito dos recursos repetitivos, não havia, segundo ela, previsão legal para a inclusão da associação na condição de *amicus curiae*. Balizou a 2ª Seção pelo indeferimento por não se tratar de recurso repetitivo.[8]

Além da manifestação de terceiros interessados, a critério do relator do recurso especial repetitivo, o inciso III do art. 1.038 do Código de Processo Civil dispõe que, recebidas as informações dos Tribunais inferiores a respeito da controvérsia, o Ministério Público terá vista do processo pelo prazo de 15 dias, para manifestação. Trata-se de uma determinação legal. Pelo dispositivo, é explícita a obrigatoriedade de manifestação do Ministério Público, ao contrário dos terceiros interessados, que está a critério do relator.

A Emenda Regimental nº 24 de 28 de setembro de 2016, que estabelece os procedimentos relativos ao processamento e julgamento de recursos especiais repetitivos, é enfática, em seu art. 256-M, ao afirmar que, antes do julgamento do recurso, o Relator dará vista dos autos ao Ministério Público por 15 dias. Portanto, nesse caso, verifica-se uma obrigatoriedade, uma imposição ao Relator do recurso especial repetitivo. Entende-se, pois, pela obrigatoriedade e extrema necessidade da intervenção do Ministério Público não apenas como fiscal da lei, como no caso, mas até mesmo como colaborador da Corte.[9]

---

8. Cf. REsp 1.023.053/RS, rel. Ministra Maria Isabel Gallotti, 2ª Seção, DJe 16.12.2011.

9. "[...] O art. 543-C, §§4º e 5º, do CPC de 1973, ao permitir a intimação do Ministério Público Federal, de todas as pessoas, órgãos, entidades e partes interessados, o fez no intuito de proteger essa eficácia objetiva mínima do acórdão em recurso especial representativo da controvérsia, pois oportunizou aos conhecedores da jurisprudência da Casa levantar todas as questões relevantes para reafirmar ou modificar a jurisprudência em torno de determinado tema, notadamente as hipóteses de exceção, se conhecidas. [...] Sendo assim, a técnica de julgamento do recurso representativo da controvérsia não trata apenas do exame da admissibilidade do recurso, da amplitude de seu efeito devolutivo e da solução ao caso concreto, mas também de firmar objetivamente a tese vencedora de modo que sua aplicação seja possível aos demais processos

Na prática, o relator decide pela manifestação de interessados e determina a expedição de ofícios aos órgãos e entidades que entendeu pela manifestação. Não há divulgação para inscrição de terceiros interessados, mas, a critério do relator, a notificação de determinadas entidades para, querendo, manifestarem por escrito a opinião sobre a tese debatida no recurso especial repetitivo. Consigna Jorge Amaury Maia Nunes que o amigo da Corte é alguém que acredita que a decisão do Tribunal pode afetar interesse seu ou de terceiros. Não se trata de tutelar os interesses das partes ou de terceiros, "eventualmente não representados no processo, mas sim de assegurar o prestígio da Corte, objetivando impedir que proferisse decisões equivocadas".[10]

Essa manifestação, contudo, segundo entendimento do Superior Tribunal de Justiça, somente poderá ocorrer antes do julgamento pelo órgão competente do Tribunal: "é inadmissível qualquer manifestação ou recurso apresentado por pessoas que não são partes no processo, seja na qualidade de terceiro seja de *amicus curiae* após o julgamento do recurso Especial pela Seção competente".[11]

---

sobrestados." (EDREsp 1.213.082/PR, rel. Ministro Mauro Campbell Marques, 1ª Seção, julgado em 9.11.2011, DJe 18.11.2011).

10. Para Jorge Amaury, "essa peculiar figura provavelmente surgiu no direito inglês medieval e era caracterizada pelo fato de mostrar-se como um sujeito neutro que, a pedido da Corte, atuava no processo, visando a fornecer-lhe informações, subsídios, que permitissem uma análise mais acurada dos fatos controvertidos. (...) Nos Estados Unidos, cujo direito é ligado ao direito inglês em decorrência de óbvias razões históricas, o *amicus curiae* sofreu forte transformação dado que, lá, a sua atuação faz-se ou na defesa do interesse de terceiros não representados no processo ou, mesmo, na defesa de interesses de uma das partes (embora não deva, a rigor, ter relação com as partes em litígio) quando esse interesse coincida, *v.g.* com a distribuição de competência entre as unidades da federação, fundamentada na Constituição. Em princípio, a atuação do *amicus curiae*, nos Estados Unidos, fazia-se apenas na defesa do interesse público. Modernamente, entretanto, esse caráter restritivo não mais se faz presente, basta que haja um interesse, ainda que indireto, na solução da demanda, para que o terceiro emita sua opinião jurídica e seja ouvido pela Corte". NUNES, Jorge Amaury Maia Nunes. Mandado de injunção e *amicus curiae*. In: *Mandado de injunção*: estudos sobre sua regulamentação. MENDES, Gilmar Ferreira; VALE, André Rufino do; QUINTAS, Fábio Lima (orgs.). – São Paulo: Saraiva, 2013, pág. 504 e segs.

    Outro importante estudo do autor sobre o *amicus curiae*, com destaque para a Arguição de Descumprimento de Preceito Fundamental – ADPF e exaustivo trabalho de pesquisa de jurisprudência relativo à participação do 'Amigo da Corte' nos processos do STF: NUNES, Jorge Amaury. A participação do *amicus curiae* no procedimento de arguição de descumprimento de preceito fundamental – ADPF. *Revista Direito Público*, vol. 1, n. 20, mar-abr/2008, pp. 47-64.

11. "[...] O § 4º. do art. 543-C do CPC de 1973, bem como o art. 3º. da Res. 08/STJ disciplinam que a admissão de interessados para manifestação em Recurso Especial admitido como representativo de controvérsia somente poderá ocorrer antes do seu julgamento pela Seção competente a critério do Relator. 2. É inadmissível qualquer manifestação ou recurso apresentado por

A atuação do *amicus curiae* no entendimento do STJ se restringe, em grande parte, à manifestação por escrito.[12] E, caso acolhida a intervenção, o STJ entende que o *amicus curiae* não possui legitimidade para recorrer, exceto para impugnar a decisão que não admite a sua intervenção no processo.[13] De acordo com o CPC, cabe ao relator definir os poderes do *amicus curiae*, aí incluída a possibilidade de sustentação oral.

◉ Seção 3: A objetivação no julgamento dos recursos especiais repetitivos

A Corte Especial do STJ, ao apreciar a questão de ordem nos recursos especiais n.os 1.058.114/RS e 1.063.343/RS, julgados em 17.12.2008 (DJe 4.6.2009), colocou em discussão a possibilidade de formulação de pedido de desistência de recurso submetido ao rito dos recursos especiais repetitivos. Questionou-se o interesse entre o

---

pessoas que não são partes no processo, seja na qualidade de terceiro seja de *amicus curiae* após o julgamento do Recurso Especial pela Seção competente." EDREsp 1.120.295/SP, rel. Ministro Napoleão Nunes Maia Filho, 1ª Seção, julgado em 10.1.2013, DJe 24.4.2013).

12. CF. REsp 1.291.736/PR, Petróleo Brasileiro S/A – Petrobrás *vs.* Celso Pereira, rel. Ministro Luis Felipe Salomão, Corte Especial, julgado em 20.11.2013, DJe 19.12.2013, no qual se decidiu que "em execução provisória, descabe o arbitramento de honorários advocatícios em benefício do exequente. Posteriormente, convertendo-se a execução provisória em definitiva, após franquear ao devedor, como precedência, a possibilidade de cumprir, voluntária e tempestivamente, a condenação imposta, deverá o magistrado proceder ao arbitramento dos honorários advocatícios". Nesse precedente, a Corte Especial do STJ, a partir da propositura no voto do Ministro Relator, deliberou pelo deferimento da intervenção do Conselho Federal da OAB na condição de *amicus curiae* e pelo indeferimento do ingresso, bem como o desentranhamento da manifestação (petição) de um Advogado. Pelas razões apresentadas pelo Relator, o julgamento dos recursos especiais repetitivos possui "nítido escopo de imprimir relevância para além do caso concreto à tutela jurisdicional que será entregue por esta Corte, na esteira do que ocorreu no Supremo Tribunal Federal após o advento da repercussão geral. Isso não significa, porém, que toda e qualquer pessoa potencialmente interessada no desate da controvérsia possa ingressar no feito para subsidiar o Tribunal (e não as partes, daí porque a alcunha de 'amigo da Corte') no julgamento do recurso representativo da controvérsia".

13. "[...] Esta Corte tem reiteradamente admitido o ingresso do *amicus curiae* nos feitos em que haja relevância da matéria e, em especial, nos submetidos ao rito do art. 543-C do Código de Processo Civil (1973) [...], tendo em vista a previsão expressa do § 4º desse dispositivo [...]". [...] a autorização de intervenção de pessoas, órgãos ou entidades com interesse na controvérsia do Recurso Especial submetido ao rito do art. 543-C do Código de Processo Civil é uma faculdade atribuída ao órgão jurisdicional, por intermédio do Relator, e a atuação do *amicus curiae* no processo se restringe à manifestação, por escrito, antes do julgamento do Recurso Especial. [...] aqueles que participam do processo na qualidade de *amicus curiae* não possuem legitimidade para recorrer, exceto para impugnar a decisão que não admite a sua intervenção nos autos." (REsp 1.273.643/PR, rel. Sidnei Beneti, 2ª Seção, julgado em 27.2.2013, DJe 4.4.2013)

pedido de desistência recursal, consubstanciado no art. 998 do CPC (então art. 501 no CPC/1973), e o interesse coletivo, que caracteriza o julgamento dos processos submetidos ao disposto no art. 1.036 (então art. 543 no CPC/1973) do CPC.

Destacou a Ministra Nancy Andrighi, relatora da questão de ordem no STJ, que se está diante da sistemática da coletivização, "cuja orientação repercutirá tanto no plano individual, resolvendo a controvérsia *inter partes*, quanto na esfera coletiva, norteando o julgamento dos múltiplos recursos que discutam idêntica questão de direito".[14]

Caso atendido o pedido da parte no sentido de desistência do recurso, será atendido o interesse individual do recorrente, e não o da coletividade,[15] ou seja, de todos os demais litigantes em processos com idêntica questão de direito. Para Nancy, "a todo recorrente é dado o direito de dispor de seu interesse recursal, jamais do interesse coletivo", por isso propõe a homologação do pedido de desistência sem prejuízo da formulação de uma orientação quanto à questão idêntica de direito existente em múltiplos recursos. Todavia, reviu a Ministra Nancy o seu posicionamento, dada a importância do julgamento dos repetitivos no STJ, sobretudo para os jurisdicionados.

Prosseguindo no julgamento da questão de ordem, a Ministra Laurita Vaz, acompanhando a Ministra Nancy, relatora, destacou o interesse coletivo, público, que deve preponderar sobre o interesse particular. Na mesma linha o Ministro Luiz Fux votou para que fosse julgada a questão de direito do recurso especial e, "após o julgamento do incidente do recurso repetitivo", para que fosse deferido o pedido de desistência para o caso concreto. O Ministro Nilson Naves lembrou aos Ministros a alta missão do Superior Tribunal de Justiça, que "tudo

---

14. QO no REsp 1.063.343/RS, rel. Min. Nancy Andrighi. Banco Volkswagen S/A *vs.* Luciana Maluche. Corte Especial, DJe 4.6.2009, pág. 7.

15. Marinoni destaca não haver dúvida de "que o Superior Tribunal de Justiça é, em determinado sentido, uma Corte de Revisão. Porém, é uma Corte que revê as decisões com a incumbência de definir o sentido da lei federal e garantir a uniformidade da sua interpretação. A decisão do STJ, ainda que derivada do interesse privado que impulsiona o recurso especial, tem o fim de estabelecer a solução da questão federal, visando à uniformização da compreensão da lei federal". MARINONI, Luiz Guilherme. *O STJ enquanto corte de precedentes:* recompreensão do sistema processual da corte suprema. São Paulo: Editora Revista dos Tribunais, 2013, pág. 124.

pode na condição de último intérprete infraconstitucional – não somos finais porque somos certos, mas somos certos porque somos finais".

Para o Ministro Ari Pargendler, "o interesse público ditado pela necessidade de uma pronta solução para essa causa" não pode ser "obstado pelo interesse da parte". Aldir Passarinho Júnior ponderou que o interesse existente na Lei nº 11.672/2008 é o interesse público, ou seja, julga-se a tese, independentemente do interesse privado.[16]

A tese vencida, levantada pelo Ministro João Otávio de Noronha de forma solitária, sustentava a prevalência do interesse da parte em desistir do recurso, respaldado no art. 501 do Código de Processo Civil/1973, que autorizava à parte desistir do recurso a qualquer tempo, sem a anuência do recorrido. Entretanto, merecem destaque as ponderações feitas nos votos dos Ministros Aldir Passarinho Júnior, Francisco Falcão, Eliana Calmon e Laurita Vaz, todos no sentido de se julgar o mérito e depois homologar a desistência do recurso, de modo a conciliar o interesse público do recurso especial repetitivo e o interesse particular.[17]

Em novembro de 2011, a Primeira Seção do STJ decidiu que os recursos especiais repetitivos possuem um "grau mínimo de objetividade" que os distancia do caso concreto para "firmar suportes fáticos hipotéticos (teses) que permitam abarcar situações semelhantes". Esses parâmetros fixados, para o STJ, devem ser objetivos, e não subjetivos, "muito embora tenha como ponto de partida sempre um caso concreto".[18] Destacou o relator, em seu voto, que essa objetividade mínima foi constatada em julgamento da Corte Especial, em

16. QO no REsp 1.063.343/RS, rel. Min. Nancy Andrighi, Corte Especial, DJ 4.6.2009. Vencidos os Ministros João Otávio de Noronha, e, em parte, os Ministros Aldir Passarinho Junior, Eliana Calmon, Francisco Falcão e Laurita Vaz.

17. DJe 4.6.2009, Corte Especial.

18. Cf. EDREsp 1.213.082/PR, rel. Ministro Mauro Campbell Marques, 1ª Seção, DJe 18.11.2011: "1) Não se pode olvidar que os recursos representativos da controvérsia possuem um dado grau mínimo de objetividade que os distancia em certa medida do caso concreto para firmar suportes fáticos hipotéticos (teses) que permitam abarcar situações semelhantes. A fixação de parâmetros de julgamento deve ser objetiva e não subjetiva, muito embora tenha como ponto de partida sempre um caso concreto. 2) A técnica de julgamento do recurso representativo da controvérsia não trata apenas do exame da admissibilidade do recurso, da amplitude de seu efeito devolutivo e da solução ao caso concreto, mas também de firmar objetivamente a tese vencedora de modo que sua aplicação seja possível aos demais processos sobrestados. Nessa toada, separar as hipóteses que constituem regra, das hipóteses que constituem exceção a uma dada tese se torna obstáculo intransponível ao exame dos recursos sobrestados, já que o

dezembro de 2008, no indeferimento do pedido de desistência de recurso ao fundamento da prevalência do interesse da "coletividade sobre o interesse individual do recorrente" nas causas submetidas ao regime do art. 543-C, do Código de Processo Civil/1973.

> [...] O próprio art. 543-C, do CPC [1973], invoca 'idêntica questão de direito' e não de fato, pois é a variação das circunstâncias fáticas que permitirá o enquadramento da situação concreta na regra ou na exceção componentes de uma só tese.
>
> Essa objetividade mínima já foi constatada por ocasião do julgamento de Questão de Ordem no recurso representativo da controvérsia REsp. n. 1.063.343-RS (Corte Especial, Rel. Min. Nancy Andrighi, julgado em 17.12.2008) e do REsp. n. 1.111.148 - SP (Primeira Seção, Rel. Min. Mauro Campbell Marques, julgado em 24.02.2010) onde foram indeferidos pedidos de desistência ao fundamento de que subsiste a prevalência do interesse da coletividade sobre o interesse individual do recorrente quando em julgamento de causas submetidas ao rito do art. 543-C, do CPC.
>
> Também em razão dessa objetividade mínima, a Primeira Seção do STJ, no julgamento do REsp. n. 1.149.424 - BA (Rel. Min. Eliana Calmon, julgado em 28.04.2010), muito embora tenha reconhecido a ilegitimidade ativa da recorrente, apreciou o

---

usual é a parte sustentar o enquadramento de sua situação na regra ou na exceção, conforme sua conveniência."

José Miguel Garcia Medina traz importante observação quanto ao recurso extraordinário. A partir de recente transformação jurisprudencial, revela Medina que o papel do recurso extraordinário vem sofrendo destacada mutação: "Por meio de tal instrumento, pensava-se, antes, ser possível apenas o controle difuso de constitucionalidade. A orientação mais recente da jurisprudência do STF, no entanto, confere nova dimensão ao recurso extraordinário, na medida em que *passa a dar ao julgamento de recursos extraordinários efeitos que, antes, eram considerados como próprios e específicos do controle concentrado de constitucionalidade*". Medina destaca ainda que "o atual posicionamento do STF demonstra *uma tendência inelutável marcada pela objetivação do processo constitucional*, o que provocará uma aproximação das eficácias sentenciais no controle difuso e no concentrado". MEDINA, José Miguel Garcia. *Prequestionamento e repercussão geral e outras questões relativas aos recursos especial e extraordinário*. São Paulo: Editora Revista dos Tribunais, 6. ed., 2012, págs. 51-54. Cf ainda o voto do Min. Sepúlveda Pertence no julgamento do AgReg em SE 5.026, Pleno e no julgamento do RE 388830/RJ, 2ª. T, j. 14.2.2006, rel. Min. Gilmar Mendes: "(...), é possível que o Tribunal analise a matéria com base em fundamento diverso daquele sustentado. A proposta aqui desenvolvida parece consultar a tendência de não estrita subjetivação ou de maior objetivação do recurso extraordinário, *que deixa de ter caráter marcadamente subjetivo ou de defesa de interesse das partes*, para assumir, de forma decisiva, *a função de defesa da ordem constitucional objetiva*".

mérito do recurso representativo da controvérsia para fixar a tese aplicável por considerar que: 'não é o reconhecimento, de ofício, da ausência de uma das condições da ação que impedirá a análise da matéria, tudo em nome da celeridade processual e da efetividade da prestação jurisdicional'.[19]

Logo após a consolidação desse entendimento, o autor teve a experiência de promover uma distinção (*distinguishing*) de caso para desistência de recurso afetado pelo procedimento dos recursos especiais repetitivos. Isso se deu no REsp nº 1.111.148/SP (DJ*e* 8.3.2010) para aderir ao REFIS, ou seja, para fazer jus a benefício fiscal instituído por Lei.[20] Contudo, decidiu a 1ª Seção do STJ, à unanimidade, pela prevalência do interesse da coletividade sobre o interesse individual do recorrente quando movido pelo procedimento dos recursos especiais repetitivos (art. 543-C do CPC/1973).

Em maio de 2012, a Ministra Nancy Andrighi, condutora da tese impeditiva da desistência, em julgamento da 3ª Turma do STJ,

---

19. Merece destaque ainda: "[...] Sendo assim, a técnica de julgamento do recurso representativo da controvérsia não trata apenas do exame da admissibilidade do recurso, da amplitude de seu efeito devolutivo e da solução ao caso concreto, mas também de firmar objetivamente a tese vencedora de modo que sua aplicação seja possível aos demais processos sobrestados. Imaginar de forma diversa significaria sub utilizar o importante instrumento processual que foi criado justamente para multiplicar a velocidade de aplicação de uma tese jurídica sedimentada no Superior Tribunal de Justiça - STJ, imprimindo celeridade na prestação jurisdicional. De ver que importante parte da doutrina vislumbra nos processos com eficácia objetiva o alcance do efeito vinculante das decisões para além da sua parte dispositiva, ora através da fixação de uma "norma decisória concreta" a permitir a solução de casos semelhantes (o que entendo indubitavelmente ser o caso dos recursos representativos da controvérsia), ora abrangendo também os chamados "fundamentos determinantes" e os "*obiter dicta*" (Ives Gandra da Silva Martins e Gilmar Ferreira Mendes in "*Controle Concentrado de Constitucionalidade*". Ed. Saraiva, 2001, pp. 338 a 341)". Cf. EDREsp 1.213.082/PR, Fazenda Nacional *vs.* Beneficiamento Santo André Ltda., rel. Ministro Mauro Campbell Marques, 1ª Seção, DJ*e* 18.11.2011. Para registro, participaram do julgamento os Ministros Benedito Gonçalves, Cesar Asfor Rocha, Teori Albino Zavascki, Arnaldo Esteves Lima, Humberto Martins, Herman Benjamin e Napoleão Nunes Maia Filho.
20. Lei 11.941/2009, Art. 6º. O sujeito passivo que possuir ação judicial em curso, na qual requer o restabelecimento de sua opção ou a sua reinclusão em outros parcelamentos, deverá, como condição para valer-se das prerrogativas dos arts. 1º, 2º e 3º desta Lei, desistir da respectiva ação judicial e renunciar a qualquer alegação de direito sobre a qual se funda a referida ação, protocolando requerimento de extinção do processo com resolução do mérito, nos termos do inciso V do caput do art. 269 da Lei nº 5.869, de 11 de janeiro de 1973 – Código de Processo Civil, até 30 (trinta) dias após a data de ciência do deferimento do requerimento do parcelamento (pág. 7/13 do voto do Ministro Mauro Campbell). Foram interpostos embargos de declaração (DJ*e* 21.5.2010), os quais foram rejeitados, seguidos de novos embargos (DJ*e* 20.10.2010) e RE, o qual restou admitido (DJ*e* 17.3.2011).

ao apreciar o REsp nº 1.308.830/RS, deliberou no sentido de não homologar pedido de desistência formulado pelo Google Brasil Internet Ltda. em recurso especial, ampliando o entendimento da Corte Especial pela inadmissão de pedido de desistência formulado em sede de recurso especial repetitivo (art. 543-C do CPC/1973). Segundo Nancy Andrighi, "numa reflexão mais detida sobre o tema", vê-se que a premissa na realidade é válida de forma indistinta para o julgamento de todos os recursos especiais. Deve prevalecer, como regra, o direito de a parte desistir do recurso, "mas verificada a existência de relevante interesse público, pode o Relator, mediante decisão fundamentada, promover o julgamento do recurso especial para possibilitar a apreciação da respectiva questão de direito, sem prejuízo de, ao final, conforme o caso, considerar prejudicada a sua aplicação à hipótese específica dos autos".[21]

Alinhado o entendimento do STJ, entende-se pela possibilidade de se julgar o mérito do recurso para, em seguida, homologar eventual pedido de desistência do recurso especial repetitivo, que é permeado pelo interesse público, ou seja, perpassa o interesse das partes. Com a homologação do pedido de desistência, atende-se à satisfação das partes (interesse privado).[22]

---

21. REsp nº 1.308.830/RS, rel. Ministra Nancy Andrighi, Google Brasil Internet Ltda. *vs* Eduardo Bresolin. 3ª Turma, DJe 19.6.2012.

22. A passagem do voto do Ministro Luis Felipe Salomão no recurso especial 1.067.237/SP é oportuna: "Considerando-se que tanto o recurso especial como o recurso extraordinário (*stricto sensu*) são espécies do mesmo gênero de recursos (extraordinários *latu sensu*), não há razão, lógica ou jurídica, sobretudo após o advento da Lei nº 11.672 de 2008, para não se vislumbrar, em recursos especiais selecionados para o julgamento conforme o novel diploma, essa "dupla função", a de tutelar o direito infraconstitucional em tese e, apenas como via de consequência, as singularidades subjacentes. Essa é a genuína função das Cortes Superiores, sejam elas de jurisdição constitucional ou infraconstitucional. (...) A função precípua do STJ é a de ser o guardião do próprio Direito Federal. Portanto, desde que selecionado o recurso especial pelo relator, após observado o juízo de relevância peculiar ao procedimento, é de clareza meridiana a ocorrência de um "desprendimento" da controvérsia processual, abstratamente analisada, dos direitos subjetivos controvertidos no caso concreto. Tanto é verdade, que a simples seleção do recurso irradia efeitos a outros recursos que possuam 'idêntica questão de direito'. Se é assim, tanto a desistência desmotivada do recurso, quanto a realização de acordo entre as partes, ou mesmo a desistência da ação principal, quando se tratar de agravo de instrumento, qualquer uma delas realizadas posteriormente à "seleção" do recurso especial, não têm a virtualidade de afastar a principal finalidade desse tipo de procedimento, que é a tutela do direito infraconstitucional objetivo, esse já desprendido do direito subjetivo dos litigantes". REsp nº 1.067.237/SP, rel. Min. Luis Felipe Salomão, 2ª Seção, Alexandre Marinho de Paula vs. Caixa Econômica Federal – CEF, DJe 23.9.2009.

A Terceira Turma revisitou o tema, a partir de provocação do Ministro João Otávio de Noronha, que havia sido vencido isoladamente na Corte Especial na referida questão de ordem no REsp nº 1.063.343/RS (DJ*e* 4.6.2009). O debate foi travado no julgamento do recurso especial nº 1.370.698/SP.

A Terceira Turma deferiu a homologação do pedido de desistência, nos termos do voto do Ministro João Otávio de Noronha, acompanhado pelos Ministros Ricardo Villas Bôas Cueva e Maria Isabel Gallotti (convocada da Quarta Turma para desempatar o julgamento, em razão de impedimento do Ministro Sidnei Beneti). O Ministro Paulo de Tarso Sanseverino votou com a Ministra Nancy Andrighi, que advoga tese contrária à homologação da desistência. Para a Ministra, "o julgamento dos recursos submetidos ao STJ ultrapassa o interesse individual das partes e alcança toda a coletividade para a qual suas decisões irradiam efeitos". Noutro giro, a tese do Ministro Noronha sustenta que o STJ deve julgar a tese e depois homologar a desistência do recurso no caso específico: "a parte não deve permanecer em juízo porque o Tribunal tem de julgar a sua tese".[23]

◉ Seção 4: Idêntica questão de direito e a aplicação de decisões paradigmas

Os recursos especiais repetitivos levantam a seguinte problematização: há como aplicar uma decisão paradigma em todos os recursos com fundamento em idêntica questão de direito? As demandas no âmbito do sistema processual civil brasileiro têm idêntica questão de direito?[24]

Neil MacCormick entende que as regras não conseguem dirimir todas as controvérsias, ou seja, não resolvem tudo por si mesmas,

23. REsp nº 1.370.698/SP, Regina Célia Ribeiro Simões Apolinário *vs* Companhia de Bebidas das Américas – AMBEV, rel. Min. Nancy Andrighi, julgado em 21.11.2013. Acórdão pendente de publicação desde 9.3.2014.

24. Dispõe o art. 1.036 do CPC: "Sempre que houver multiplicidade de recursos extraordinários ou especiais com fundamento em idêntica questão de direito, haverá afetação para julgamento de acordo com as disposições desta Subseção, observado o disposto no Regimento Interno do Supremo Tribunal Federal e no Superior Tribunal de Justiça".

"pois problemas de classificação, de avaliação, de interpretação, de relevância e de prova podem surgir, e podem ser apontados pelas partes em processos de todos os tipos". Consigna o autor que uma vez problematizada a aplicação do Direito, os problemas que tiverem sido apontados (não importando qual tenha sido a parte a fazê-lo) terão que ser resolvidos. A questão é como resolvê-los.[25]

Os casos não são iguais. Um caso não é igual ao outro, pois não há como uma parte, um cidadão, uma empresa ser igual a outra. Também os fatos não são iguais. Cada qual apresenta suas particularidades. Para MacCormick, "qualquer incidente envolvendo duas ou mais pessoas será diferente de qualquer outro, ao menos no que diz respeito ao lugar e ao tempo, mas também frequentemente em relação às pessoas e a outras circunstâncias".[26]

Contudo, a problematização que se apresenta no caso dos recursos especiais repetitivos é no sentido da viabilidade da aplicação de uma decisão paradigma em todos os recursos com idêntica questão de direito, como dispõe o artigo 1.036 do CPC.[27] Em setembro de 2010, antes ainda do Código de 2015, Teori Albino Zavascki, em palestra proferida no 7º Seminário Ítalo-Ibero-Brasileiro no STJ, defendeu não ser possível no cenário jurídico brasileiro que *questões*

25. MACCORMICK, Neil. Retórica e Estado de Direito. Trad. Conrado Hübner Mendes. Rio de Janeiro: Elsevier, 2008, pág. 105.

26. MACCORMICK, Neil. Retórica e Estado de Direito. Trad. Conrado Hübner Mendes. Rio de Janeiro: Elsevier, 2008, pág. 106.

27. Luis Alberto Gurgel de Faria destaca uma passagem interessante para esse ponto: "Em palestras que profiro acerca do tema, sempre lembro o exemplo de dois servidores da Justiça Federal do Rio Grande do Norte que haviam ingressado com ações em que se postulava a concessão do reajuste de 84,32% em suas remunerações, índice referente ao Plano Collor (março/1990). Um teve a sorte de ter o seu caso julgado por uma turma favorável ao deferimento do percentual, havendo a União perdido o prazo recursal, de modo que houve trânsito em julgado. O outro teve o seu pedido analisado por turma distinta, que desacolheu a pretensão, igualmente se operando a coisa julgada. Fruto de uma verdadeira 'loteria', as decisões demonstravam como o sistema judicial poderia ferir a isonomia, pois servidores que ingressaram com ações idênticas, com cargos e atribuições iguais, passaram a ter salários bem diferentes. A instituição dos precedentes em nosso sistema pretende resolver tal problema". FARIA, Luis Alberto Gurgel de. *Os 30 anos do STJ e a importância do recurso especial repetitivo na efetivação da principal missão da corte: uniformizar a interpretação da Lei Federal.* BRASIL. Superior Tribunal de Justiça. Doutrina: edição comemorativa: 30 anos do STJ. Brasília: Superior Tribunal de Justiça, 2019, p. 1012. Disponível em: https://bdjur.stj.jus.br/jspui/handle/2011/131432. Acesso em: 20.12.2023.

repetitivas, essencialmente de direito, sejam julgadas individualmente, de forma artesanal.[28]

Na ocasião, Teori Zavascki destacou como exemplo de *questões repetitivas essencialmente de direito* a decisão da 1ª Seção do Superior Tribunal de Justiça reconhecendo a legalidade do repasse de PIS/Cofins ao custo de energia elétrica no recurso especial repetitivo nº 1.185.070-RS. Essa decisão, segundo Zavascki, sozinha, resolveu questão de direito que afetava cerca de um milhão de ações somente no estado do Rio Grande do Sul.

A questão jurídica central nesse caso diz respeito à legitimidade do repasse, às faturas de energia elétrica a serem pagas pelos consumidores, do valor correspondente às contribuições do PIS e da Cofins incidentes sobre o faturamento das empresas concessionárias. Entendeu o STJ que o repasse de tributos para o valor da tarifa não segue o regime tributário da responsabilidade tributária, mas, sim, ao edital, ao contrato de concessão, aos atos de regulação do setor e ao Código de Defesa do Consumidor. O repasse tem respaldo no regime de concessão e permissão de prestação de serviços públicos, Lei nº 9.472/97. Esse entendimento foi embasado em decisão do Superior Tribunal de Justiça no REsp 976.836/RS relativo ao repasse das contribuições do PIS e da Cofins em relação às tarifas de telefonia.

As contas de energia elétrica atingem cidadãos, empresas, órgãos, todos com suas diferenças, mas a questão de direito é idêntica, qual seja: é legítimo o repasse às faturas de energia elétrica do valor correspondente às contribuições de PIS e da Cofins incidentes sobre o faturamento das empresas concessionárias. Essa é a *ratio* da decisão. Não há súmula. Não há súmula vinculante. Os fatos e as circunstâncias no cotidiano de cada consumidor são diferentes, mas a questão de direito, nesse caso, é idêntica para todos.

A *ratio* é a diretriz para a uniformidade de entendimento nas demandas de massa. É a diretriz do acórdão paradigma. Na doutrina dos precedentes, tem-se a *ratio decidendi* (*holding*) com várias

28. Palestra proferida no Auditório do Superior Tribunal de Justiça em 24 de setembro de 2010. Em vigor, na ocasião, o art. 543-C do CPC de 1973: "...com fundamento em idêntica questão de direito...".

definições. Neil MacCormick aponta a *ratio decidendi* como uma "justificação formal explícita ou implicitamente formulada por um juiz, e suficiente para decidir uma questão jurídica suscitada pelos argumentos das partes, questão sobre a qual uma resolução era necessária para a justificação da decisão do caso".[29]

Ademais, como acentua Taruffo,[30] a noção de *ratio decidendi* é por si ambígua. Fazendo referência à obra de Gorla (*Precedente giudiziale*), além de outros, o autor é expresso ao afirmar: "Na verdade, existem diferentes versões dela (sobre ou conceito de *ratio decidendi*) na mesma doutrina da *common law*, portanto, parece arriscado usar essa noção como uma ferramenta analítica para obter uma definição do que é eficaz como precedente." (tradução nossa)[31]. Luiz Guilherme Marinoni reforça essa ideia em sua obra sobre precedentes, apontando que "não há sinal de acordo, no *common law*, acerca de uma definição de *ratio decidendi* ou mesmo um método capaz de permitir sua identificação"[32]. Há, de fato, várias definições para esse conceito[33].

29. MACCORMICK, Neil. Retórica e Estado de Direito. Trad. Conrado Hübner Mendes. Rio de Janeiro: Elsevier, 2008, págs. 203-204. Prossegue MacCormick que a *ratio* "é uma função da decisão e da justificativa oferecidas por um juiz para tal decisão. Desse modo, podem existir múltiplas *rationes*. Um juiz pode achar necessário formular uma solução em mais de um ponto em questão. Além disso, uma Corte de Apelações, com vários juízes, pode haver várias *rationes*, e se os juízes produzem votos concorrentes ou dissidentes, diferentes juízes podem tomar diferentes linhas mesmo que em favor da mesma decisão concreta entre as partes do caso. Em alguns casos, muitos juízes podem convergir numa opinião majoritária comum. Em outros, pode ser possível construir uma única solução composta, enquanto produto lógico das muitas *rationes* dos juízes. Em outros, ainda, não haverá uma *ratio* comum de um caso julgado por um tribunal colegiado. Haverá um conjunto de soluções possíveis para a questão, cada uma com justificativas que a apoiam como a melhor para este caso e outros semelhantes. Pode-se dizer que, se todas oferecidas são mutuamente consistentes, todas deveriam ser seguidas ao menos no sentido de não serem contraditadas no futuro. Isso provavelmente não permitirá, porém, muita coerência ao longo do tempo e, nesse sentido, todas devem ser consideradas persuasivas, e cortes futuras serão livres para desenvolver qualquer uma à luz de novas considerações".

30. Analisei a questão da *ratio* em artigo conjunto sobre a teoria de precedentes no Brasil. Cf. OLIVEIRA. André Macedo; NERY, Rodrigo; CORRÊA, Luísa Rocha. Existe uma teoria de precedentes no Brasil? Reflexões sob o olhar de Michele Taruffo.

31. "*Ne esistono infatti versioni diverse* (sobre o conceito de *ratio decidendi*) *nella stessa dottrina di common law, sicché pare arrischiato usare questa nozione come strumento analitico per ottenere una definizione di ciò che ha efficacia di precedente*." (Ibidem, 420).

32. MARINONI, Luiz Guilherme. Precedentes obrigatórios. 6. ed. rev., atual. e ampl. São Paulo: Thomson Reuters Brasil, 2019, p. 161.

33. Sobre o tema, cf. OLIVEIRA, André Macedo de. Recursos especiais repetitivos. Brasília-DF: Gazeta Jurídica, 2015, p. 139-141.

Antes mesmo de Marinoni, Neil Duxbury já afirmava que "*Jurists, we will see, have been unable to agree on either a definition of or a test for identifying the ratio decidendi, and the use of the concept in the courts has been, in the words of one legal philosopher, 'both cripled and inconsistent'*"[34].

Com efeito, de maneira aqui sintetizada, para Duxbury, a pergunta sobre o porquê de o conceito de *ratio decidendi* deixar tantos juristas confusos teria ao menos seis principais respostas, que são as seguintes: (i) a dificuldade de diferenciar *ratio decidendi* de *obiter dicta*, haja vista que, segundo o autor, esses dois conceitos "*often blur into one another*"[35]; (ii) a constatação de que em algumas decisões é impossível localizar a *ratio decidendi* e separá-la da *obiter dicta*, pelo fato de que há decisões das quais não é possível extrair uma *ratio decidendi*[36]; (iii) a ocorrência de decisões que possuem múltiplos fundamentos determinantes, em alguns casos contraditórios e até equivocados em face da própria conclusão[37]; (iv) a dúvida hermenêutica sobre quem produz a *ratio*: se é a corte que produz o julgado do qual se extrai a *ratio* ou o próximo magistrado ou corte que irá "aplicar" esse precedente (*"Is the ratio of case 'the court's own version of the rule of the case' or what the case 'will be made to stand for by another later court'?"*)[38]; (v) a simplificação do conceito de *ratio decidendi* como "*reason for the decision*" ou "*reason for deciding*", o que o simplificaria ao extremo[39]; (vi) a existência de uma grande dificuldade em determinar a *ratio*, algo que é diverso do que simplesmente conceituar o que seria essa *ratio*[40].

Nessa esteira, Jorge Amaury Maia Nunes destaca as cinco definições mais comuns na literatura jurídica inglesa, que mostram, segundo o autor, a dimensão da dificuldade na prática que esse tema pode assumir:

---

34. DUXBURY, Neil. *The Nature and Authority of Precedent*. Cambridge: Cambridge University Press, 2008, p. 69.
35. Idem.
36. Ibidem, p. 71-72.
37. Ibidem, p. 73.
38. Ibidem, p. 74.
39. Ibidem, p. 75-76.
40. Idem.

> a) a regra de direito explicitamente estabelecida pelo juiz como base de sua decisão, isto é, a resposta explícita à questão de direito do caso;
>
> b) a razão explicitamente dada pelo juiz para decisão, isto é, a dada pelo juiz para decisão, ou seja, a justificação explícita para a resposta dada à questão do caso;
>
> c) a regra de direito implícita nas razões do juiz para justificação de sua decisão, isto é, a resposta implícita à questão de direito do caso;
>
> d) a razão implicitamente dada pelo juiz para decisão, isto é, a justificação implícita para a resposta dada à questão do caso;
>
> e) a regra de direito na qual se fundamenta o caso ou se cita como autoridade para um posterior intérprete, isto é, a resposta dada à questão de direito do caso.[41]

Identificada a *ratio*, vê-se que em todas essas demandas, que no caso são demandas de massa, identifica-se uma universalização. Há uma uniformidade nesse ponto específico – *repasse para as faturas de energia elétrica do valor correspondente às contribuições de PIS e da Cofins* –, que é repetido em inúmeras ações e requer uma racionalização. É a universalização das idênticas questões de direito para as demandas de massa por meio dos recursos especiais repetitivos. Não há que se questionar, nas milhares de ações no estado do Rio Grande do Sul, sobre essa incidência de PIS e da Cofins. Os fatos devem ser apreciados pelos magistrados de primeiro e segundo grau. A questão de direito já está uniformizada pelo Superior Tribunal de Justiça. Assim, a provocação inicial é concreta. Há matérias e recursos múltiplos com idêntica questão de direito.

Com apoio em MacCormick, Michele Taruffo advoga que decisão proferida em "precedente" seja "universalizável".[42] O que se verifica

---

41. NUNES, *Segurança jurídica e súmula vinculante*, págs. 124-125. Cf. ainda: TARUFFO, Michele. Precedente e giurisprudenza. *Revista trimestrale di diritto e procedura civile*, v. 61, n. 3, sett. 2007, p. 715: "*In proposito la dottrina del precedente distingue tra ratio decidendi, ossia la regola di diritto che è stata posta a direto fondamento dela decisione sui fatti specifici del caso, e obiter dictum, ossia tutte quelle affermazioni ed argomentazioni che sono contenute nella motivazione della sentenza ma che, pur potendo essere utili per la comprensione della decisione e dei suoi motivi, tuttavia non costituiscono parte integrante del fondamento giuridico della decisione*".

42. TARUFFO, *Precedente e giurisprudenza*, págs 710-711: "*Per altro verso, e si trata forse del profilo più relevante, la decisione resa sul caso precedente può spiegare effetti in qualche modo prescrittivi o normativi sulla decisione del caso sucessivo soltanto a condizione che dal precedente specifico*

nos recursos especiais repetitivos, apoiando-se em MacCormick, é a universalização de casos para certas classes, ou para aqueles que satisfazem "certos predicados". Uma proposição normativa universal, por exemplo, de que "toda mãe deve criar e cuidar de todos os seus filhos" não tem caráter absoluto. Segundo MacCormick,

> há casos emblemáticos envolvendo a incapacidade auto-infligida de uma mãe natural cuidar adequadamente de seu filho, ou casos em que ela deseja dar seu filho para adoção, ou casos de trocas de crianças, ou problemas envolvendo acordos de gravidez substituta. Isso nos mostra que o princípio de atribuição dos bebês às suas mães naturais deixa de se aplicar, porque relações e circunstâncias adicionais se puseram em jogo de modo a fazer diferença em relação àquilo que parece ser um julgamento apropriado.[43]

Para cada caso há uma decisão. Contudo, não cabe ao Poder Judiciário quedar-se inerte na uniformização do entendimento relativo à matéria com idêntica questão de direito. Esse é o propósito dos recursos especiais repetitivos, alinhado ao papel constitucional do Superior Tribunal de Justiça de uniformização da legislação federal no Brasil. Como já referido por Teori Zavascki, essa decisão paradigma do STJ em matéria idêntica atingiu cerca de um milhão de processos somente no estado do Rio Grande do Sul. Isso, por si, corrobora para a tese da universalização, na linha exposta por MacCormick.

Outros casos que se encontram no regime dos recursos especiais repetitivos no Superior Tribunal de Justiça vão ao encontro da universalização e uniformidade de entendimento para as demandas de massa. Os recursos especiais 1.197.929/PR e 1.199.782/PR têm de um lado o Banco do Brasil e de outro, cada qual, um consumidor. A questão central objeto da controvérsia dizia respeito à responsabilidade da instituição financeira por negativação do nome de consumidor, em decorrência de abertura de conta bancária mediante utilização de documentos falsos. Esse recurso teve origem em decisão do Tribunal de Justiça do Estado do Paraná:

---

possa derivarsi una regola applicabile anche ad altri casi, ossia – per dirla con MacCormick – a condizione che la decisione formulata in diritto sul caso precedente sia universalizzabile".

43. MACCORMICK, Neil. Retórica e Estado de Direito. Trad. Conrado Hübner Mendes. Rio de Janeiro: Elsevier, 2008, pág. 117.

> APELAÇÃO CÍVEL – AÇÃO DE INDENIZAÇÃO POR DANO MORAL – ABERTURA DE CONTA CORRENTE POR TERCEIRO – APRESENTAÇÃO DE DOCUMENTOS ORIGINAIS DO AUTOR – SIMILITUDE DAS ASSINATURAS – CAUTELA E BOA-FÉ DA INSTITUIÇÃO FINANCEIRA – RESPONSABILIDADE OBJETIVA AFASTADA – CULPA EXCLUSIVA DA VÍTIMA OU DE TERCEIRO. SENTENÇA MANTIDA.
>
> Tendo restado comprovado que a instituição financeira agiu cautelosamente e de boa-fé, no momento da abertura da conta bancária, exigindo todos os documentos daquele com quem contratou e verificando diligentemente os dados que lhe foram apresentados, há de ser afastada a sua responsabilidade objetiva por culpa exclusiva da vítima ou de terceiro (art. 14, § 3º, II, do Código de Defesa do Consumidor). RECURSO CONHECIDO E NÃO PROVIDO.

A 2ª Seção do STJ, acompanhando o Ministro Luis Felipe Salomão, relator, definiu a tese, na ocasião, que "as instituições bancárias respondem objetivamente pelos danos causados por fraudes ou delitos praticados por terceiros – como, por exemplo, abertura de conta-corrente ou recebimento de empréstimos mediante fraude ou utilização de documentos falsos – porquanto tal responsabilidade decorre do risco do empreendimento, caracterizando-se como fortuito interno".[44]

Decidiu o STJ a tese em matéria de direito que afeta múltiplos recursos sobre a responsabilidade objetiva das instituições bancárias em casos de abertura de conta-corrente, recebimento de empréstimos mediante fraude ou utilização de documentos falsos. Essa é a *ratio* da decisão paradigma. Após essa decisão, está balizada para todos os Tribunais de segundo grau do País a questão de direito relativa à responsabilidade objetiva dos bancos nesses casos. Se houve ou não fraude. Qual o dano. Quais as consequências e implicações para os consumidores. Todos esses pontos serão decididos nas instâncias de primeiro e segundo graus competentes, sem, contudo, revolver a tese já firmada e consolidada em recurso especial repetitivo sobre a responsabilidade objetiva.

---

44. https://ww2.stj.jus.br/revistaeletronica/Abre_Documento.asp?sSeq=1084397&sReg=201001113250&sData=20110912&formato=PDF; e https://ww2.stj.jus.br/revistaeletronica/Abre_Documento.asp?sSeq=1084398&sReg=201001193828&sData=20110912&formato=PDF. Acesso em: 15.12.2023.

É de conhecimento geral, como adverte Luis Alberto Gurgel de Faria, que a principal missão do STJ é uniformizar a interpretação da lei federal, o que já é realizado pelo recurso especial. E como o repetitivo pode contribuir para a "efetivação de tal desiderato? Chegamos, assim, ao âmago da questão proposta, a ser desenvolvida a partir da interpretação de que o recurso especial repetitivo forma um precedente e, como tal, tem força vinculante, a ser respeitada não só em termos horizontais, no âmbito dos órgãos judicantes do próprio Tribunal da Cidadania, como também verticais, isto é, pelos tribunais de justiça, tribunais regionais federais e juízes respectivos, sujeitos à sua jurisdição".[45]

⊙ Seção 5: A legitimidade das decisões do STJ em recursos repetitivos

Os procedimentos dos recursos especiais repetitivos permitem a manifestação de pessoas, órgãos ou entidades com interesse na controvérsia. O relator do recurso especial submetido ao rito dos repetitivos poderá autorizar a manifestação de pessoas, órgãos ou entidades com interesse na controvérsia. Essa faculdade, e não obrigatoriedade do relator, está prevista no inciso I do art. 1.038 do Código de Processo Civil de 2015 e no art. 256-J do RISTJ, incluído pela Emenda Regimental nº 24 de 2016, que estabeleceu os procedimentos relativos ao processamento e julgamento de recursos especiais repetitivos.[46]

Não é diferente o poder do relator nos recursos extraordinários. Aplica-se à Suprema Corte, assim como no STJ, o disposto no art. 1.038, I, do Diploma Processual Civil. Há também previsão expressa no Regimento Interno do STF que permite ao Relator admitir a

45. FARIA, Luis Alberto Gurgel de. *Os 30 anos do STJ e a importância do recurso especial repetitivo na efetivação da principal missão da corte: uniformizar a interpretação da Lei Federal.* BRASIL. Superior Tribunal de Justiça. Doutrina: edição comemorativa: 30 anos do STJ. Brasília: Superior Tribunal de Justiça, 2019, p. 1011. Disponível em: https://bdjur.stj.jus.br/jspui/handle/2011/131432. Acesso em: 20.12.2023.

46. Art. 256-J. O relator poderá solicitar informações aos Tribunais de origem a respeito da questão afetada e autorizar, em decisão irrecorrível, ante a relevância da matéria, a manifestação escrita de pessoas naturais ou jurídicas, órgãos ou entidades especializadas, com representatividade adequada, a serem prestadas no prazo improrrogável de quinze dias.

manifestação de terceiros na questão, bem como está previsto no art. 21, XVIII, do RISTF. Do mesmo modo, no procedimento da edição, revisão ou cancelamento de enunciado de súmula vinculante, o disposto no §2º, do art. 3º, da Lei n. 11.417/2006, assenta ser possível a participação de terceiros. Essas manifestações trazem na sua essência a democratização do debate para a consolidação das teses em matéria repetitiva. A discussão ultrapassa o caráter *inter partes* alcançando a coletividade.[47]

A faculdade de admitir o *amicus curiae* deverá ser balizada conforme a "relevância da matéria", a ser considerada pelo relator do processo. A admissão da manifestação de pessoas, órgãos ou entidades é avaliada pelo interesse na controvérsia. Muito se assemelha à chamada pertinência temática prevista nas ações diretas de inconstitucionalidade e ações declaratórias de constitucionalidade. Contudo, peca o legislador ao permitir ao relator decidir da manifestação ou não. De toda sorte, a faculdade do relator pode se tornar rotina, de modo a permitir obrigatoriamente a manifestação, contribuindo para a legitimação da tese objeto do recurso especial repetitivo. A abertura do debate e a manifestação de pessoas, órgãos ou entidades contribuirão para a maturação das discussões que permeiam os precedentes a serem consolidados nos recursos especiais repetitivos.

O Supremo Tribunal Federal abriu espaço para manifestação daqueles que possuem interesse na controvérsia, no julgamento das teses relativas à união estável de pessoas do mesmo sexo, anencefalia, cotas raciais nas universidades públicas, células-tronco e demarcação de terras indígenas em Roraima-RR, conhecido como o caso "raposa serra do sol", destacando-se a sustentação oral da "advogada-índia", Joênia Batista de Carvalho, na tribuna do plenário do S TF.[48] Contudo,

---

47. ANDRIGHI, Fátima Nancy. *Recursos repetitivos*. Revista de Processo, v. 35, n. 185, Jul. 2010, pág. 277.

48. A nota é longa, mas o registro é oportuno: "Pela primeira vez na história do Supremo, um índio sobe à tribuna para fazer uma sustentação oral. A estreia é de uma mulher: a advogada Joênia Batista de Carvalho, do povo Wapichana. Pouco antes de falar aos 11 ministros, ela relia os pontos do texto escrito à mão, com algumas rasuras. Ali estava a defesa dos cerca de 19 mil índios que desejam viver na área integral da Raposa Serra do Sol.

'Será a primeira sustentação que eu faço, e logo no Supremo', dizia a advogada, nervosa, pouco antes de chegar ao microfone. Ela conta que foi a primeira índia a se tornar advogada no Brasil e está acostumada a fazer audiências, mas dessa vez é diferente. "Eu serei a voz dos índios na mais alta Corte do Brasil", resumiu.

o STJ mostra-se mais refratário quanto à possibilidade de o *amicus curiae* realizar sustentação oral.

Em questão de ordem decidida pela Corte Especial em 17 de agosto de 2011, deliberou-se no STJ que a Corte possui a faculdade de admitir ou não a realização de sustentação oral pelo *amicus curiae*. Esse é o entendimento consubstanciado no recurso especial nº 1.205.946/SP, da relatoria do Ministro Benedito Gonçalves. Requereram o ingresso nesse recurso especial o estado do Rio Grande do Sul, o Sindicato dos Trabalhadores Federais da Saúde, Trabalho e Previdência no Estado do Rio Grande do Sul-SINDISPREV/RS, a Confederação Nacional dos Servidores Públicos - CNPS, a Associação Nacional dos servidores do Poder Judiciário - CNSP e a União.[49]

Os debates orais dos ministros na sessão da Corte Especial do STJ foram no sentido da falta de previsão legal no texto da lei e na resolução do Superior Tribunal de Justiça. Nesse acórdão, não há a fundamentação da questão de ordem proibindo a sustentação oral. Dos 15 ministros da Corte Especial, oito votaram no sentido da falta de previsão legal para sustentação oral do *amicus curiae* e sete pelo

---

Até hoje, poucos colegas de trabalho vieram de tribos. 'Somos cerca de vinte formados no País inteiro, e apenas sete têm carteira da Ordem dos Advogados do Brasil', informa. Joênia reconhece que "advoga em causa própria" a maior parte do tempo. Isso porque ela trabalha no Conselho Indígena de Roraima (CIR). 'Meu trabalho eu faço por amor, porque minha família e meu povo precisam disso. Estou defendendo uma terra que é minha, para a qual pretendo voltar depois desse tempo na cidade', afirma.

Esse 'tempo na cidade' começou quando a menina índia tinha oito anos de idade e a família a levou para estudar em Boa Vista. Foi boa aluna no ensino fundamental e passou no vestibular de Direito na Universidade Federal de Roraima. 'Naquela época não havia cotas', lembra. Durante o curso, ela começou a trabalhar com os direitos dos índios, área em que atua desde então. Em casa, ela já ouve Cristina, a filha de 13 anos, dizer que quer seguir os seus passos. "Eu darei apoio à profissão que meus filhos escolherem, porque as tribos precisam de profissionais como médicos, advogados e tantos outros", destaca.

Para ela, a Constituição é uma das melhores em garantias aos índios, e trouxe inovações em relação à anterior. 'Temos um bonito texto, agora precisamos detalhá-la para funcionar melhor, adverte." Cf. o inteiro teor da notícia "*Supremo ouve sustentação da advogada-índia*" em http://www.stf.jus.br/portal/cms/verNoticiaDetalhe.asp?idConteudo=95042. Acesso em: 20.12.2013.

49. "Em questão de ordem, a Corte Especial, por maioria, firmou a orientação de não reconhecer o direito do *amicus curiae* de exigir a sua sustentação oral no julgamento de recursos repetitivos, a qual deverá prevalecer em todas as Seções. Segundo o voto vencedor, o tratamento que se deve dar ao *amicus curiae* em relação à sustentação oral é o mesmo dos demais atos do processo: o STJ tem a faculdade de convocá-lo ou não. Se este Superior Tribunal entender que deve ouvir a sustentação oral, poderá convocar um ou alguns dos *amici curiae*, pois não há por parte deles o direito de exigir sustentação oral." QO no REsp 1.205.946-SP, Rel. Min. Benedito Gonçalves, em 17/8/2011 (Informativo nº 481).

direito à sustentação.[50] Ressalta-se que essa decisão foi proferida ainda sob a égide do Código de Processo Civil de 1973, época em que inexistia previsão semelhante à do atual art. 138, § 2º, do CPC/2015, que, hoje, expressamente autoriza o relator a definir os poderes e as atribuições do *amici curiae*.

As decisões em recursos especiais repetitivos vão além do interesse subjetivo dos litigantes. Atingem milhares de relações jurídicas, o que corrobora com a concretização da utilização dessa forma de participação social e, consequentemente, promove a legitimidade da *ratio* dessas decisões no cenário jurídico brasileiro. O modelo individualista do Código de Processo Civil de 1973 deu lugar ao interesse público. Com os recursos especiais repetitivos, tenta alinhar-se à realidade das demandas de massa.

Nesse sentido, é necessária ser aprimorada a participação de terceiros interessados no procedimento dos recursos especiais repetitivos. Pode-se espelhar no procedimento admitido no âmbito da ação direta de inconstitucionalidade (ADIn)[51]; da ação declaratória de constitucionalidade (ADC), que, por possuir natureza idêntica à ADIn, deve utilizar-se do mesmo procedimento; e da arguição de descumprimento de preceito fundamental (ADPF), nas quais os *amici curiae* tanto podem apresentar manifestação escrita como fazer sustentação oral (art. 6º, §§ 1º e 2º, da Lei nº 9.882/99).[52]

---

50. Quanto à questão de ordem, foram votos vencedores os Srs. Ministros Cesar Asfor Rocha, Felix Fischer, Gilson Dipp, Francisco Falcão, Nancy Andrighi, Laurita Vaz, Teori Albino Zavascki e Castro Meira. Vencidos os Srs. Ministros João Otávio de Noronha, Arnaldo Esteves Lima, Massami Uyeda, Humberto Martins, Maria Thereza de Assis Moura, Benedito Gonçalves e Ari Pargendler (REsp 1.205.946/SP, Fazenda do Estado de São Paulo *vs.* Magdalena Masagão Romero e Outros, relatoria do Ministro Benedito Gonçalves, DJe 2.2.2012.

51. "Quanto à atuação do *amicus curiae*, após ter entendido que ela haveria de limitar-se à manifestação escrita, houve por bem o Tribunal admitir a sustentação oral por parte desses peculiares partícipes do processo constitucional. Em 30-3-2004, foi editada Emenda Regimental 599, que assegurou aos *amici curiae*, no processo de ADI, o direito de sustentar oralmente pelo tempo máximo de quinze minutos, e, ainda, quando houver litisconsortes não representados pelo mesmo advogado, pelo prazo contado em dobro." MENDES, Gilmar Ferreira; GONET, Paulo Gustavo. *Curso de Direito Constitucional*. São Paulo: Saraiva, 2019, pág. 1348.

52. "Independentemente das cautelas que hão de ser tomadas para não inviabilizar o processo, deve-se anotar que tudo recomenda que, tal como na ação direta de inconstitucionalidade e na ação declaratória de constitucionalidade, a arguição de descumprimento de preceito fundamental assuma, igualmente, uma feição pluralista, com a participação de *amicus curiae*. Tal como na ADI e na ADC, os *amici curiae* tanto podem apresentar manifestação escrita como fazer sustentação oral (art. 6º, §§ 1º e 2º da Lei n. 9.882/99)." MENDES, Gilmar Ferreira; GONET, Paulo Gustavo. *Curso de Direito Constitucional*. São Paulo: Saraiva, 2019, pág. 1469.

A Lei nº 9.868/99, que positivou a possibilidade da intervenção da figura do *amicus curiae* no processo objetivo da ação direta de inconstitucionalidade, dispõe em seu art. 7º, § 2º, que o relator, considerando a relevância da matéria e a representatividade dos postulantes, poderá, por despacho irrecorrível, admitir a manifestação de outros órgãos ou entidades. É cediço que o propósito do legislador com a figura do *amicus curiae* foi buscar o aprimoramento das decisões proferidas pelo Supremo Tribunal Federal, visando à pluralização do debate constitucional, como medida de reforço da legitimidade das decisões.

Esse propósito foi consolidado no julgamento da ADIn 2.130, como se depreende da manifestação do voto do Ministro Celso de Mello, no qual afirmou que a admissão de terceiro, na condição de *amicus curiae*, "qualifica-se como fator de legitimação social das decisões da Suprema Corte, enquanto Tribunal Constitucional, pois viabiliza, em obséquio ao postulado democrático, a abertura do processo de fiscalização concentrada de constitucionalidade, em ordem a permitir que nele se realize, sempre sob uma perspectiva eminentemente pluralística, a possibilidade de participação formal de entidades e de instituições que efetivamente representem os interesses gerais da coletividade ou que expressem os valores essenciais e relevantes de grupos, classes ou extratos sociais". Para o Ministro Celso de Mello, a intervenção processual do *amicus curiae* "tem por precípua finalidade pluralizar o debate constitucional".[53]

Nessa esteira, o Ministro Gilmar Mendes, em voto proferido na ADIn 2.548, ponderou que a participação do colaborador da Corte confere um "colorido diferenciado" ao processo. Segundo ele, "a admissão de *amicus curiae* confere ao processo um colorido diferenciado, emprestando-lhe caráter pluralista e aberto, fundamental para o reconhecimento de direitos e a realização de garantias constitucionais em um Estado Democrático de Direito".[54] Na mesma linha, o Ministro Cezar Peluso, ao ponderar que a figura do *amicus curiae* é um valioso canal aberto para a "participação de membros do corpo social interessados no processo de tomada de decisão da

53. ADI nº 2.130-MC, rel. Ministro Celso de Mello, DJ de 02.02.2001.

54. ADI 2548/PR, rel. Ministro Gilmar Mendes, DJ 24.10.2005.

Corte, em reforço da legitimidade e do caráter plural e democrático da atividade exercida pelo julgador".[55]

Consigna Jorge Amaury Maia Nunes que o amigo da Corte é alguém que acredita que a decisão do Tribunal pode afetar interesse seu ou de terceiros. Não se trata de tutelar os interesses das partes ou de terceiros, "eventualmente não representados no processo, mas sim de assegurar o prestígio da Corte, objetivando impedir que proferisse decisões equivocadas".[56] Para o professor,

> "essa peculiar figura provavelmente surgiu no direito inglês medieval e era caracterizada pelo fato de mostrar-se como um sujeito neutro que, a pedido da Corte, atuava no processo, visando a fornecer-lhe informações, subsídios, que permitissem uma análise mais acurada dos fatos controvertidos. (...) Nos Estados Unidos, cujo direito é ligado ao direito inglês em decorrência de óbvias razões históricas, o amicus curiae sofreu forte transformação dado que, lá, a sua atuação faz-se ou na defesa do interesse de terceiros não representados no processo ou, mesmo, na defesa de interesses de uma das partes (embora não deva, a rigor, ter relação com as partes em litígio) quando esse interesse coincida, v.g. com a distribuição de competência entre as unidades da federação, fundamentada na Constituição. Em princípio, a atuação do amicus curiae, nos Estados Unidos, fazia-se apenas na defesa do interesse público. Modernamente, entretanto, esse caráter restritivo não mais se faz presente, basta que haja um interesse, ainda que indireto, na solução da demanda, para que o terceiro emita sua opinião jurídica e seja ouvido pela Corte".

É evidente que os efeitos da ação direta de constitucionalidade, da ação declaratória de constitucionalidade e da arguição de descumprimento de preceito fundamental são diferentes de um recurso

---

55. ADI nº 3.474, rel. Ministro Cezar Peluso, DJ 19.10.2005.

56. NUNES, Jorge Amaury Maia Nunes. Mandado de injunção e *amicus curiae*. In: *Mandado de injunção*: estudos sobre sua regulamentação. MENDES, Gilmar Ferreira; VALE, André Rufino do; QUINTAS, Fábio Lima (orgs.). – São Paulo: Saraiva, 2013, pág. 504 e segs. Outro importante estudo do autor sobre o *amicus curiae*, com destaque para a Arguição de Descumprimento de Preceito Fundamental – ADPF e exaustivo trabalho de pesquisa de jurisprudência relativo à participação do 'Amigo da Corte' nos processos do STF: NUNES, Jorge Amaury. A participação do *amicus curiae* no procedimento de arguição de descumprimento de preceito fundamental – ADPF. *Revista Direito Público*, vol. 1, n. 20, mar-abr/2008, pp. 47-64.

submetido ao regime dos recursos repetitivos, mas o instituto do *amicus curiae* favorece a interferência de uma pluralidade de sujeitos e argumentos nas ações pois possibilita o acesso a diversas perspectivas na apreciação da legitimidade de um determinado ato questionado.

A participação de diferentes grupos em processos judiciais cumpre função de integração de extrema relevância no Estado de Direito. Nesse sentido, inclusive, numa perspectiva constitucional, Peter Häberle defende a ampliação dos instrumentos de informação dos juízes constitucionais, em relação às audiências públicas e às intervenções de interessados, assegurando-se formas de participação das potências públicas pluralistas, enquanto intérpretes em sentido amplo da Constituição.[57]

O Supremo Tribunal Federal, a partir de 2009, acrescentou nas atribuições do relator – não apenas para as ações de caráter objetivo – a convocação de audiência pública para ouvir o depoimento de pessoas com experiência e autoridade em determinada matéria, sempre que entender necessário o esclarecimento de questões ou circunstâncias de fato, com repercussão geral ou de interesse público relevante.[58]

O caráter público das teses, das questões levantadas para uniformização em recursos especiais repetitivos demandam uma discussão apurada, e essa abertura poderá trazer novos pontos e uma maior maturação da tese por parte dos Ministros julgadores. As audiências não devem ter um caráter apenas de sustentações orais de advogados. É o momento da abertura do debate para os Institutos, grupos de pesquisa, sociedade civil, professores, empresas.

No âmbito do Supremo Tribunal Federal, a primeira audiência pública realizada possuía como objeto a ADI nº 3510. A tese central

57. HÄBERLE, Peter. *Hermenêutica Constitucional. A sociedade aberta dos intérpretes da Constituição:* contribuição para a interpretação pluralista e "procedimental" da Constituição. Tradução de Gilmar Ferreira Mendes. Porto Alegre: Sergio Antonio Fabris Editor, 1997, págs. 47-48.

58. Cf. regimento interno do Supremo Tribunal Federal, que, em seu art. 21, dispõe como atribuições do relator: "(...) XVII – convocar audiência pública para ouvir o depoimento de pessoas com experiência e autoridade em determinada matéria, sempre que entender necessário o esclarecimento de questões ou circunstâncias de fato, com repercussão geral ou de interesse público relevante (atualizado com a introdução da emenda regimental 29/2009)".

da ação direta era a de que a vida humana acontece na, e a partir da, fecundação.[59] A motivação do Ministro Carlos Ayres Britto para a convocação da audiência pública era subsidiar os Ministros do STF e a oportunidade de uma maior participação da sociedade civil no "enfrentamento da controvérsia constitucional, o que certamente legitimará ainda mais a decisão a ser tomada":

> 4. Daqui se deduz que a matéria veiculada nesta ação se torna de saliente importância, por suscitar numerosos questionamentos e múltiplos entendimentos a respeito da tutela do direito à vida. Tudo a justificar a realização de audiência pública, a teor do § 1º do artigo 9º da Lei nº 9.868/99. Audiência, que, além de subsidiar os Ministros deste Supremo Tribunal Federal, também possibilitará uma maior participação da sociedade civil no enfrentamento da controvérsia constitucional, o que certamente legitimará ainda mais a decisão a ser tomada pelo Plenário desta nossa colenda Corte.
>
> 5. Esse o quadro, determino:
>
> a) a realização de audiência pública, em data a ser oportunamente fixada (§ 1º do art. 9º da Lei nº 9.868/99);
>
> b) a intimação do autor para apresentação, no prazo de 15 (quinze) dias, do endereço completo dos expertos relacionados às fls. 14;
>
> c) a intimação dos requeridos e dos interessados para indicação, no prazo de 15 (quinze) dias, de pessoas com autoridade e experiência na matéria, a fim de que sejam ouvidas na precitada sessão pública. Indicação, essa, que deverá ser acompanhada da qualificação completa dos expertos.
>
> Publique-se.

---

59. Cuida-se de ação direta de inconstitucionalidade, proposta pelo Procurador-Geral da República, tendo por alvo o artigo 5º e parágrafos da Lei nº 11.105, de 24 de março de 2005. Ação pela qual o Chefe do *Parquet* Federal sustenta que os dispositivos impugnados contrariam "a inviolabilidade do direito à vida, porque o embrião humano é vida humana, e faz ruir fundamento maior do Estado democrático de direito, que radica na preservação da dignidade da pessoa humana" (fls. 12). Argumenta, ainda, que: a) a vida humana se dá a partir da fecundação, desenvolvendo-se continuamente; b) o zigoto, constituído por uma única célula, é um "ser humano embrionário"; c) é no momento da fecundação que a mulher engravida, acolhendo o zigoto e lhe propiciando um ambiente próprio para o seu desenvolvimento; d) a pesquisa com células-tronco adultas é, objetiva e certamente, mais promissora do que a pesquisa com células-tronco embrionárias. (ADI 3510, Relator Ministro Ayres Britto, DJe 01.02.2007).

Brasília, 19 de dezembro de 2006.
Ministro CARLOS AYRES BRITTO
Relator.[60]

Consigna Häberle que, num processo de interpretação constitucional, até os que não são diretamente afetados devem participar do processo. A unidade da Constituição surge da conjugação do processo e das funções de diferentes intérpretes.[61] Noutro giro, o STJ, como intérprete da legislação infraconstitucional, poderá alinhar-se à abertura do processo de uniformização de teses não só para os diretamente afetados. Essa análise dos eventuais interessados em colaborar com o STJ nos processos repetitivos, que, de início, estava restrita a manifestações escritas e jungidas ao próprio processo, embora tenha definido em suas decisões que cabe ao relator definir os participantes do debate, ampliou essa participação ao longo dos últimos anos, como revelam as audiências públicas realizadas a partir de 2014.

No âmbito do Superior Tribunal de Justiça, a primeira audiência pública ocorreu em 25 de agosto de 2014, embora a alteração no Regimento Interno apenas tenha ocorrido em 2016. Ressalta-se que, de 2014 em diante, mais de dez audiências públicas foram realizadas pelo Tribunal.

É inegável que esse instituto contribui significativamente para a qualidade da prestação jurisdicional, além de garantir novas possibilidades de legitimação dos julgamentos do Superior Tribu-

60. Cf. ADI 3510, despacho de DJe 1.2.2007.

61. Em outra passagem, o autor destaca que "a interpretação constitucional não é um 'evento exclusivamente estatal', seja do ponto de vista teórico, seja do ponto de vista prático. A esse processo tem acesso potencialmente todas as forças da comunidade política. O cidadão que formula um recurso constitucional é intérprete da Constituição tal como o partido político que propõe um conflito entre órgãos ou contra o qual se instaura um processo de proibição de funcionamento. Até pouco tempo imperava a ideia de que o processo de interpretação constitucional estava reduzido aos órgãos estatais ou aos participantes diretos do processo. Tinha-se, pois, uma fixação da interpretação constitucional nos 'órgãos oficiais', naqueles órgãos que desempenham o complexo jogo jurídico-institucional das funções estatais. Isso não significa que se não reconheça a importância da atividade desenvolvida por esses entes. A interpretação constitucional é, todavia, uma 'atividade' que, potencialmente, diz respeito a todos". HÄBERLE, *Hermenêutica Constitucional. A sociedade aberta dos intérpretes da Constituição: contribuição para a interpretação pluralista e "procedimental" da Constituição*, págs. 23-24.

nal de Justiça. Uma maior abertura para manifestações escritas, orais, audiências públicas, ou seja, a abertura das discussões para a consolidação da tese nos recursos representativos da controvérsia, permitirá uma maturação desse debate e garantirá a confiabilidade dessas decisões e um constante reencontro do próprio STJ com a vontade da Constituição da República de 1988.

Parte 3

DESAFIOS PARA UMA CULTURA DE PRECEDENTES NO DIREITO PROCESSUAL BRASILEIRO E NO SUPERIOR TRIBUNAL DE JUSTIÇA

Capítulo 7

O aprimoramento de uma cultura de precedentes no Superior Tribunal de Justiça

Seção 1: A cultura interna do STJ na valorização e estruturação dos precedentes

Falar em cultura é falar em tradição, em cuidado, em cultivo. É semear para que um dia essa cultura se consolide ou mesmo permaneça em constante aprimoramento. Não se pretende buscar um conceito do termo, mas parte-se desse ponto. O cuidado. O cultivo. A difusão. E como as teses, os provimentos, os precedentes, seja qual for o termo a ser empregado, visam à racionalização do sistema judicial nas justiças estadual e federal no tocante à uniformização da legislação federal, bem como – e talvez o mais importante – à redução do volume de recursos no Superior Tribunal de Justiça.

Em 24 de setembro de 2010, Teori Zavascki proferiu palestra no STJ sobre a valorização dos precedentes judiciais. Na ocasião, afirmou que as mudanças urgentes e necessárias nos dias de hoje não são as mudanças de leis processuais, mas, sim, de cultura jurídica. Destacou Teori: "o sistema de respeito aos precedentes tem de partir daqueles que criam os precedentes". Em essência, revelou que os próprios Ministros do STJ não respeitavam as decisões do Tribunal.

Em pesquisa de campo realizada em 2013, quando se analisou mais de mil decisões de Turmas do STJ, especificamente em agravos regimentais (hoje, agravo interno pelo CPC/2015), dados revelaram características muito próprias e peculiares de cada Ministro, das quais destacava-se o elevado número de reconsiderações, mostrando, em parte, na ocasião, a não observância das decisões paradigmas e dominantes no Tribunal.[1] Os dados revelaram elevado número de reconsideração de decisões monocráticas em agravos regimentais (CPC/1973), em razão da não aplicação dos precedentes do próprio STJ.

Os dados consolidados apresentados revelaram, em síntese, que a) não havia uniformidade na utilização da reconsideração em decisões monocráticas; b) não havia uniformidade na utilização da fundamentação por súmula ou jurisprudência pacífica; c) decisões monocráticas, em grande medida, para segundas decisões, evidenciando uma correção da decisão tomada em primeiro lugar; e, ainda, que d) a Segunda e Terceira Turmas – à época da coleta dos dados – utilizavam de forma diferenciada os recursos representativos da controvérsia.

Ou seja, pelos dados da pesquisa, os próprios precedentes do Tribunal, em grande parte, não eram atendidos; não atendiam ao "autoprecedente", que, segundo Michele Taruffo, ocorre quando uma Corte segue seus próprios precedentes.[2] Luis Felipe Salomão advertiu em 2012 que é comum, algumas vezes, em razão do elevado número

---

1. OLIVEIRA, André Macedo de. *Recursos especiais repetitivos e efetividade jurisdicional: a terceira margem do Superior Tribunal de Justiça.* Tese de doutorado. Faculdade de Direito da Universidade de Brasília, março de 2014. Disponível em: http://bdjur.stj.jus.br/dspace/handle/2011/75499; e em: https://repositorio.unb.br/handle/10482/16698. Acesso em: 10.12.2023.

2. TARUFFO, Michele. *Cinco lecciones mexicanas: memoria del taller de derecho procesal.* México: Tribunal Electoral del Poder Judicial de la Federación, Escuela Judicial Electoral, 2003, pág. 38: "*En otro sentido, hay otros problemas que se ven de manera especialmente clara en el caso del autoprecedente, estos es, cuando una corte considera que tiene o no que seguir su propio precedente y también aquí dice, 'yo juez debería decidir esta cuestión de esta forma, porque yo mismo u otro juez de esta misma corte, decidió ese problema de esa forma hace diez años'. ¿Hay alguna justificación para este razonamiento? Probablemente no, pero si ustedes se fijan en cómo se emplean normalmente los precedentes y, sobre todo, los autoprecedentes de las cortes supremas, es precisamente así.*" Em outra passagem, Michele Taruffo aponta sobre o autoprecedente, apontando distinções entre o que chama de precedente horizontal e o vertical: "*Por lo que toca al autoprecedente, tal vez diversos factores que confluyen deben de tenerse en consideración. Por un lado, exigencias básicas de coherencia y de universalidad de los criterios usados para decidir requerirían, que cada juez se sintiera vinculado a seguir los propios precedentes. A veces sucede, por cierto, que el vínculo al autoprecedente es configurado como garantía jurídica de igualdad en la aplicación de las leyes: es el caso del Tribunal Constitucional español, que controla bajo esta óptica, las decisiones de los jueces ordinários.*" (pág. 197).

de processos julgados por ano, "nos depararmos com divergências dentro do próprio gabinete".[3]

Hoje, após mais de dez anos da pesquisa de campo[4], pelos dados apresentados na estatística do STJ, os números de recursos continuam elevados na Corte, apesar dos inúmeros esforços do quadro administrativo e de Presidentes que se sucederam e Ministros, muitos dos quais se dedicaram e se dedicam tanto na esfera administrativa quanto acadêmica, nesse aprimoramento e programas internos do Tribunal.

No tocante à mobilização interna, registre-se que em 2012 o Ministro Ari Pargendler, quando no exercício da Presidência do STJ, convocou os Presidentes dos Tribunais de Justiça dos Estados e dos Tribunais Regionais Federais para um encontro, na sede do próprio STJ, objetivando iniciar o diálogo, estreitar relações e estabelecer diretrizes para garantir maior eficácia ao instituto dos recursos repetitivos.

O planejamento estratégico do STJ de 2010, dois anos após a edição da lei dos recursos especiais repetitivos, previu como objetivo a otimização da eficácia desses recursos, por meio de alterações quanto à normatização, uniformização de processos de trabalho, integração de dados, implementação de sistemas informatizados e divulgação de informações. Em novembro de 2010, o projeto foi apresentado ao Ministro Presidente do STJ e por ele aprovado. Em seguida, partiu-se para definição de equipes de trabalho e as respectivas responsabilidades para mapeamento dos processos de trabalho pelas unidades envolvidas no STJ.

Ainda no encontro realizado pela Presidência do STJ em junho de 2012 com os Presidentes dos Tribunais, foi lançada a proposta de se criar "sessões virtuais" para análise da admissibilidade dos recursos especiais repetitivos. Após identificar o recurso paradigma, o relator do processo elaboraria um relatório minucioso da tese jurídica e já

3. CF. entrevista do Ministro Luis Felipe Salomão à revista Consultor Jurídico em 25.3.2012. http://www.conjur.com.br/2012-mar-25/entrevista-luis-felipe-salomao-ministro-superior-tribunal--justica Acesso em: 16.12.2023.

4. OLIVEIRA, André Macedo de. *Recursos especiais repetitivos e efetividade jurisdicional: a terceira margem do Superior Tribunal de Justiça*. Tese de doutorado. Faculdade de Direito da Universidade de Brasília, março de 2014. Disponível em: http://bdjur.stj.jus.br/dspace/handle/2011/75499; e em: https://repositorio.unb.br/handle/10482/16698. Acesso em: 10.12.2023.

apresentaria o juízo de admissibilidade aos demais Ministros participantes da sessão virtual. Outra sugestão apresentada pelo então Presidente Pargendler nesse encontro com os Presidentes das Cortes Estaduais e Federais foi a concretização de um acordo de cooperação técnica para uniformizar as normatizações dos Tribunais Estaduais e Regionais Federais quanto aos recursos especiais repetitivos.

Navegando ainda na seara de cultura interna no âmbito do STJ, Fátima Nancy Andrighi, numa análise procedimental administrativa, revelou que era praxe no STJ que os Ministros não afetassem processos sobre temas já afetados por outros Ministros. As razões são relevantes. A desnecessária repetição de trabalho, como a oitiva dos *amicus curiae* e do Ministério Público, bem como das expedições de ofícios e demais atos processuais usuais.

Contudo, revelou Nancy Andrighi que o próprio Tribunal deliberou em sentido contrário, de modo a permitir que mais de um Relator trabalhasse sobre a mesma questão repetitiva em processos diversos ao mesmo tempo. A justificativa evidenciava a falta de procedimentos internos: o reconhecimento que muitas questões importantes estavam paradas "porque os Relatores não têm conseguido incluir esses processos em pauta com a rapidez necessária".[5]

Um outro instrumento promotor de uma cultura interna administrativa no âmbito do STJ é o seu próprio regimento interno. O artigo 40 e seguintes da norma trazem as comissões permanentes e temporárias que poderão ser criadas para fins específicos, com atribuições de sugerir ao Presidente do Tribunal normas de serviço relativas à matéria de sua competência. Essas comissões podem se empenhar com propósitos específicos e pontuais para a promoção dessa cultura.

A Comissão de Jurisprudência tem função de destaque nesse sentido, podendo-se empenhar na causa das ações repetitivas, visto que tem como papel a supervisão dos serviços de sistematização da jurisprudência do Tribunal, a sugestão de "medidas que facilitem a pesquisa de julgados ou processos" e propostas para a Corte Especial ou a Seção para serem compendiadas em súmula a jurisprudência

5. ANDRIGHI, Fátima Nancy. Recursos repetitivos. *Revista de Processo*, v. 35, n. 185, julho, 2010, pág. 276.

do Tribunal, quando verificar que as Turmas não divergem na interpretação do direito".[6]

Um desafio também importante para somar a promoção da cultura interna é o estreitamento e aprimoramento do diálogo dos setores de autuação e de classificação do STJ com os Gabinetes dos Ministros. Isso vem reforçado por uma provocação do Ministro Luis Felipe Salomão de 2012 e que merece ser sempre reprisada e revista, quando apontou que a triagem era feita pelos próprios gabinetes dos Ministros, e não por um setor de classificação e distribuição geral.

Na ocasião, advertiu o Ministro que "o processo de distribuição é anárquico. Infelizmente, não há um critério razoável, de projeção de trabalho". Apontou também que o problema é estrutural, que a triagem não é feita adequadamente e expôs, ainda, a classificação como problema, pois era feita "por temas genéricos". Os temas são amplos, como direito do consumidor ou responsabilidade civil. Não havia, segundo o Ministro Salomão, a tematização como "recurso sobre direito de família, que discute guarda compartilhada, cumulado com pedido de pensão", por exemplo. E ainda: "responsabilidade civil, direito do consumidor, negativação indevida, recurso repetitivo número tal".[7]

Para Salomão, esse trabalho era feito por cada gabinete, cada qual com seus critérios. O trabalho de distribuição não é programado, "tampouco há um critério de classificação adequado e de sintonia fina com os gabinetes". Em seu gabinete, afirma o Ministro Salomão, quando na 4ª Turma, existiam três fases de triagem. A primeira fase passava por uma "equipe que analisava a admissibilidade e a tempestividade do recurso. Depois, outra equipe classificava mais adequadamente os processos vindos da distribuição. E havia uma terceira vertente, que ficava a cargo de assessores mais qualificados, que procuravam identificar quais os processos que estavam começando a chegar de maneira mais repetida na Seção de Direito Privado".

6. Artigo 44 do regimento interno do Superior Tribunal de Justiça.
7. CF. Entrevista do Ministro Luis Felipe Salomão a revista Consultor Jurídico em 25.3.2012. http://www.conjur.com.br/2012-mar-25/entrevista-luis-felipe-salomao-ministro-superior-tribunal-justica Acesso em: 30.3.2023.

O Ministro ficou responsável, quando Presidente da 4ª Turma, de avaliar os processos que chegavam para julgamento com matéria repetida. Quando identificava esses casos, procurava elaborar imediatamente o voto e levar a julgamento pela Turma, "para fixar a tese e passar a decidir monocraticamente" os demais processos com a mesma matéria. Em síntese, o Ministro utilizava em seu gabinete o que chama de "três vertentes: admissibilidade, classificação e identificação de macrolides, os processos em que a tese se repete".[8]

A preocupação do STJ com o volume precede e muito o CPC/2015, como demonstra o excesso de processos e recursos no sistema processual brasileiro. Assusete Magalhães, em entrevista ao portal Conjur, destacou que em setembro de 2014 o STJ iniciou um trabalho de inteligência voltado à gestão dos precedentes.[9]

Criou-se uma comissão especial de Ministros, a Comissão Gestora de Precedentes e de Ações Coletivas (COGEPAC), formada por três Ministros, um de cada Seção, ou seja, de Direito Público, de Direito Privado e de Direito Penal, um juiz supervisor e assessores do NUGEPNAC, um órgão de assessoramento à Presidência que tem como finalidade a gestão da sistemática dos precedentes qualificados previstos no Código de Processo Civil de 2015. Dentre outras competências, é responsável por identificar, no tocante aos processos recebidos no STJ, matérias com potencial de repetitividade a fim de subsidiar o trabalho de afetação de processos ao rito dos repetitivos.

Essa comissão de Ministros (COGEPAC), segundo a Portaria STJ/GP n.º 226, de 3 de maio de 2023[10], tem como papel coordenar os procedimentos administrativos decorrentes do julgamento de casos repetitivos, de incidentes de assunção de competência (IAC), suspensão em incidente de resolução de demandas repetitivas e o monitoramento e sistematização das informações dos julgamentos das ações coletivas no âmbito do STJ.

---

8. CF. Entrevista do Ministro Luis Felipe Salomão à revista Consultor Jurídico em 25.3.2012. http://www.conjur.com.br/2012-mar-25/entrevista-luis-felipe-salomao-ministro-superior-tribunal--justica Acesso em: 16.12.2023.
9. Desrespeito aos precedentes cria vã ilusão e impede a pacificação social. https://www.conjur.com.br/2024-jan-07/entrevista-assusete-magalhaes-ministra-do-stj/. Acesso em: 9.1.2024.
10. Publicada no Diário da Justiça Eletrônico do STJ em 5 de maio de 2023. https://bdjur.stj.jus.br/jspui/bitstream/2011/174987/Prt_226_2023_GP.pdf. Acesso em: 9.2.2024.

Assusete Magalhães aponta que "essa comissão começou um trabalho de convencimento dos Tribunais e também dentro do próprio STJ". Segundo ela, nessa etapa que se iniciaram as reuniões periódicas com todos os Ministros de cada Seção e "antes da pandemia, visitamos os maiores tribunais do país exatamente para levar essa mensagem. Começamos a realizar muitos eventos e chamávamos a Brasília os desembargadores, os servidores que trabalhavam com admissibilidade de recursos especiais para esse treinamento. E passamos a fazer o Encontro Nacional de Precedentes".[11]

Essa construção do sistema de precedentes, contudo, traz ainda incongruências e desafios no âmbito dos Tribunais e do próprio STJ. Em casos específicos trazidos para este ensaio a título ilustrativo, vê-se que ainda há uma resistência por parte de algumas autoridades ao observarem a sistemática de precedentes.[12]

É o exemplo do tema que discute os direitos de imagem de ex-jogadores de futebol, utilizadas em jogos eletrônicos, como o "*Football Manager*".[13] Em razão da multiplicidade de casos ajuizados na Comarca de São Paulo, o Tribunal de Justiça do Estado de São Paulo (TJSP) determinou a instauração de Incidente de Resolução de Demandas Repetitivas (IRDR), suspendendo todos os processos que tramitam no estado de São Paulo[14] – em atenção ao art. 982, I, do CPC – que discutissem a matéria.

Após o julgamento no Tribunal paulista, o IRDR foi remetido ao Superior Tribunal de Justiça, para o julgamento de Recurso Especial interposto por diversos interessados. Na oportunidade, a

11. Desrespeito aos precedentes cria vã ilusão e impede a pacificação social. https://www.conjur.com.br/2024-jan-07/entrevista-assusete-magalhaes-ministra-do-stj/. Acesso em: 9.1.2024.
12. Nessa toada, José Guilherme Berman faz uma bela análise sobre os precedentes, trazendo a necessidade de "uma adaptação na postura dos juízes – e, especialmente, dos tribunais – ao lidar com precedentes no Brasil. Primeiramente, é de se esperar maior deferência em relação às decisões proferidas por seus pares, visto que a divergência terá consequências bem mais amplas do que outrora. Além disso, o raciocínio desenvolvido ao decidir casos concretos deve se voltar para além dos efeitos que a decisão produzirá em relação às partes envolvidas na discussão". BERMAN, José Guilherme. (Juris)prudência e sistemas jurídicos: um breve estudo sobre a modéstia judicial na *common law* e no sistema romano-germânico. RDA – Revista de Direito Administrativo, Rio de Janeiro, v. 269, maio/ago. 2015, pág. 188.
13. https://www.footballmanager.com/games/football-manager-2024. Acesso em: 20.2.2024.
14. TJSP, Incidente de Resolução de Demandas Repetitivas nº 0011502-04.2021.8.26.0000; Relator (a): Marcia Dalla Déa Barone; Órgão Julgador: Turma Especial - Privado 1; Foro Central Cível - 32ª Vara Cível; j. em 26.5.2021.

então Ministra Presidente da Comissão Gestora de Precedentes do STJ, Assusete Magalhães, determinou a suspensão do Recurso Especial até que o TJSP indicasse dois ou mais recursos especiais para configurarem como representativos da controvérsia.

Em um dos casos que discutiam exatamente a questão debatida no âmbito do IRDR, a parte interessada suscitou a necessidade de suspensão do caso até que houvesse decisão definitiva proferida naqueles autos. No entanto, o juízo de origem deixou de determinar a suspensão do feito, em razão do julgamento de mérito no âmbito do Tribunal de Justiça.

Após interposta apelação por uma das partes, o Tribunal, em tempo, chamou a atenção para a aplicação do referido precedente, entendendo pela suspensão do recurso de apelação até que houvesse solução do IRDR.[15]

Ao analisar pesquisa da Associação dos Magistrados Brasileiros (AMB) com os magistrados do nosso sistema judicial, Anderson de Paiva Gabriel observa que "51,8 dos juízes de 1º grau, 51,3% dos desembargadores, 66,6% dos inativos e 55,5 dos ministros de tribunais superiores defendem que deveriam poder decidir sem se pautar necessariamente pelo sistema de súmulas e precedentes vinculantes, enquanto 51,5% dos juízes de 1º grau, 56,5% dos desembargadores, 63,9% dos inativos e 40% dos ministros de tribunais superiores alegam que o sistema afeta a independência do juiz em sua interpretação das leis e em sua aplicação".[16]

Essa pesquisa da AMB destaca que 86,7% dos juízes de 1º grau, 91,1% dos desembargadores, 77,9% dos inativos e 100% dos ministros de Tribunais Superiores concordam que o sistema de súmulas e precedentes vinculantes garante maior velocidade e segurança jurídica à atividade jurisdicional e, consequentemente, maior racionalização do Judiciário.

Anderson de Paiva revela ainda o descompasso "na fundamentação das sentenças, em que a doutrina, e não a jurisprudência

---

15. TJSP, Apelação Cível nº 1113968-50.2021.8.26.0100, 8ª Câmara de Direito Privado, Rel. Des. Salles Rossi.

16. GABRIEL, Anderson de Paiva. *O pragmatismo como paradigma do Direito Processual Penal contemporâneo: tecnologia, consenso e whistleblowing.* Londrina-PR: Thoth, 2022, pág. 129.

(que ainda perde para menções à literatura acadêmica e referências filosóficas), ocupa a preferência absoluta dos magistrados (apontada com primazia por mais de 90% dos juízes de 1º grau, desembargadores e ministros de tribunais superiores)".[17]

Como se vê, muitos os desafios nessa moldura da cultura de precedentes no sistema processual e para o STJ.

◉ Seção 2: O uso da inteligência artificial no Superior Tribunal de Justiça

Em reflexão anterior deste autor juntamente com Sarah Roriz de Freitas, apontou-se a importância da inteligência artificial (IA) na racionalização dos processos no Superior Tribunal de Justiça.[18]

Sobre a IA, Mustafa Sulcyman e Michael Bhaskar destacam que a próxima onda é definida por duas tecnologias principais. A inteligência artificial e a biologia sintética. Para eles, essas duas tecnologias, juntas, "trarão um novo alvorecer para a humanidade, criando mais riqueza e superávit que qualquer outra coisa vista antes. E, no entanto, sua rápida proliferação também pode empoderar uma grande variedade de atores nocivos para criar perturbação, instabilidade e até mesmo catástrofe em escala inimaginável". Essa onda, segundo os autores, cria um grande desafio para o século XXI: "nosso futuro depende dessas tecnologias ao mesmo tempo que é ameaçado por elas". [19]

É cediço que o STJ vem buscando implementar e utilizar soluções de IA desde o ano de 2018. Nessa data, inclusive, foi instituído o projeto-piloto de aplicação de soluções de inteligência artificial, cujos objetivos eram voltados ao fluxo processual, visando aumentar a produtividade e a eficácia do trabalho, a automação e racionalização das suas rotinas.

---

17. GABRIEL, Anderson de Paiva. *O pragmatismo como paradigma do Direito Processual Penal contemporâneo: tecnologia, consenso e whistleblowing*. Londrina-PR: Thoth, 2022, pág. 129.
18. FREITAS, Sarah Roriz de; OLIVEIRA, André Macedo. *A inteligência artificial no STJ*. https://www.bmalaw.com.br/conteudo/tribunais-superiores/inteligencia-artificial-no-stj. Acesso em: 28.11.2023.
19. SULEYMAN, Mustafa; BHASKAR, Michael. *A próxima onda: inteligência artificial, poder e o maior dilema do século XXI*. Trad. Alessandra Bonrruquer. 1ª ed. Rio de Janeiro: Record, 2023, pág. 21.

Por meio desse projeto, os processos recursais passaram a ser classificados de forma automática e, a partir da análise textual da peça do recurso especial, passaram a ser extraídos de forma automática os dispositivos legais apontados como violados pelo recorrente, para fins de triagem (Instrução Normativa nº 6/2018).[20]

Ainda em 2018, institui-se nova ferramenta para pesquisa de jurisprudência, chamada "Sistema Corpus927", com diversas funcionalidades, dentre elas (i) a reunião das decisões vinculantes, (ii) a extração automática das referências legislativas de cada decisão, (iii) a análise da similaridade entre as decisões, (iv) o agrupamento de decisões similares e indicação dos posicionamentos que mais se repetem, de acordo com o percentual de semelhança do agrupamento, e (iv) a criação de uma base de jurisprudência atualizada em tempo real, com dados obtidos por meio do site de cada tribunal (Portaria Conjunta nº 1/2018)[21].

Posteriormente, em 2021, foi criado o "Comitê Gestor de Ética de Inteligência Artificial" do STJ, que tem como atribuições a avaliação e homologação dos algoritmos e modelos de inteligência artificial e a identificação de riscos na utilização desses modelos, bem como indicação de instrumentos de segurança e controle (Portaria nº 365/2021)[22].

Em complemento, no início de 2022, foi instituído o "Laboratório de Inovação e dos Objetivos de Desenvolvimento Sustentável", ao qual compete facilitar a construção de soluções e inovações para

---

20. Brasil. Superior Tribunal de Justiça (STJ). Instrução Normativa STJ/GP n. 6 de 12 de junho de 2018. Diário da Justiça Eletrônico do STJ, 14 de junho de 2018, pp. 14-16. https://bdjur.stj.jus.br/jspui/bitstream/2011/122073/IN%20_6_2018_Gp.pdf. Acesso em: 6.11.2023.
21. Brasil. Superior Tribunal de Justiça (STJ). Escola Nacional de Formação e Aperfeiçoamento de Magistrados (Brasil) (ENFAM). Portaria Conjunta n. 1 de 20 de junho de 2018, que "Institui o Sistema Corpus927, que permite a consulta da jurisprudência vinculante de vários tribunais e a consolidação dos resultados na ordem estabelecida pelo art. 927 do Código de Processo Civil, como ferramenta complementar para a pesquisa de jurisprudência. Diário da Justiça Eletrônico do STJ, 22 de junho de 2018, pp. 1-3. https://bdjur.stj.jus.br/jspui/handle/2011/122418. Acesso em: 6.11.2023.
22. Portaria STJ/GDG n. 365, de 26 de maio de 2021, que "institui o Comitê Gestor de Ética de Inteligência Artificial do Superior Tribunal de Justiça". Boletim de Serviço do Superior Tribunal de Justiça (STJ), 1º de junho de 2021. https://bdjur.stj.jus.br/jspui/bitstream/2011/154300/Prt_365_2021_GDG.pdf. Acesso em: 6.11.2023.

necessidades relacionadas às rotinas administrativas e judiciais do STJ (Portaria nº 12/2022)[23].

Atualmente, o Tribunal conta com uma Assessoria de Inteligência Artificial (AIA), vinculada à Presidência do STJ, voltada ao aumento da "produtividade do trabalho jurídico", e com o Comitê de Governança de Tecnologia da Informação e Comunicação, o Comitê Gestor de Tecnologia da Informação e os Comitês Gestores de Sistemas administrativos e judiciários (Instrução Normativa STJ/GP n.º 5/2023)[24].

O tema da inteligência artificial faz parte do Plano Diretor de Tecnologia da Informação e Comunicação no biênio 2023/2024 do STJ (PDTIC). O PDTIC prevê, dentre outros, a implantação de plataforma para extração e envio de dados processuais para o Conselho Nacional de Justiça (CNJ); e tem, dentre seus projetos estratégicos, as iniciativas "Triagem Processual Avançada", objetivando "racionalizar o trâmite processual e reduzir o volume de trabalho dos gabinetes" e "Admissibilidade Cotejada com Serviço de IA", cujo propósito é predizer os fundamentos de inadmissão constantes da decisão que inadmitiu o recurso especial, como o rebatimento desses fundamentos na peça de agravo, "de modo a reduzir o tempo de documentação e análise da admissibilidade cotejada realizada pela Presidência, nos AREsps antes da distribuição".

Duas soluções de inteligência artificial são utilizadas no STJ: o Sistema Athos e o Projeto Sócrates.

O Sistema Athos, desenvolvido pelo STJ e utilizado desde 2019 para o monitoramento de teses repetitivas, visa "intensificar a formação de precedentes qualificados", por meio da identificação "de possíveis novos paradigmas para estabelecimento de um novo tema repetitivo"

---

23. Brasil. Superior Tribunal de Justiça (STJ). Portaria STJ/GP n. 12 de 14 de janeiro de 2022. Diário da Justiça Eletrônico do STJ, 18 de janeiro de 2022. Alterações pelas Portarias STJ/GP n.os 169 de 22 de março de 2022; 605 de 19 de dezembro de 2022; e 417 de 18 de agosto de 2023. https://bdjur.stj.jus.br/jspui/handle/2011/160487. Acesso em: 6.11.2023.

24. Brasil. Superior Tribunal de Justiça (STJ). Instrução Normativa STJ/GP n. 5 de 15 de fevereiro de 2023. Boletim de Serviço do STJ de 17 de março de 2023. https://bdjur.stj.jus.br/jspui/bitstream/2011/173493/Int_5_2023_GDG.pdf. Acesso em: 6.11.2023.

e , dentre os processos que chegam ao STJ, de possíveis processos que possuam tese idêntica a temas afetados e/ou temas já fixados.[25]

Além de localizar esses processos, o sistema é capaz de identificar (i) processos com entendimentos convergentes ou divergentes entre os órgãos fracionários do STJ (turmas e seções), (ii) processos envolvendo matéria de notória relevância e (iii) possíveis distinções ou superações de precedentes qualificados.

Esse sistema é utilizado pela Assessoria de Admissibilidade, Recursos Repetitivos e Relevância (ARP), também vinculada à Presidência, que é responsável pela admissibilidade dos processos recursais e originários, à observância da sistemática dos recursos repetitivos e da relevância da questão federal. Pela ARP, passa a maior parte dos processos que chegam ao STJ, que são submetidos a "filtros" de análise, sendo uma das etapas a verificação da subsunção das controvérsias a temas afetados ou julgados pelo rito dos repetitivos.

Associado à ARP, como destacado na Seção anterior deste ensaio, o Núcleo de Gerenciamento de Precedentes (NUGEPNAC) – órgão de assessoramento à Presidência com a finalidade da gestão da sistemática dos precedentes qualificados previstos no Código de Processo Civil de 2015 –, é responsável por identificar, dentre os processos recebidos no STJ, matérias com potencial de repetitividade a fim de subsidiar o trabalho de afetação de processos ao rito dos repetitivos.

É com o sistema ("robô") Athos que se identificam as teses repetitivas. Após essa identificação, os servidores do NUGEPNAC analisam os casos selecionados pelo robô e sugerem a controvérsia a ser decidida pelo STJ pelo rito dos recursos especiais repetitivos. Vê-se aqui o humano analisando o trabalho selecionado pelo "robô". Essa análise, claro, não vincula os Ministros do Tribunal e não é disponível de forma pública no sítio do STJ. Há um destaque interno como "recursos representativos de controvérsia", sem, contudo, conter a informação sobre a qual seria a controvérsia suscitada. Da mesma

25. FIGUEIREDO, Guilherme Silva. Projeto Athos: um estudo de caso sobre a inserção do Superior Tribunal de Justiça na era da inteligência artificial. 2022. 112 f., il. Dissertação (Mestrado Profissional em Direito, Regulação e Políticas Públicas) — Universidade de Brasília, Brasília, 2022. http://repositorio2.unb.br/jspui/handle/10482/44557. Acesso em: 11.12.2023.

forma, essa informação não está disponível ao público no portal de consulta aos recursos especiais repetitivos.

Após essa etapa interna, vem a análise pelo Presidente da Comissão Gestora de Precedentes e Ações Coletivas, que intima o Ministério Público e as partes para que se manifestem a respeito da admissibilidade desses recursos especiais como representativos da controvérsia (RI/STJ, art. 256-B, II).

Na sequência, o Ministro Presidente da Comissão decide se o recurso é admissível e se deve ser selecionado como representativo de controvérsia, levando em consideração preferencialmente (i) se os acórdãos recorridos e os recursos suscitam ampla diversidade de fundamentos; (ii) se a questão de mérito torna prejudicada outras questões suscitadas nos recursos; e (iii) se há divergência entre órgãos julgadores do Tribunal de origem (RI/STJ, art. 256, § 1º). Essa decisão é irrecorrível e deve ser proferida no prazo de 20 dias (RI/STJ, art. 256-C).

Caso o Presidente acolha a sugestão do NUGEPNAC, determina-se a distribuição dos recursos a um relator das Seções competentes (RI/STJ, art. 256-D). Após a distribuição, o Ministro que for designado relator deve novamente examinar a admissibilidade desses recursos como representativos da controvérsia (RI/STJ, art. 256-E) e (i) rejeitar a indicação desses recursos, se entender que não atendem aos pressupostos recursais ou aos requisitos regimentais (RI/STJ, art. 256, §1º); (ii) propor à Seção a afetação desses recursos especiais representativos da controvérsia para julgamento sob o rito dos recursos repetitivos, definindo os termos da controvérsia e da tese a ser fixada e se manifestando também sobre a suspensão dos processos no território nacional; ou (iii) não se manifestar, o que, no caso, se o Ministro relator não se pronunciar no prazo de 60 dias úteis, presume-se que o recurso especial representativo da controvérsia teve sua indicação rejeitada (RI/STJ, art. 256-G).

Nesse contexto, é utilizado o Sistema Athos, ou seja, para tratar potenciais recursos repetitivos e aplicação de teses fixadas em julgamento de recursos repetitivos. Para Paulo de Tarso Sanseverino, a adoção do sistema "busca priorizar o julgamento da questão e não a resolução do caso", valorizando a missão institucional do STJ de uniformizar a legislação infraconstitucional federal. Assim, coloca-

-se o foco na tese jurídica, relegando a segundo plano a "satisfação do interesse das partes".[26] Pretende-se a expansão do sistema para os 33 tribunais sob a jurisdição do STJ. Essa é a proposta do Athos Tribunais, que tem como objetivo aumentar a formação de precedentes qualificados.

Mais um dos desafios do STJ.

Além do Athos, tem-se o Projeto Sócrates, também utilizado desde 2019. O Sócrates adota o mesmo racional do Athos, mas é uma ferramenta utilizada diretamente pelos gabinetes dos Ministros, com o objetivo de "reduzir o esforço na triagem de processos, apoiar as atividades de análise de processos e auxiliar na seleção de casos representativos de controvérsia". A ferramenta também permite o exame do acervo processual do gabinete para identificar processos com matéria comum e a comparação de peças processuais e a jurisprudência do Tribunal para identificar precedentes aplicáveis ao caso em julgamento.[27]

O Sócrates passou por aperfeiçoamentos, e sua versão atual – Sócrates 2.0 – é capaz de analisar as peças de recurso especial e indicar o permissivo constitucional, os dispositivos de lei questionados e os paradigmas citados para justificar a divergência jurisprudencial. A ferramenta também identifica as palavras mais relevantes na petição de recurso especial e de agravo e cria uma "nuvem de palavras".

Na sequência, o usuário do sistema valida as informações, e a ferramenta indica os itens do recurso potencialmente inadmissíveis, facilitando a tomada de decisão.

Esse é o cenário presente da inteligência artificial no âmbito do STJ. Num ambiente em que tudo se movimenta e com rapidez, numa modernidade líquida, veloz, que nos surpreende a cada dia, o uso da IA vem permeando os projetos no âmbito do Poder Judiciário, em especial do STJ, que, inclusive, celebrou variados acordos de

---

26. SANSEVERINO, Paulo de Tarso; MARCHIORI, Marcelo Ornelas. *O projeto Athos de inteligência artificial e o impacto na formação de precedentes qualificados no Superior Tribunal de Justiça.* In: O Direito Civil na era da Inteligência Artificial / Rodrigo da Guia Silva e Gustavo Tepedino (Coordenadores). 1. ed. São Paulo: Thomson Reuters Brasil, 2020.

27. NORONHA, João Otávio de. Os avanços da inteligência artificial no STJ: caminho para uma Justiça mais rápida e efetiva. In: O Direito Civil na era da Inteligência Artificial / Rodrigo da Guia Silva e Gustavo Tepedino (Coordenadores). 1. ed. São Paulo: Thomson Reuters Brasil, 2020.

cooperação técnica com TJs, TRFs e com o MPF para troca de dados, aprimoramento de fluxos de processos judiciais e modernização e aperfeiçoamento do sistema judicial.

Apresentado o cenário da IA no âmbito do STJ, muitos desafios estão no caminho para esse constante aprimoramento das tecnologias para racionalização dos recursos no âmbito do STJ e a promoção de uma cultura de precedentes. O olhar atento dos julgadores e servidores não poderá ser substituído pelas facilidades da IA. A máquina não poderá substituir a razão e a sensibilidade do julgador. Um robô poderá até ler Machado de Assis ou Guimarães Rosa, mas nunca conseguirá os interpretar. É um caminho sem volta.

Capítulo 8

O papel das escolas de Direito no Brasil na cultura de precedentes: um redesenho do ensino do Direito Processual

O cenário da crise do Poder Judiciário, como já revelado neste ensaio, perpassa, na opinião de juristas, a reforma da gestão e procedimentos, a formação de magistrados, o aumento do número de juízes, Ministros, a informatização, a reforma legislativa, entre outros. No entanto, a mais desafiadora das reformas é a mudança de mentalidade dos profissionais do Direito. Não há reforma de gestão, reforma legislativa, aumento de número de juízes, informatização, procedimentos, prédios, se os profissionais não se abrirem às mudanças. A formação dos bacharéis em Direito no Brasil deve estar alinhada a uma nova concepção de acesso à justiça.[1]

Um outro desafio para a promoção da cultura de precedentes é um redesenho do ensino do Direito Processual civil. O que se quer ensinar no Direito Processual? E para qual objetivo? Como membro do Grupo de Trabalho com a finalidade de realizar estudos e consolidar parâmetros já estabelecidos para a análise dos pedidos de autorização de novos cursos de Direito no Brasil, percebia-se, no final de 2004, o descompasso na formação e realidade dos Tribunais e do Poder Judiciário em sua integralidade. O chamamento para o debate partiu

1. Sobre a construção dos cursos jurídicos no Brasil, confira, deste Autor, Ensino Jurídico, diálogo entre teoria e prática, Sergio Antonio Fabris Editor, Porto Alegre, 2004.

do Ministro da Educação e tinha como representantes o próprio MEC, o Conselho Nacional de Educação, a Ordem dos Advogados do Brasil, Faculdades de Direito e, pela primeira vez, o Ministério da Justiça, com o propósito específico de levar os pressupostos da Reforma do Poder Judiciário, considerando a criação da Secretaria da Reforma do Judiciário no âmbito do Ministério da Justiça.[2]

O relatório final do Grupo de Trabalho incorporou "o diálogo com o Ministério da Justiça", como demonstração da importância das questões afetas à crise da democratização do acesso à justiça. Para o Ministério, a má formação dos profissionais do Direito gera consequências nefastas ao sistema de Justiça.

Ressaltou-se, na ocasião, não só a formação de base dos bacharéis, mas ainda a formação continuada, destacando-se a importância das escolas da magistratura, fortalecidas pela Emenda Constitucional nº 45/2004, bem como as escolas e centros de estudos das demais funções essenciais à Justiça, como da Advocacia e do Ministério Público, que "devem ser valorizadas e instadas a adaptar-se a uma nova realidade, complementando esse propósito de reforma do ensino superior jurídico e de reforma da cultura jurídica". Devem ser fomentadas e implementadas todas as iniciativas que aproximem as instituições de ensino jurídico de sua função social em prol de um sistema de justiça cada vez mais próximo do jurisdicionado.[3]

Soma-se a isso a quantidade de advogados hoje no Brasil. Segundo dados do Conselho Federal da OAB, cerca de 1,3 milhão de advogados exerce regularmente a profissão entre 212,7 milhões de pessoas (IBGE). Proporcionalmente, tem-se um advogado para 164

---

2. Portarias nºs 3.381, de 20 de outubro de 2004, e 484, de 16 de fevereiro de 2005, do então Ministro de Estado da Educação Tarso Genro, que instituiu, com a finalidade de realizar estudos para consolidar os parâmetros já estabelecidos para a análise dos pedidos de autorização de novos cursos, o Grupo de Trabalho composto por representantes do Ministério da Educação (MEC), do Conselho Federal da Ordem dos Advogados do Brasil (OAB), do Ministério da Justiça (MJ) e do Conselho Nacional de Educação (CNE). Os trabalhos foram presididos por Mário Portugal Pederneiras, do Ministério da Educação, e relatados por Roberto Fragale Filho, professor da Universidade Federal Fluminense - UFF.
3. O autor do livro integrou o Grupo de Trabalho do Ministério da Educação e da OAB por indicação do então Ministro da Justiça, Márcio Thomaz Bastos. Relatório disponível em: http://portal.mec.gov.br/sesu/arquivos/pdf/Relatorios/relatorio_gt_direito.pdf Às fls. 14-17, o item V, relativo ao "diálogo com o Ministério da Justiça". Acesso em: 27.10.2023.

brasileiros.[4] Pelos dados de 2022, temos hoje no Brasil aproximadamente 1.800 cursos de Direito em funcionamento e mais de 700 mil alunos matriculados. Em 2012, eram mil cursos. De um total de 165 cursos de Direito em 1991, chegou-se a pouco mais de 500 em 2001. Em 2003, um ano antes da criação do Grupo de Trabalho, havia 704 cursos jurídicos no país, segundo dados do Censo da Educação Superior de 2003.

O discurso da formação dos bacharéis é preocupação constante dos integrantes das altas Cortes do Poder Judiciário Nacional. Essa pauta da crise do acesso à justiça e do ensino do Direito, aliás, contempla todos os seminários de processo civil, os específicos sobre o ensino do Direito, e as conferências da Ordem dos Advogados do Brasil, que trazem essa pauta desde a sua primeira edição, em 1958.

Em palestra proferida na Pontifícia Universidade Católica (PUC) de Minas Gerais em 26.5.2012, Carmen Lúcia Antunes Rocha afirmou que as faculdades de Direito têm que passar por uma transformação, pois os alunos são ensinados a litigar, e não a pacificar e a conciliar. Para uma maior celeridade do sistema judicial, a reforma do Judiciário deve começar "não pelo telhado, mas pelas fundações". As faculdades de Direito, segundo Cármen Lúcia, "precisam passar por uma transformação. O futuro não comporta mais tanto litígio".

---

4. Segundo dados do sítio do Conselho Federal da OAB: "À frente do Brasil em números absolutos está a Índia, com pouco mais de 2 milhões de advogados. Entretanto, com uma população muito maior que a brasileira: 1,4 bilhão de indianos frente aos 212,7 milhões de brasileiros, o que resulta em aproximadamente 1 advogado para cada grupo de 700 habitantes. Os dados são da International Bar Association (IBA).

Nos Estados Unidos, os números mostram os mesmos 1,3 milhão de advogados, porém para uma população de 329,5 milhões de pessoas. As informações são respectivamente da American Bar Association (ABA) e da ONU e mostram uma proporção de 1 advogado para cada 253 habitantes.

Para ter uma ideia do alto número de advogados na população brasileira, basta comparar os dados com outras nações, a começar pela vizinha Argentina. Em uma população de 46,1 milhões de pessoas segundo estimativa da Organização das Nações Unidas (ONU), existem 126 mil advogados – número informado pela Federación Argentina de Colegios de Abogados (FACA). Logo, uma proporção bem menor que a brasileira: 1 advogado para 365 pessoas.

A Europa tem vários cenários. Entre os 10 milhões de portugueses, por exemplo, apenas 16 mil são profissionais da advocacia: 1 advogado para cada 625 habitantes. O Reino Unido, por sua vez, tem 146 mil advogados atuantes numa população de 68,8 milhões de pessoas – 1 advogado para 471 habitantes". Cf: https://www.oab.org.br/noticia/59992/brasil-tem-1-advogado-a-cada-164-habitantes-cfoab-se-preocupa-com-qualidade-dos-cursos-juridicos#:~:text=Se%20o%20n%C3%BAmero%20de%20inscritos,de%20700%20mil%20alunos%20matriculados. Acesso em: 18.12.2023.

Destacou que, quando Gilmar Ferreira Mendes assumiu a Presidência do Supremo Tribunal Federal (2008-2010), havia registro de 45 milhões de processos em andamento no país. Dois anos depois, o seu sucessor, Cezar Peluso, registrou 75 milhões de processos, o que significa que mais de um terço do país estava ou está litigando. Cármen Lúcia destacou que há 40 anos, quando estudava Direito, assistiu na própria PUC-MG uma conferência do então Ministro Aliomar Baleeiro, do STF, na qual criticava a lentidão da Justiça. Qual a razão da morosidade da Justiça continuar? É preciso investigar, segundo destacou Cármen Lúcia, se o que se está ensinando nas faculdades de Direito é "a litigância pela litigância, mesmo quando ela é de má-fé". Precisamos saber qual Judiciário queremos. Não basta o acesso ao fórum. Precisamos ter respostas rápidas. Precisamos de bacharéis comprometidos com a causa da garantia da prestação jurisdicional mais eficaz, para uma sociedade mais justa.

Essa preocupação não é recente. Em 1955 San Tiago Dantas proferiu a aula inaugural dos cursos da então Faculdade Nacional de Direito, onde analisava a crise da sociedade brasileira e sua relação com a Universidade: "Se há problemas novos sem solução técnica adequada; se há problemas antigos, anteriormente resolvidos, cujas soluções se tornaram obsoletas sem serem oportunamente substituídas; se apareceram novas técnicas, que o nosso meio não aprendeu e assimilou, em grande parte isso se deve ao alheamento e à burocratização estéril das nossas escolas, que passaram a ser meros centros de transmissão de conhecimentos tradicionais, desertando o debate dos problemas vivos, o exame das questões permanentes ou momentâneas de que depende a expansão, e mesmo a existência da comunidade."[5] San Tiago Dantas defendia a necessidade de uma revisão da Universidade como instrumento de elaboração de cultura, bem como no campo da educação jurídica.

Vários trabalhos atestam a má formação dos bacharéis em Direito. Inúmeros são os fatores da crise do ensino do Direito. Destaque-se nessa abordagem a falta de compreensão dos fenômenos coletivos e das demandas de massa, na formação. Muitas causas já foram

5. DANTAS, San Tiago. A educação jurídica e a crise brasileira. In: "Encontros da UnB". Ensino jurídico. Brasília: Universidade de Brasília – UnB, 1978-1979, pp. 52-53.

apontadas para esses problemas: currículo, programa das disciplinas, estágio, extensão e formação dos professores.[6]

Contudo, mesmo sem resgatar toda essa literatura, pode-se afirmar que o profissional do Direito de hoje não é preparado para atender às necessidades da sociedade contemporânea, pois não possui, em sua grande maioria, uma formação voltada para a resolução de problemas. Há conflitos novos que transcendem a litigação entre duas partes claramente identificadas, seja pela sua complexidade, seja pelo fato de terem caráter intergrupal, seja por se darem em torno de objetos indefinidos.

Miracy Barbosa de Sousa Gustin comunga desse entendimento ao inserir os estudantes no processo de aprendizagem, eis que, no ensino superior, não basta apenas "apropriar-se do conhecimento produzido e transmiti-lo aos alunos. É necessário fazê-los sujeitos do processo de aprendizagem, bem como indivíduos críticos em relação ao que é ensinado". Acrescenta Miracy que esse processo deve ser desenvolvido não só em relação ao que é ensinado e ao conteúdo das disciplinas, mas, principalmente "em relação à sua prática profissional cotidiana".[7] E uma prática cotidiana balizada numa nova concepção de acesso à justiça não comunga de um processo civil carregado de recursos protelatórios e de advogados que utilizam do sistema recursal para beneficiar seus clientes com o tempo do processo.

Osmar Paixão aponta como uma das razões da crise dos Tribunais brasileiros o hábito, a cultura da recorribilidade. A preocupação com a criação de mecanismos recursais para corrigir erros de julgamento superou a imposição de observância de teses já definidas. A prática absorvida pela cultura judiciária, segundo aponta Paixão, é de "recorrer sempre, por se vislumbrar, em geral, chance de reforma de uma decisão equivocada – quer por estar em desconformidade com

---

6. CF. entre outros: FELIX, Loussia P. Musse. Da reinvenção do ensino jurídico: considerações sobre a primeira década. *OAB Recomenda: Um retrato dos cursos jurídicos*. Brasília, DF: OAB, Conselho Federal, 2001; OLIVEIRA, André Macedo de. *Ensino Jurídico: diálogo entre teoria e prática*. Porto Alegre: Sergio Antonio Fabris Editor, 2004; SILVA, Fábio Costa Morais de Sá e, *Ensino Jurídico. A descoberta de novos saberes para a democratização do direito e da sociedade*. Porto Alegre: Sergio Antonio Fabris Editor, 2007; PORTO, Inês da Fonseca. *Ensino jurídico, diálogos com a imaginação*. Porto Alegre: Sergio Antonio Fabris Editor, 2000.

7. GUSTIN, Miracy Barbosa de Sousa; DIAS, Maria Tereza Fonseca. *(Re)pensando a pesquisa jurídica: teoria e prática*. Belo Horizonte: Del Rey, 2002, pág. 19.

decisões de cortes hierarquicamente superiores quer por se guardar menos credibilidade em decisões hierarquicamente inferiores".[8]

A crise "do operar do jurista" é preocupante, como aponta Calmon de Passos, destacando dois déficits de gravidade acentuada. O primeiro, um déficit externo, é aquele "representado pela quase total ausência de saber interdisciplinar dos doutrinadores e operadores do Direito". Isso afeta e empobrece a "compreensão dos pressupostos econômicos, políticos e culturais do jurídico". O outro é a "insatisfatória formação profissional, somada à inadequada institucionalização constitucional da função judicante".[9]

Aliado a isso, a formação dos operadores do Direito perpassa um conceito amplo e coletivo de processo, pois ainda se situa no âmbito restritivo, individualista, seguindo um modelo: a cada homem uma sentença. Em estudos anteriores, o autor demonstrou, por meio de pesquisa empírica realizada com os alunos da Faculdade de Direito da Universidade de Brasília nos anos 2000 a 2002, pelo relato dos próprios discentes, o distanciamento dos professores da teoria com a prática jurídica, a legislação defasada - e ensinada - diante dos problemas jurídicos vivenciados pelos alunos, a lentidão da justiça e a possibilidade de resolução de conflitos antes de levar a demanda ao Poder Judiciário.[10]

Aliás, como já ressaltado anteriormente neste trabalho, essa preocupação foi destacada pela Comissão de Altos Estudos da Reforma do Judiciário do Ministério da Justiça, quando, em sua primeira reunião, em outubro de 2012, elencou como uma de suas metas o debate da mudança de cultura dos operadores do Direito para adoção de métodos adequados de resolução de conflitos antes da judicialização.

Na visão de Aurélio Wander Bastos, "a reformulação do ensino jurídico implica a reformulação do Poder Judiciário e a reformulação

---

8. CÔRTES, *Recursos para os tribunais superiores:* recurso extraordinário, recurso especial, embargos de divergência e agravos, pág. 18.
9. PASSOS, J. J. Calmon. As razões da crise do nosso sistema recursal. In: *Meios de impugnação ao julgado civil:* Estudos em homenagem a José Carlos Barbosa Moreira. Coordenador: Adroaldo Furtado Fabrício. Rio de Janeiro: Forense, pág. 366.
10. O trabalho foi publicado em 2004: OLIVEIRA, André Macedo de. *Ensino Jurídico:* diálogo entre teoria e prática. Porto Alegre: Sergio Antonio Fabris Editor, 2004.

do Poder Judiciário está vinculada à necessidade de se ampliarem os seus canais de absorção de demandas e de se acomodarem as suas estruturas aos novos e modernos agentes de desenvolvimento e mudança social".[11]

Nesse cenário, vê-se, como primeira mediada paliativa, o pensar na reforma por meio de resoluções do Conselho Nacional de Educação e Portarias do Ministério da Educação. Como demonstrado, essas normas últimas são fruto de muita maturação e debate. Os textos dessas normas são atuais e sempre foram revisitados. A grande mudança tem que estar num redesenho do ensino do Direito Processual, no modo de ensinar dos docentes. Numa constante reinvenção. Não é preciso muito para se observar como o Superior Tribunal de Justiça muda o seu entendimento ou mesmo como interpreta e uniformiza determinada norma. Como tratar essas questões em sala de aula e na prática jurídica?

A norma regente que institui as diretrizes curriculares nacionais do curso de graduação em Direito, Resolução n.º 5, de 17 de dezembro de 2018, é clara ao afirmar que o curso de Direito deverá assegurar no perfil do graduando, entre outros pontos, a capacidade de análise, domínio de conceitos e da terminologia jurídica, capacidade de argumentação, interpretação e valorização dos fenômenos jurídicos e sociais, além do domínio das formas consensuais de composição de conflitos.[12]

Além do perfil, a resolução determina uma formação profissional que revele competências cognitivas, instrumentais e interpessoais que capacitem o graduando a, entre outras, interpretar e aplicar as normas (princípios e regras) do sistema jurídico nacional, observando a experiência estrangeira e comparada, quando couber, articulando o conhecimento teórico com a resolução de problemas. E mais: adquirir capacidade para desenvolver técnicas de raciocínio e de argumentação jurídicos com objetivo de propor soluções e decidir

11. BASTOS. Aurélio Wander. *O Ensino Jurídico no Brasil.* Rio de Janeiro: Lúmen Júris, 1998, pág. 297.

12. Resolução n.º 5, de 17 de dezembro de 2018, DOU, Brasília, 18 de dezembro de 2018, Seção 1, p. 122. Republicada no DOU, Brasília, de 19 de dezembro de 2018, Seção 1, pp. 47 e 48 e alterada pela CNE/CES n.º 2, de 19 de abril de 2021, publicada no DOU, Brasília, de 23 de abril de 2021, Seção 1, p. 116.

questões no âmbito do Direito; e compreender a hermenêutica e os métodos interpretativos, com a necessária capacidade de pesquisa e de utilização da legislação, da jurisprudência, da doutrina e de outras fontes do Direito.[13]

Para o aprimoramento e maturação de uma cultura de precedentes no sistema processual brasileiro e no STJ, como um outro desafio, há que se pensar num redesenho do ensino do Direito Processual, seja nos programas das disciplinas (que muitas vezes são cópias da legislação e dos códigos e com base em manuais), seja no pensar do método de ensino, seja no fomento aos grupos de pesquisa de graduação e pós-graduação, seja nas pesquisas de campo tendo como objeto os Tribunais Estaduais, Federais e o próprio STJ, seja em projetos de extensão, seja também na formação permanente dos docentes.

Menos cultura de recorribilidade e mais cultura de precedentes. Por um redesenho do ensino do Direito Processual.

◉ Seção 1: Processo de "desintoxicação": repensando a prática do Direito Processual na perspectiva dos precedentes

Ovídio A. Baptista da Silva advertia já em 1998 do exagero na utilização dos recursos, destacando, entre outras razões, o interesse das elites dominantes em que a função judiciária não seja efetiva e, ainda, como causa principal, "para a sedução que os recursos exercem sobre nós, decorre da circunstância de praticarmos a 'ética do perdedor', a lógica do litigante que – temendo perder, mesmo crendo ter razão – passa a confiar nos recursos como remédio milagroso que o salvará de um magistrado em que ele, por sua submissão ao paradigma, não pode confiar".[14]

Essa advertência de Ovídio A. Baptista da Silva aponta para que os profissionais do Direito passem por um processo de "desintoxicação". Ressalta que uma longa tradição alicerçada no Código de

13. Resolução n.º 5, de 17 de dezembro de 2018, DOU, Brasília, 18 de dezembro de 2018, Seção 1, p. 122. Republicada no DOU, Brasília, de 19 de dezembro de 2018, Seção 1, pp. 47 e 48 e alterada pela CNE/CES n.º 2, de 19 de abril de 2021, publicada no DOU, Brasília, de 23 de abril de 2021, Seção 1, p. 116.

14. SILVA, Ovídio A. Baptista da. A função dos tribunais superiores. In: *STJ 10 anos: obra comemorativa 1989-1999*. Brasília: Superior Tribunal de Justiça, 1999, pág. 156.

Processo Civil de 1973 "viciou-nos em recursos, sendo indispensável que passemos por um processo de 'desintoxicação', para afinal recuperar o autêntico sentido do remédio excepcional que o instituto deve preservar; abandonando o caminho, hoje amparado e estimulado pelo sistema, que o transformou em expediente natural, a ser livremente – sem qualquer ônus adicional – utilizado pelo sucumbente".[15]

Para Teori Zavascki, é necessária a adoção de medidas no sentido de valorizar "a evidente e especial eficácia expansiva que decorre dos precedentes do STJ, formados pelo sistema do art. 543-C do CPC [1973]". Zavascki salienta a necessidade de esses precedentes serem "imunizados contra ataques infundados ou meramente protelatórios, sob pena de tornar letra morta os preceitos normativos que revestiram ditos precedentes de autoridade superior".[16]

O Código de Processo Civil adota medidas contra recursos infundados ou meramente protelatórios. O CPC contempla ainda mecanismos processuais aptos a impedir o abuso na interposição de recursos, muitas vezes motivados pela não observância do papel constitucional do STJ ou por avaliá-lo como terceira instância recursal, e não como Corte de natureza extraordinária.

Nessa esteira, prevê o Código de Processo Civil sanções de natureza pecuniária ao recorrente quando seu recurso for manifestamente inadmissível ou infundado, condicionando, ainda, eventual

---

15. SILVA, Ovídio A. Baptista da. A função dos tribunais superiores. In: *STJ 10 anos: obra comemorativa 1989-1999*. Brasília: Superior Tribunal de Justiça, 1999, pág. 156.

16. Manifestação do Ministro Teori Zavascki em 25.2.2010 em voto na questão de ordem no Ag 1.154.599/SP, Corte Especial, rel. Ministro Presidente Ari Pargendler, rel. para acórdão Ministro Cesar Asfor Rocha, julgado em 16.2.2011, DJe 12.5.2011. Nesse voto, Teori Zavascki apresenta vários precedentes do STJ nesse sentido e consigna: "(...) Apreciando questão de ordem no REsp 1.025.220, Min. Eliana Calmon, DJe de 20.04.09, a 1ª Seção considerou ser esse – e não a inadmissão do recurso – o meio adequado para preservar a autoridade do precedente em recurso repetitivo. A utilização rigorosa desse instrumento inibitório certamente concorrerá para realçar a importância e o significado que os precedentes devem merecer à luz do sistema previsto no art. 543-C do CPC. É o que vem ocorrendo no âmbito da 1ª Seção e de suas Turmas (v.g.:AgRg no Resp 1.056.336/RJ, 1ª Turma, Min. Eliana Calmon, DJe de 21.05.09; AgRg no Ag 1.101.003/SP, 1ª Turma, Min. Hamilton Carvalhido, DJe 18.11.09; AgRg no Resp 864.610/MG, 1ª Turma, Min. Denise Arruda, DJe de 24.11.09; AgRg no Resp 1.075.854/SC, 1ª Turma, Min. Luiz Fux, DJe de 17.12.09; AgRg no Ag 1.068.455/RS, 1ª Turma, Min. Teori Albino Zavascki, DJe de 02.02.10; AgRg no Resp 1.110.707/RJ, 2ª Turma, Min. Mauro Campbell, DJe de 10.09.09; AgRg no Resp 1.135.966/PR, 2ª Turma, Min. Humberto Martins, DJe de 25.11.09; AgRg no Resp 1.115.420/MG, 2ª Turma, Min. Castro Meira, DJe de 27.11.09). Iniciativa semelhante registrou-se no âmbito da 4ª Turma, em casos relatados pelo Min. Aldir Passarinho Júnior (v.g.: AgRg no Resp 1.144.239/RS, DJe de 08.02.10)".

interposição de outro recurso ao pagamento da multa. Não é diferente a interposição de embargos de declaração com propósito manifestamente protelatório, quando o CPC traz previsão de condenação em multa sobre o valor da causa e, em caso de reiteração de embargos protelatórios, a multa poderá ser elevada, ficando, ainda, condicionada à interposição de qualquer outro recurso ao depósito desse valor.

Observa-se a aplicação de sanções pecuniárias em alguns destacados acórdãos do STJ, que podem balizar e pulverizar essas medidas como forma de racionalizar e frear a indevida e abusiva interposição de recursos no STJ, especialmente em recursos contrários aos acórdãos paradigmas firmados em recursos especiais repetitivos.

É o que se vê no julgamento do Agravo Regimental em Agravo de Instrumento n.º 1.070.868, da relatoria do Ministro Teori Zavascki (DJ*e* 18.2.2009), em que se ponderou que a parte agravante tinha ciência de que "a matéria foi objeto de julgamento da Seção, sob o regime do art. 543-C do CPC [1973], tendo sido expressamente enfatizada a especial eficácia vinculativa, atribuída ao precedente referido". E prosseguiu Teori: "entretanto, nas razões de agravo, como explicitado, não há fundamento novo apto a infirmar os adotados no precedente da Seção. Desse modo, o agravo assim interposto deve ser considerado manifestamente infundado, para os fins do art. 557, § 2º do CPC [1973], sob pena de tornar letra morta os elevados propósitos do legislador, ao estabelecer a forma especial de julgamento prevista no art. 543-C do CPC [1973]. Por tal razão, proponho a aplicação, à agravante, de multa de 1% sobre o valor da causa".

Nesse sentido, ainda, em outros casos, o STJ entendeu pela aplicação de multa em agravos regimentais interpostos contra decisões cujas razões de decidir foram baseadas em precedentes consolidados do Supremo Tribunal Federal e do Superior Tribunal de Justiça.[17]

---

17. Cf. o mesmo entendimento aplicado em outros casos: manutenção da multa aplicada pelo Tribunal de origem por litigância de má-fé à Fazenda Nacional, que interpôs recurso para discutir cabimento do depósito, apesar de entendimento contrário firmado pelo plenário do Supremo Tribunal Federal sobre a questão (REsp 1.192.037, rel. Min. Eliana Calmon, 2ª Turma, DJ 28.6.2010). Caracteriza-se como evidentemente protelatório recorrer, por meio de petição padronizada, de decisão rigorosamente pacífica (AgRg-REsp 163.883, rel. Min. José Delgado, 1ª Turma, DJ 15.6.1998). O recurso que alega simplisticamente que o tema não foi abordado revela-se manifestamente infundado, protelando a rápida solução do litígio, estando sujeita

Vê-se que as multas estão como espécie inibidora de novos recursos protelatórios. A cultura da recorribilidade[18] pode ser freada com a multa, que apresenta um caráter inibitório e uma forma de se fazer valer o precedente. No agravo de instrumento 1.313.116/GO, o Ministro Herman Benjamim entendeu que o precedente firmado pelo Superior Tribunal de Justiça "induz a imposição da eficácia vinculativa do precedente aos casos análogos" e que, portanto, para discutir questão já apreciada em recurso submetido ao rito dos recursos repetitivos na forma do art. 543-C do CPC [1973], "atrai a aplicação da multa prevista no art. 557, § 2º [1973], daquele Código". No caso, aplicou multa de 10% sobre o valor atualizado da causa (art. 557, § 2º, do CPC/1973)".[19]

A aplicação de sanções processuais, como previsto expressamente na legislação processual civil e pulverizada em precedentes do STJ, é medida que se faz necessária contra recursos infundados e meramente protelatórios e para a concretização das decisões em provimentos vinculantes, quando ausente ou não demonstrada a distinção (*distinguishing*) do caso em análise. A utilização dessas medidas inibitórias ressaltará a importância e o significado dos precedentes do Superior Tribunal de Justiça.

à multa prevista no art. 557, §2º, do CPC [1973], de 1% (AgRg-REsp 907-411, rel. Min. Aldir Passarinho Jr., 4ª Turma, DJ 28.5.2007).

18. Cf. EDcl nos EDcl nos EDcl nos EDcl nos EDcl no AgRg no REsp nº 1.207.969/AM, 3ª Turma, rel. Ministro Ricardo Villas Boas Cuêva, DJe 9.10.2012: EMBARGOS DE DECLARAÇÃO NOS EMBARGOS DE DECLARAÇÃO NOS EMBARGOS DE DECLARAÇÃO NOS EMBARGOS DE DECLARAÇÃO NOS EMBARGOS DE DECLARAÇÃO NO AGRAVO REGIMENTAL NO RECURSO ESPECIAL. MULTA DO ART. 538, PARÁGRAFO ÚNICO, DO CPC, FIXADA E MAJORADA. INTERPOSIÇÃO DE OUTROS RECURSOS CONDICIONADA AO DEPÓSITO DA MULTA APLICADA. NÃO RECOLHIMENTO. PRESSUPOSTO RECURSAL OBJETIVO DE ADMISSIBILIDADE. 1. O recolhimento da multa fixada e majorada com fundamento no art. 538, parágrafo único, do Código de Processo Civil é condição de admissibilidade objetiva dos novos embargos de declaração opostos. 2. A ausência de referido pagamento implica o não conhecimento dos declaratórios. 3. Embargos de declaração não conhecidos.

19. STJ, 2ª Turma, AgRg no AG 1.313.116/GO, Min. Herman Benjamim, DJe 27.9.2010: "Por fim, a interposição de Agravo Regimental para debater questão já apreciada em recurso submetido ao rito do art. 543-C do CPC atrai a aplicação da multa prevista no art. 557, § 2º, daquele Código. Diante do exposto, nego provimento ao Agravo Regimental, com aplicação de multa de 10% sobre o valor atualizado da causa (art. 557, § 2º, do CPC[1973])".

Capítulo 9

O papel e os desafios do Conselho Nacional de Justiça na cultura de precedentes e racionalização do sistema processual brasileiro

O Conselho Nacional de Justiça tem um papel fundante na concretização de uma cultura de precedentes e racionalização do sistema processual na medida em que a ele compete o papel central de planejador estratégico do Poder Judiciário no Brasil. Criado em 31.12.2004 e instalado em 14.6.2005, é o órgão formulador das políticas e estratégias nacionais para tornar o sistema judiciário mais eficiente.

Ao CNJ, compete o controle da atuação administrativa e financeira do Poder Judiciário e do cumprimento dos deveres funcionais dos juízes (§4º, art. 103-B, da CF), bem como zelar pela observância do art. 37 da Constituição Federal e apreciar, de ofício ou mediante provocação, a legalidade dos atos administrativos praticados por membros ou órgãos do Poder Judiciário, podendo desconstituí-los, revê-los ou fixar prazo para que se adotem as providências necessárias ao exato cumprimento da lei, sem prejuízo da competência do Tribunal de Contas da União.[1]

Segundo Gilmar Ferreira Mendes, o CNJ se destaca como importante "órgão de coordenação, planejamento e supervisão admi-

1. Sobre a competência e o poder normativo do Conselho Nacional de Justiça, conferir: ADI 3.367/DF, rel. Ministro Cezar Peluso, DJ 17.3.2006 e ADC 12/DF, rel. Ministro Carlos Britto, DJe 18.12.2009.

nistrativa do Poder Judiciário, com o objetivo precípuo de alcançar o grau máximo de eficiência, de modo a tornar verdadeiramente eficaz a prestação jurisdicional".[2]

Exerce o Conselho um papel basilar enquanto formulador de políticas públicas para o Poder Judiciário e real garantidor da efetiva prestação jurisdicional. Esse órgão nasceu com o intuito de promover a aberta comunicação da sociedade com o Poder Judiciário, responsabilizando-se pelo controle de sua atividade administrativa, bem como o cumprimento das atividades funcionais dos magistrados, sempre zelando pela autonomia do Poder.

Para ilustrar esse escopo, em seu nascedouro, já entre setembro e novembro de 2008, o CNJ promoveu encontros regionais do Poder Judiciário com o objetivo de dialogar com os Presidentes das Cortes das Justiças Estadual, Federal, Eleitoral, Militar e do Trabalho, bem como de conhecer as realidades locais e as peculiaridades regionais.

O objetivo, na ocasião, foi conhecer as boas práticas e revelar os desafios que devem ser enfrentados e superados para se alcançar uma Justiça mais efetiva, por meio de diagnósticos, com enfoque na "gestão de recursos financeiros, humanos e de tecnologia da informação; níveis de qualificação dos profissionais da Justiça, o grau de otimização dos processos fundamentais de trabalho e o desenvolvimento e execução da gestão com eventual planejamento, bem como estimular a comunicação e a troca de experiências entre os tribunais".[3]

Embora destacado papel e propósito, desde a sua criação, concebida na reforma do Poder Judiciário de 2004, esse esforço não foi suficiente para reduzir o volume, para racionalizar a aplicação de precedentes e teses pelos Tribunais, bem como na consolidação de um sistema eficiente. Os próprios números anuais revelados pelo CNJ dialogam com essa afirmação.

Fato é que o Conselho é ator importante e balizador de uma efetiva[4] prestação jurisdicional não só como gestor e idealizador do

---

2. Discurso de posse na Presidência do Conselho Nacional de Justiça em 26.3.2008.
3. Relatório anual do Conselho Nacional de Justiça de 2008, disponível em www.cnj.jus.br. Acesso em: 20.11.2023.
4. Uma prestação jurisdicional efetiva e eficaz não enseja volume e quantidade. Não se pretende esgotar essa problemática levantada no cenário jurídico a partir da Meta 2 do CNJ, em que se pretendeu estabelecer metas para os Juízes em todo o Brasil.

planejamento estratégico do Poder Judiciário, mas também como aquele que recebeu a missão de provocar o grau máximo de eficiência dos demais órgãos, de modo a tornar verdadeiramente eficaz essa prestação.

Um passo importante e basilar na cultura de precedentes e racionalização do sistema processual brasileiro foi a Resolução n.º 160, de 19 de outubro de 2012. Essa norma, gestada na sessão plenária de 17 de outubro de 2012, determinou a criação do Núcleo de Repercussão Geral e Recursos Repetitivos (NURER)[5] no âmbito dos Tribunais Superiores, dos Tribunais de Justiça dos Estados e do Distrito Federal e dos Tribunais Regionais Federais.[6]

Outro destaque, nessa esteira, foi, no início de 2022, a instituição do Banco Nacional de Precedentes (BNP) para consulta e divulgação por órgãos e pelo público em geral de precedentes judiciais, com ênfase nos pronunciamentos judiciais listados no art. 927 do Código de Processo Civil em todas as suas fases processuais.[7]

Nessa Resolução, considerou-se como precedentes qualificados as decisões do STF em controle concentrado de constitucionalidade, as súmulas vinculantes, os acórdãos em incidente de assunção de competência (IAC) ou de incidente de resolução de demandas repetitivas (IRDR) e os em recursos repetitivos, e as súmulas do STF e do STJ, bem como os "precedentes em sentido lato", como os pedidos de uniformização de interpretação de lei de competência do STJ, súmulas do STM, do TSE, do TST, dos Tribunais de Justiça, dos Tribunais Regionais Federais, dos Tribunais de Justiça Militares, dos TREs, dos TRTs e os pedidos representativos de controvérsia da Turma Nacional de Uniformização dos juizados especiais federais

5. Revogada pela Resolução nº 235 de 13/07/2016, cuja ementa dispõe "sobre a padronização de procedimentos administrativos decorrentes de julgamentos de repercussão geral, de casos repetitivos e de incidente de assunção de competência previstos na Lei 13.105, de 16 de março de 2015 (Código de Processo Civil), no Superior Tribunal de Justiça, no Tribunal Superior Eleitoral, no Tribunal Superior do Trabalho, no Superior Tribunal Militar, nos Tribunais Regionais Federais, nos Tribunais Regionais do Trabalho e nos Tribunais de Justiça dos Estados e do Distrito Federal, e dá outras providências".

6. CF. inteiro teor da Resolução: www.cnj.jus.br/atos-administrativos/atos-da-presidencia/resolucoespresidencia/21725-resolucao-n-160-de-19-de-outubro-de-2012. Acesso em: 15.11.2023.

7. Resolução nº 444 de 25/02/2022 do CNJ.

(TNU). Além disso, os precedentes normativos e as orientações jurisprudenciais do Tribunal Superior do Trabalho.

A caminhada do CNJ pela racionalização dos precedentes não ficou apenas no aspecto normativo. Em 2020, sob a Presidência do Ministro Luiz Fux, foi instituído Grupo de Trabalho objetivando a promoção de estudos e propostas voltadas ao fortalecimento dos precedentes no sistema nacional.[8]

Esse grupo tinha como atribuições, dentre outras, a promoção de debates sobre o tema e elaboração de diagnósticos; a elaboração de estudos com a indicação de medidas voltadas à superação das dificuldades relativas à publicidade e à efetividade dos precedentes; e proposta de arranjos normativos, institucionais e organizacionais com o objetivo de aprimorar os mecanismos de fortalecimento dos precedentes e aumentar a adesão dos julgadores em todos os métodos de resolução de conflitos. Fizeram parte do grupo Conselheiros do CNJ, Ministros do STJ, Ministro do TCU, membros do Executivo, Desembargador Federal e Estadual, Juízes, Defensores, Juízes auxiliares e os Professores Humberto Dalla Bernardina de Pinho, Teresa Arruda Alvim, Humberto Theodoro Júnior e outros.

Contudo, o ponto nodal do Conselho na cultura de precedentes foi a Recomendação n.º 134, no final de 2022, ainda na Presidência do Ministro Luiz Fux[9], em que se definiu que o sistema de precedentes "se preocupa em fornecer, de modo mais estruturado e geral, respostas às controvérsias atuais, latentes e potenciais, de modo a propiciar a efetiva segurança jurídica", conforme preconiza o art. 1º da referida Recomendação. Segundo o CNJ, "o sistema de precedentes representa uma nova concepção de jurisdição".

Nessa norma, o CNJ recomendou aos tribunais de todo o País, em seus diversos órgãos, bem como aos magistrados, que promovessem "um trabalho permanente de identificação das questões de direito controversas, que sejam comuns, em uma quantidade razoável de processos, ou de repercussão geral, para que possam ser objeto de

8. Portaria CNJ n.º 240, de 4.11.2020.
9. Deliberação do Plenário do CNJ no Ato Normativo nº 0005217- 82.2022.2.00.0000, na 63ª Sessão Extraordinária, realizada em 6 de setembro de 2022. Recomendação n.º 134, de 9 de setembro de 2022.

uniformização". Recomendou ainda aos juízes para contribuírem com o bom funcionamento do sistema de precedentes legalmente estabelecido, zelando pela uniformização das soluções dadas às questões controversas e observando e fazendo observar as teses fixadas pelos tribunais superiores e, na falta de precedentes e jurisprudência por parte destes, pelos respectivos tribunais regionais ou estaduais.[10]

Prevê ainda a Recomendação n.º 134/2022 que a uniformização da jurisprudência seja realizada, preferencialmente, mediante a formulação de precedentes vinculativos (qualificados), previstos no art. 927 do CPC/2015, bem como que os precedentes devam ser respeitados, a fim de concretizar o princípio da isonomia e da segurança jurídica.

Por fim, recomenda o CNJ que os precedentes sejam aplicados por todos os tribunais e órgãos judiciais, independentemente do ramo e da matéria e, para tanto, define que a Comissão de Gestão Estratégica, Estatística e Orçamento terá papel fundante para o fortalecimento da cultura de precedentes no sistema jurídico, realizando monitoramento por meio de indicadores e estatísticas, bem como fomentando a troca de experiências entre os tribunais, além de, eventualmente, propor o aprimoramento da presente normativa.

Ainda na busca pelo aprimoramento e uma cultura de precedentes, em dezembro de 2023 o CNJ lançou um outro desafio, dessa vez para aprimorar a linguagem do Poder Judiciário com a população. Sabe-se que um dos principais pontos é a falta do acesso à Justiça pela ausência de uma linguagem simples e acessível. O anúncio desse Pacto Nacional foi feito por Luís Roberto Barroso, na presidência do Conselho Nacional de Justiça, anunciando o chamado "Pacto Nacional do Judiciário pela Linguagem Simples" (Portaria n.º 351, de 4.12.2023)[11] e apresentando-o no 17º Encontro Nacional do Poder Judiciário.

---

10. Deliberação do Plenário do CNJ no Ato Normativo nº 0005217- 82.2022.2.00.0000, na 63ª Sessão Extraordinária, realizada em 6 de setembro de 2022. Recomendação n.º 134, de 9 de setembro de 2022

11. Cf. Portaria da Presidência do CNJ n.º 351, de 4 de dezembro de 2023, que institui no Conselho Nacional de Justiça o Selo Linguagem Simples: https://atos.cnj.jus.br/atos/detalhar/5378. Acesso em: 16.1.2024.

Essa Portaria tem como propósito agregar aos Tribunais do País a adoção de estratégias para uma comunicação mais efetiva e simples para compreensão da população. Uma estratégia ímpar e que democratiza o acesso à justiça, o acesso à linguagem e o acesso à população na compreensão das decisões, das leis e do cotidiano do Poder Judiciário.[12]

Não se pode perder de vista, sem nenhuma intenção de ao menos questionar a medida, que é mais um ponto de atenção para redobrar o trabalho de racionalização do Poder Judiciário – que se encontra sobrecarregado –, pois essas e outras medidas aumentam as demandas e o volume. Ou, quiçá, com essa compreensão do seu funcionamento e de sua linguagem possa até diminuir as demandas no âmbito do Poder Judiciário. Mais um ponto para os desafios na racionalização do sistema processual.

O papel constitucional do CNJ de formulador de políticas públicas em prol da efetividade jurisdicional é claro. Como decidiu o Supremo Tribunal Federal no julgamento da medida cautelar na ADI 3.823/DF, o CNJ, apesar de estar inserido no título que trata da Organização dos Poderes, colocando-o como um dos órgãos do Poder Judiciário, tem natureza jurídica eminentemente administrativa, e não legislativa ou judiciária.[13]

---

12. Dentre outros, um dos pontos de destaque do pacto é a sua "meta de adoção de uma linguagem direta e compreensível na produção das decisões judiciais e na comunicação geral do Judiciário, tornando a Justiça mais acessível à população". Para Luís Roberto Barroso, "Com muita frequência, não somos compreendidos. Boa parte das críticas ao Judiciário decorre da incompreensão sobre o que estamos decidindo. A linguagem codificada, a linguagem hermética e inacessível, acaba sendo um instrumento de poder, um instrumento de exclusão das pessoas que não possuem aquele conhecimento e, portanto, não podem participar do debate", afirmou.

    "E quase tudo que decidimos pode ser explicado em uma linguagem simples, que as pessoas consigam entender. Ainda que para discordar, mas para discordar daquilo que entenderem", completou. Barroso reforçou que a linguagem simples na Justiça está por trás do fortalecimento da democracia ao promover a igualdade de acesso à informação e à participação de todos os indivíduos no sistema jurídico. O desafio, conforme Barroso, é aliar a boa técnica jurídica com a adoção de uma linguagem breve na comunicação. "Isso precisa ser assumido como compromisso da magistratura nacional", disse. Barroso defendeu o que chamou de "revolução da brevidade".

    Cf.: https://portal.stf.jus.br/noticias/verNoticiaDetalhe.asp?idConteudo=521404&ori=1. Acesso em: 16.1.2024.

13. ADIN-MC 3823/DF, rel. Ministra Carmen Lucia, DJe 6.12.2006: (...) "o CNJ não pode inovar em matéria legislativa e nem tomar decisões de caráter judicial ou jurisdicional".

Como apontou o voto de Carlos Ayres Britto, a Emenda Constitucional 45/2004 "provocou um choque de cultura. Havia uma cultura enraizada nos fatos, e a Emenda nº 45/2004 introduziu novidades que postulam mudanças estruturais". Para Ayres Britto, é preciso uma "predisposição, uma mudança de mentalidade para que essa nova ordem constitucional, debatida por 13 anos no Congresso Nacional, torne-se uma realidade, e, aí, há de funcionar a imaginação, a criatividade, a disposição para conviver com o novo".

Os desafios para uma cultura de precedentes no Superior Tribunal de Justiça não chocam com as diretrizes e os desafios do Conselho Nacional de Justiça. Ao STJ, o dever de dialogar com os Tribunais Regionais Federais e Tribunais de Justiça, para medirem as incongruências nas interpretações da legislação federal que colidem com a isonomia e segurança jurídica. Para tanto, o diálogo com essas Cortes Federais e Estaduais e a sua organicidade interna para estruturar e alinhar esses entendimentos destoantes.

Ao CNJ, por outro lado, a moldura é mais ampla. Além de abarcar e receber essas informações consolidadas do STJ, cabe ao Conselho estruturar em seus bancos de dados, em seu Departamento de Pesquisa, as incongruências com as interpretações da legislação trabalhista pelo TST e o STF. A ele cabe promover ao menos o debate institucional na seara administrativa, de modo a encerrar e racionalizar os conflitos que causam insegurança jurídica e falta de isonomia.

Da mesma forma, ao CNJ cabe esse papel para mediar as incongruências entre o STJ e o STF. O Conselho poderá provocar esse debate, que navega mais na seara administrativa, podendo ser alinhado e desenhado entre os secretários gerais ou entre os juízes auxiliares destacados pelos respectivos Presidentes. Ao Conselho, cabe promover esse debate institucional. O tempo excessivo de julgamento de questões amiúde no Plenário do CNJ pode ser substituído por debates relativos ao enfrentamento da racionalização do sistema processual civil.

Só com um debate qualificado sobre o enfrentamento das razões do congestionamento é que chegaremos a resultados e desafios a serem enfrentados e superados. A crise é perene. Não é moderna. Não há novidade nesse debate que se arrasta antes da Constituição de 1988, que veio como um de seus propósitos a concretização da Justiça e da garantia dos direitos.

Referências Bibliográficas

AL-ALAM, Caroline Ledesma. *A Teoria de Precedentes nos Sistemas de Common Law e a sua inserção no direito brasileiro.* Disponível em: https://www.lume.ufrgs.br/handle/10183/129925. Acesso em: 05 jan. 2021;

ALLEN, Ronald J; PARDO, Michael S. The myth of the law-fact disctinction. *Northwestern University Law Review,* vol. 97, nº 4. Chicago: Northwestern University School of Law, 2003;

ALMEIDA, Fernando Dias Menezes de Almeida. *Memória jurisprudencial: Ministro Victor Nunes.* Brasília: Supremo Tribunal Federal, 2006 (Série memória jurisprudencial).

AMARAL, Guilherme Rizzo. Efetividade, segurança, massificação e a proposta de um incidente de resolução de demandas repetitivas. *Revista de Processo,* Ano 36, vol. 196, junho/2011, págs. 237-275.

ANDREASSA JUNIOR, Gilberto; BARBOSA, Claudia Maria. Teoria dos precedentes e sua incompatibilidade com o sistema deliberativo dos tribunais superiores. *Revista Eletrônica do Curso de Direito da UFSM,* Santa Maria, RS, v. 12, n. 3, p. 861-888, dez. 2017. ISSN 1981-3694. Disponível em: https://periodicos.ufsm.br/revistadireito/article/view/26773. Acesso em: 04 jan. 2023;

ANDRIGHI, Fátima Nancy. Recursos repetitivos. *Revista de Processo,* v. 35, n. 185, julho, 2010, págs. 265-281.

__________. Prefácio. In: SERAU JUNIOR, Marco Aurélio; REIS, Silas Mendes dos. *Recursos especiais repetitivos no STJ.* Rio de Janeiro: Forense; São Paulo: Método, 2009. p. 7-8. Disponível em: <http://bdjur.stj.jus.br/dspace/handle/2011/27011>. Acesso em: 23 nov. 2023.

__________. Os recursos especiais repetitivos no STJ: um breve balanço do primeiro ano de aplicação do art. 543-C do CPC. *Revista da AGU*, Brasília, DF, v. 8, n. 22, p. 51-66, out./dez. 2009. Disponível em: <http://bdjur.stj.jus.br/dspace/handle/2011/37005>. Acesso em: 23 nov. 2023.

A opinião da sociedade civil organizada a respeito da Justiça Federal. Conselho da Justiça Federal. Centro de Estudos Judiciários. Brasília: CJF, 1996.

ASSIS, Araken de... [et. al.] (org.). *Processo Coletivo e outros temas de Direito Processual: homenagem a 50 anos de docência do Professor José Maria Rosa Tesheiner e 30 anos de docência do Professor Sérgio Gilberto Porto.* Livraria do Advogado, 2012.

ATIENZA, Manuel. *Entrevista a Neil MacCormick.* DOXA, Cuadernos del Filosofia del Derecho, 29 (2006), pp. 479-489.

A visão interna na Justiça Federal. Conselho da Justiça Federal. Centro de Estudos Judiciários. Brasília: CJF, 1995, p. 20.

BARBI, Celso Agrícola. *Comentários ao Código de Processo Civil*, vol. I, 11ª ed. Rio de Janeiro: Forense, 2002.

BARBOSA MOREIRA, José Carlos. Antecedentes da Reforma Processual e Sistemática Geral do Novo Código de Processo Civil. *Revista do Instituto dos Advogados Brasileiros*, n.º 31, pág. 7-.

__________________. *Comentários ao Código de Processo Civil, Lei n.º 5.869, de 11 de janeiro de 1973*, vol. V: arts. 476 a 565. Rio de Janeiro: Forense, 2009.

__________________. *Temas de direito processual: oitava série.* São Paulo: Saraiva, 2004.

__________________. *Notas sobre alguns aspectos do processo (civil e penal) nos países anglo-saxônicos.* In: Temas de direito processual: sétima série. São Paulo: Saraiva, 2001.

__________________. *O futuro da justiça: alguns mitos.* In: Temas de Direito Processual, oitava série. São Paulo: Saraiva, 2004.

BARRETO, Afonso Henriques de Lima. *O triste fim de Policarpo Quaresma*. Fundação Biblioteca Nacional. Domínio Público: <<http://www.dominiopublico.gov.br/pesquisa/DetalheObraForm.do?select_action&co_obra=2028>>. Acesso em 28.12.2023.

BARROS. Humberto Gomes de. *Lei 11.672/08 vai resgatar o STJ da inviabilidade*. Disponível em: <http://www.conjur.com.br/2008-mai-16/lei_1167208_resgatar_stj_inviabilidade>. Acesso em 3.9.2023.

BARROSO, Luís Roberto. *Temas de Direito Constitucional*. Tomo III. Rio de Janeiro: Renovar, 2005.

BAUMAN, Zygmunt. *Ética pós-moderna*. Trad. de João Rezende Costa. São Paulo: Paulus, 1997.

________. *Globalização: as consequências humanas*. Trad. de Marcus Penchel. Rio de Janeiro: Jorge Zahar Ed., 1999.

BEDAQUE, José Roberto dos Santos. *Direito e processo*. 5. ed. São Paulo: Malheiros, 2009.

BENETI, Sidnei Agostinho. Assunção de competência e *fast-track* recursal. *Revista de Processo*, v. 34, n. 171, maio, 2009, págs. 9-23.

BERMAN, José Guilherme. (Juris)prudência e sistemas jurídicos: um breve estudo sobre a modéstia judicial na *common law* e no sistema romano-germânico. *RDA – Revista de Direito Administrativo*, Rio de Janeiro, v. 269, p. 165-196, maio/ago. 2015.

BRITTO, Carlos Ayres. *Teoria da constituição*. Rio de Janeiro: Forense, 2006.

BUENO, Cássio Scarpinella. *Amicus curiae no processo civil brasileiro: um terceiro enigmático*. 2ª ed. São Paulo: Saraiva, 2008.

________. *Curso de direito processual civil: teoria geral do direito processual civil*. Vol. 1. São Paulo: Saraiva, 2007.

________. *Ação Civil Pública e Estatuto da Cidade*. Estatuto da Cidade – Comentários à Lei Federal 10.257/2001. In: DALLARI, Adilson Abreu Dallari; FERRAZ, Sérgio (Coords). São Paulo: Malheiros Editores, 2006, pp. 393-409.

______. *Partes e terceiros no processo civil brasileiro*. São Paulo: Saraiva, 2003.

CABRAL, Antonio do Passo. O novo procedimento-modelo (*Musterverfahren*) alemão: uma alternativa às ações coletivas. *Revista de Processo*. Vol. 147, maio/2007, pp. 123-146.

CALMON DE PASSOS, J. J. Súmula vinculante. *Revista do Tribunal Regional da 1ª Região*, v. 9, n. 1, jan.-mar., 1997, págs. 163-176.

CANIVET, Guy. *Activisme judiciaire et prudence interprétative* – (Introduction générale). In: La création du droit par le juge, Archives de philosophie du droit, tome 50, Dalloz, 2007, pp. 7-32.

CAMPILONGO, Celso Fernandes. O Judiciário e o acesso à justiça. In: SADEK, Maria Tereza (org.). *O Judiciário em debate*. São Paulo: Idesp: Editora Sumaré, 1995. – (Série Justiça), págs. 15-17.

CANOTILHO, J. J. GOMES. *Direito constitucional e teoria da Constituição*. Coimbra, Almedina, 2000.

______. Pela necessidade de o sujeito de direito se aproximar dos 'sujeitos densos' da vida real. In: *Constituição & Democracia. UnB*: Julho de 2008, n. 24.

CAPPELLETTI, Mauro. Métodos alternativos de solução de conflitos no quadro do movimento universal de acesso à Justiça. Trad. de José Carlos Barbosa Moreira. *Revista de Processo* n. 74/82.

______. O Acesso à justiça e a função do jurista em nossa época. *Revista de Processo*, n. 61, pág. 144.

______. Constitucionalismo moderno e o papel do Poder Judiciário na sociedade contemporânea. *Revista de Processo*, n. 60, págs. 110-117, out.-dez 1990.

CAPPELLETTI, Mauro e GARTH, Bryant. *Acesso à Justiça*, trad. de Ellen Gracie Northfleet. Porto Alegre: Sergio Fabris Editor, 1988. Reimpresso, 2002.

CARNEIRO, Athos Gusmão. Primeiras observações sobre a lei dos recursos repetitivos no STJ. *Revista de Processo*, vol. 160, p. 83. Jun / 2008DTR\2008\347.

______. *Intervenção de terceiros*. 13ª ed. São Paulo: Saraiva, 2010.

CASTRO, Marcus Faro. O Supremo Tribunal Federal e a judicialização da política. In: *Revista Brasileira de Ciências Sociais*. v. 12, n. 34, jun. 1997.

CÔRTES, Osmar Mendes Paixão. *Recursos para os tribunais superiores: recurso extraordinário, recurso especial, embargos de divergência e agravos*. Rio de Janeiro: GZ Ed., 2012.

_______. *Recurso Extraordinário: origem e desenvolvimento no direito brasileiro*. Rio de Janeiro: Forense, 2005.

COSTA, Pietro. *Soberania, representação, democracia: ensaios de história do pensamento jurídico*. Curitiba: Juruá, 2010.

CUNHA, Leonardo José Carneiro da. O regime processual das causas repetitivas. In: DIDIER Jr., Fredie (org.). *Leituras Complementares de Processo Civil*. 8ª ed. Ed. *Jus*Podim, 2010.

_______. Anotações sobre o incidente de resolução de demandas repetitivas previsto no projeto do novo Código de Processo Civil. *Revista de Processo*, Ano 36, vol. 193, mar./2011, pp. 255-279.

_______. Primeiras impressões sobre o art. 285-A do CPC (Julgamento imediato de processos repetitivos: uma racionalização para as demandas de massa). *Revista Dialética de Direito Processual*, n.º 39, junho/2006, pp. 93-104.

CUNHA, Luciana Gross. Indicadores de desempenho do Judiciário: como são produzidos e qual a sua finalidade. *Cadernos FGV Projetos*, v. 12, p. 41-45, 2010.

______. O acesso à Justiça e a assistência jurídica em São Paulo. *Cidadania e Justiça*, v. 09, p. 163-180, 2000.

CUNHA, Luciana Gross; CUNHA, Alexandre dos Santos. Contando a Justiça: A produção de informação no sistema de justiça brasileiro. *Boletim IBCCRIM*, v. 151, p. 17-18, 2005.

CUNHA, Luciana Gross; PINHEIRO, V. M. O Poder Judiciário na Visão de seus Ministros: Comentários sobre as Entrevistas dos Integrantes dos Tribunais Superiores. *Revista brasileira de estudos constitucionais*, v. 20, p. 123-129, 2011.

CUNHA, Luciana Gross; CUNHA, Alexandre dos Santos; Flavia SCABIN; Marcelo Kalil ISSA; MACARIO, M. P. Sistema de Justiça brasileiro: a produção de informação e sua utilização. *Cadernos Direito GV*, v. 4, p. 01-141, 2006.

DIDIER JR., Fredie; BRAGA, Paula Sarno; OLIVEIRA, Rafael Alexandria de. *Curso de direito processual civil:* teoria da prova, direito probatório, ações probatórias, decisão, precedente, coisa julgada e antecipação dos efeitos da tutela. 10. ed. Salvador: Ed. Juspodivm, 2015;

__________; CUNHA, Leonardo Carneiro da. *Curso de direito processual civil:* o processo civil nos tribunais, recursos, ações de competência originária de tribunal e querela *nullitatis*, incidente de competência originária de tribunal. 13. ed. reform. Salvador: Ed. Juspodivm, 2016;

__________. SOUZA, Marcus Seixas. O respeito aos precedentes como diretriz histórica do direito brasileiro. In: ALVIM, T. A; DIDIER JR., F. (org.). *Precedentes:* Execução: Procedimentos especiais. Coleção doutrinas essenciais: novo processo civil, v. 6. 2. ed. em e-book baseada na 2ª ed. impressa. Thomson Reuters Brasil, 2018.

__________. TEMER, Sofia. A decisão de organização do incidente de resolução de demandas repetitivas: importância, conteúdo e o papel do regimento interno do tribunal. *Revista de Processo*. São Paulo: RJ, 2016, n. 258.

__________; ZANETI JR., Hermes. Ações coletivas e o incidente de julgamento de casos repetitivos – espécies de processo coletivo no Direito brasileiro: aproximações e distinções. *Revista de Processo*. São Paulo: RT, 2016, n. 256.

DINAMARCO, Cândido Rangel. *Fundamentos do processo civil moderno*. 3. ed. São Paulo, Malheiros, 2000, v. 1.

__________. *Instituições de direito processual civil*. 6. ed. São Paulo: Malheiros, 2009.

__________. *A instrumentalidade do processo*. 14. ed. São Paulo: Malheiros, 2009.

DUXBURY, Neil. *The Nature and Authority of Precedent*. Cambridge: Cambridge University Press, 2008;

FACHINI, Laura Stefenon. *Aplicação dos Precedentes no Brasil:* descompasso entre teoria e prática. 2017. Disponível em: https://www.lume.ufrgs.br/handle/10183/174559. Acesso em: 06 jan. 2023;

FARIA, José Eduardo. 1ª Jornada de Estudos Judiciários. *Série Cadernos do CEJ*, Volume 11. Conselho da Justiça Federal. Centro de Estudos Judiciários. Brasília-DF, 1996.

______. *O Poder Judiciário no Brasil:* paradoxos, desafios e alternativas. Conselho da Justiça Federal: Série monografias, n. 3.

FARIA, Luis Alberto Gurgel de. Cinco anos do novo CPC: a importância dos precedentes. In: *Avanços do sistema de justiça:* os 5 anos de vigência do Novo Código de Processo Civil/Coordenadores Felipe Santa Cruz; Luiz Fux e André Godinho. Brasília: OAB Editora, 2021, p. 289-309.

______. Os 30 anos do STJ e a importância do recurso especial repetitivo na efetivação da principal missão da corte: uniformizar a interpretação da Lei Federal. BRASIL. Superior Tribunal de Justiça. Doutrina: edição comemorativa: 30 anos do STJ. Brasília: Superior Tribunal de Justiça, 2019, p. 1001-1021. Disponível em: https://bdjur.stj.jus.br/jspui/handle/2011/131432. Acesso em 20.12.2023.

______. O Novo CPC e a Vinculação aos Precedentes - Breves Considerações. In: ARAÚJO, Raul; MARCONI; Cid; ROCHA, Tiago Asfor (Orgs.). *Temas Atuais e Polêmicos na Justiça Federal.* Salvador: Juspodivm, 2018, p. 319-329.

______. In: *Comentários ao Código de Processo Civil*/coordenadores Angélica Arruda Alvim; Araken de Assis; Eduardo Arruda Alvim... [et al.]. – São Paulo: Saraiva, 2016.

FERNANDES, Edésio. A Nova Ordem Jurídico-Urbanística no Brasil. *Revista Magister de Direito Imobiliário, Registral, Urbanístico e Ambiental.* V. 1 (ago./set. 2005) – Porto Alegre: Magister, 2005, pp. 5-26.

__________. Programas de Regularização em Áreas Urbanas: Estado do Conhecimento. *Revista Magister de Direito Ambiental e Urbanístico*. V. 9 (dez./jan. 2007) – Porto Alegre: Magister, 2007, pp. 41-50.

FERRAJOLI, Luigi. Prefácio. Tradução: Hermes Zaneti Júnior. In: ZANETI JR., Hermes. *O valor vinculante dos precedentes:* teoria dos precedentes normativos formalmente vinculantes. 3ª ed., ver., amp. e atual. Salvador: Juspodivm, 2017;

FGV. *VIII Relatório Supremo em Números:* Quem decide no Supremo?: tipos de decisão colegiada no tribunal (1988-2018). Rio de Janeiro: FGV Direito Rio, 2020.

FIGUEIREDO, Guilherme Silva. *PROJETO ATHOS:* Um Estudo de Caso sobre a inserção do Superior Tribunal de Justiça na Era da Inteligência Artificial. Dissertação de Mestrado; Universidade de Brasília, 2022.

FISS, Owen. *Um novo Processo Civil: estudos norte-americanos sobre Jurisdição, Constituição e sociedade*; coordenação da tradução Carlos Alberto Salles; tradução Daniel Porto Godinho da Silva, Melina de Medeiros Rós. São Paulo: Editora Revista dos Tribunais, 2004.

____. The Political Theory of the Class Action. *Whashington and Lee Law Review*, Vol. 53, nº 1, Lexington, Virginia, 1996, pp. 21-31.

____. Violencia, debido processo y educacion em latinoamérica. Entrevista realizada por Andrés Bayly, Enrique Pasquel, Mirella Miranda y Gerardo Solis. *Revista de Derecho Themis*, n. 47, pp. 307-310.

FUX, Luiz. *A desistência recursal e os recursos repetitivos*. BDJur, Brasília, DF, 10 fev. 2010. Disponível em: <http://bdjur.stj.jus.br/dspace/handle/2011/27102>. Acesso em: 16 dez. 2012.

____. (coord.) *O novo processo civil brasileiro. Direito em expectativa (reflexões acerca do Projeto do novo Código de Processo Civil.* Rio de Janeiro: Forense, 2011.

FUX, Luiz; NERY Jr., Nelson; WAMBIER, Teresa Arruda Alvim. *Processo e Constituição: estudos em homenagem ao professor*

José Carlos Barbosa Moreira. São Paulo: Editora Revista dos Tribunais, 2006.

GAIO Jr., Antônio Pereira. Incidente de resolução de demandas repetitivas no projeto do novo CPC – breves apontamentos. *Revista de Processo*, Ano 36, vol. 199, setembro/2011, pp. 247-256.

GABRIEL, Anderson de Paiva. *O pragmatismo como paradigma do Direito Processual Penal contemporâneo: tecnologia, consenso e whistleblowing*. Londrina-PR: Thoth, 2022.

GALLUCI, Mariângela. "Somos 11 ilhas. Não somos amigos". 2004. Disponível em: https://politica.estadao.com.br/noticias/geral,somos-11-ilhas-nao-somos-amigos,40170. Acesso em 20 nov. 2021;

GIDI, Antônio. *A* class action *como instrumento de tutela coletiva dos direitos*. São Paulo: Ed. Rt, 2007.

____. *Rumo a um Código de Processo Civil coletivo: a codificação das ações coletivas do Brasil*. Rio de Janeiro: Forense, 2008.

GRINOVER, Ada Pellegrini. *A marcha do processo*. Rio de Janeiro: Forense Universitária, 2000.

__________. Parte II – Novas tendências em matéria de legitimação e coisa julgada nas ações coletivas. Resumo do Relatório Geral, *Civil Law*. XIII Congresso Mundial de Direito Processual. Salvador/BA, set. 2007.

GRINOVER, Ada Pellegrini. Direito Processual Coletivo. In: GRINOVER, Ada Pellegrini; MENDES, Aluisio Gonçalves de Castro e WATANABE, Kazuo. (Coord.). *Direito Processual Coletivo e o anteprojeto de Código Brasileiro de Processos Coletivos*. São Paulo: Editora Revista dos Tribunais, 2007.

GOMES, Magno Federici; DE OLIVEIRA, Letícia Alves. Precedentes no Código de Processo Civil de 2015: Obstáculos para seu Uso Adequado e Sustentável. *Revista Jurídica Cesumar*, v. 18 n. 2 (2018): maio/ago. p. 520. Disponível em: https://177.129.73.3/index.php/revjuridica/article/view/6438. Acesso em 15 nov. 2021.

GUASTINI, Riccardo. *Teoria e dogmatica delle fonti*. Milano: Giuffrè Editore, 1998.

GUSTIN, Miracy Barbosa de Sousa; DIAS, Maria Tereza Fonseca. *(Re)pensando a pesquisa jurídica: teoria e prática.* Belo Horizonte: Del Rey, 2002.

HÄBERLE, Peter. Hermenêutica Constitucional. *A sociedade aberta dos intérpretes da Constituição: contribuição para a interpretação pluralista e "procedimental" da Constituição.* Trad. de Gilmar Ferreira Mendes. Porto Alegre: Sergio Antonio Fabris Editor, 1997.

HESSE, Konrad. *La fuerza normativa de la Constitución.* In: *Escritos de derecho constitucional.* Centro de Estudios Constitucionales, Madrid, 1983, pp. 59-84.

HUMBERT. Georges Louis Hage. A Autonomia do Direito Urbanístico e a sua Importância para o Ensino Jurídico. *Revista Magister de Direito Ambiental e Urbanístico.* V. 33 (dez./jan. 2011) – Porto Alegre: Magister, 2011, pp. 18-22.

JOTA. Das 11 ilhas aos 11 soberanos. 2018. Disponível em: https://www.jota.info/stf/do-supremo/das-11-ilhas-aos-11-soberanos-28062018. Acesso em 20 nov. 2021.

KENNE, Ilana Godinho. *A extensão da influência do* Musterverfahren *na criação do Incidente de Resolução de Demandas Repetitivas.* Trabalho de Conclusão de Curso apresentado à Faculdade de Direito da Universidade de Brasília, sob orientação de NUNES, Jorge Amaury Maia, outubro de 2012: <<http://bdm.bce.unb.br/bitstream/10483/4031/1/2012_IlanaGodinhoKenne.pdf.>>. Acesso em 29.12.2013.

LEAL, Victor Nunes. Atualidade do Supremo Tribunal Federal. *Revista dos Tribunais*, v. 349, págs. 623-629.

____. Passado e Futuro da "súmula do STF". *Revista dos Tribunais*, Ano 70, novembro de 1981, vol. 553, págs. 287-299.

LÉVY, Daniel de Andrade. O incidente de resolução de demandas repetitivas no Anteprojeto do Novo Código de Processo Civil. Exame à luz da *Group Litigation Order* britânica. *Revista de Processo.* Ano 36, vol. 196, junho/2011, pp. 165-205.

LOPES, Jânia Maria Saldanha; HOFFMAM, Fernando; GARCIA, Thaís. Teoria dos precedentes à brasileira e a destemporalização da decisão jurídica. Prisma Jurídico, vol. 12, núm. 1, jan.-jun., 2013, pp. 319-346. Disponível em: https://www.redalyc.org/pdf/934/93428124011.pdf. Acesso em: 04 jan. 2021;

LORENZ, Günter W. *Diálogo com a América Latina. Panorama de uma Literatura do Futuro.* São Paulo: Editora Pedagógica e Universitária Ltda., 1977.

LUÑO, Antonio-Enrique Pérez. Seguridad jurídica. In: VALDÉS E. y LAPORTA, Francisco J. *El derecho y la justicia.* Editorial Trotta, segunda edición, Madrid, 2000, pp. 481-492.

MACCORMICK, Neil. *Retórica e Estado de Direito.* Tradução Conrado Hübner Mendes. Rio de Janeiro: Elsevier, 2008.

_____________. *La argumentación silogística: uma defensa matizada.* DOXA, Cuadernos de Filosofia del Derecho, 30 (2007), pp. 321-334.

_____________. *Argumentação jurídica e teoria do direito.* Tradução Waldéa Barcellos. São Paulo: Martins Fontes, 2006.

MANCUSO, Rodolfo de Camargo. *Sistema Brasileiro de Precedentes.* 3ª ed. rev., ampl. e atual. Salvador: Editora Juspodivm, 2019;

___________. *A resolução de conflitos e a função judicial no contemporâneo Estado de Direito.* São Paulo: Ed. RT, 2009.

___________. *Divergência jurisprudencial e súmula vinculante.* São Paulo: Revista dos Tribunais, 1999.

___________. *Ação Popular.* Coord. Teresa Arruda Alvim Wambier. 2 ed. São Paulo: Editora Revista dos Tribunais, 1996.

MARINONI, Luiz Guilherme. *O STJ enquanto corte de precedentes: recompreensão do sistema processual da corte suprema.* São Paulo: Editora Revista dos Tribunais, 2013.

___________. Direito Fundamental à duração razoável do processo. *Revista Jurídica*, n. 379, maio de 2009.

___________. Aproximação crítica entre as jurisdições de *civil law* e de *common law* e a necessidade de respeito aos precedentes no Brasil. *Revista da Faculdade de Direito - UFPR*, Curitiba, n. 49, 2009, págs. 11-58.

MARINONI, Luiz Guilherme. *Julgamento nas cortes supremas:* precedentes e decisão do recurso diante do novo CPC. 2. ed. rev., atual. e ampl. São Paulo: Editora Revista dos Tribunais, 2017;

__________; MITIDIERO, Daniel. *Recurso Extraordinário e Recurso Especial:* do *jus litigatoris* ao *jus constitutionis*. Versão Ebook proview. São Paulo: Editora Revista dos Tribunais, 2020;

__________. *O STJ enquanto corte de precedentes:* recompreensão do sistema processual da corte suprema. 3. ed. em e-book baseada na 4. ed. impressa. São Paulo: Revista dos Tribunais, 2019;

__________. *Precedentes obrigatórios*. 6. ed. rev., atual. e ampl. São Paulo: Thomson Reuters Brasil, 2019;

__________. *Processo Constitucional e Democracia*. São Paulo: Thomson Reuteres Brasil. 2021;

MARINONI, Luiz Guilherme; MITIDIERO, Daniel. *Repercussão geral no recurso extraordinário*. São Paulo: RT, 2ª. Ed., 2008.

__________. *O Projeto do CPC. Críticas e propostas*. São Paulo: RT, 2010.

MARQUES, José Frederico. *Manual de Direito Processual Civil*, vol I, 9ª ed, Millennium: Campinas/SP, 2003.

MEDEIROS, Fabrício Juliano Mendes. O Supremo Tribunal Federal e a primeira audiência pública de sua história. *Revista Jurídica da Presidência da República*. Brasília, v. 9, n. 84, abr./maio 2007, PP. 41-48.

MEDINA, José Miguel Garcia. Integridade, estabilidade e coerência da jurisprudência no Estado Constitucional e Democrático de Direito: o papel do precedente, da jurisprudência e da Súmula, à luz do CPC/2015. In: ALVIM, T. A; DIDIER JR., F. (org.). *Precedentes:* Execução: Procedimentos especiais. Coleção doutrinas essenciais: novo processo civil, v. 6. 2. ed. em e-book baseada na 2ª ed. impressa. Thomson Reuters Brasil, 2018;

_________. *Prequestionamento e repercussão geral e outras questões relativas aos recursos especial e extraordinário*. São Paulo: Editora Revista dos Tribunais, 6. ed., 2012.

________. *O prequestionamento nos recursos extraordinário e especial e outras questões relativas a sua admissibilidade e ao seu processamento*. 4. ed. São Paulo: RT, 2005.

MENDES, Aluisio Gonçalves de Castro. *Ações coletivas e meios de resolução coletiva de conflitos no direito comparado e nacional.* 3. ed. São Paulo: Ed. RT, 2012.

MENDES, Aluisio Gonçalves de Castro; RODRIGUES, Roberto de Aragão Ribeiro. Reflexões sobre o incidente de resolução de demandas repetitivas previsto no Projeto de novo Código de Processo Civil. *Revista de Processo,* Ano 37, vol. 211, setembro/2012, pp. 192-208.

MENDES, Gilmar Ferreira; COELHO, Inocêncio Mártires; BRANCO, Paulo Gustavo Gonet. *Curso de Direito Constitucional.* 2. ed. São Paulo: Saraiva, 2008.

MESQUITA, José Inácio Botelho Vega... [et. al.]. A repercussão geral e os recursos repetitivos. Economia, Direito e Política. *Revista de Processo*, ano 38, vol. 220, junho/2013, pp. 13-31.

MITIDIERO, Daniel. *Cortes superiores e cortes supremas:* do controle à interpretação, da jurisprudência ao precedente. 3ª ed. ver., atual. e ampl. São Paulo: Editora Revista dos Tribunais, 2017;

__________. *Precedentes:* da persuasão à vinculação. 3ª ed. rev. atual. e ampl. São Paulo: Thomson Reuters Brasil, 2018;

__________. *Reclamação nas cortes supremas:* entre autoridade da decisão e a eficácia do precedente. Versão Ebook proview. 1ª ed. São Paulo: Thomson Reuters Brasil, 2020;

MOREIRA ALVES, José Carlos. O Supremo Tribunal Federal em face da nova Constituição – Questões e perspectivas. *Arquivos do Ministério da Justiça*, Brasília, jun.- set. 1989.

NERY Jr., Nelson. *Princípios do Processo na Constituição Federal.* São Paulo: Editora Revista dos Tribunais, 2009.

NORONHA, João Otávio de. *Os avanços da inteligência artificial no STJ: caminho para uma Justiça mais rápida e efetiva.* In: O Direito Civil na era da Inteligência Artificial / Rodrigo da Guia

Silva e Gustavo Tepedino (Coordenadores). 1. ed. São Paulo: Thomson Reuters Brasil, 2020.

__________. Breves considerações sobre a atuação do Superior Tribunal de Justiça. In: TEPEDINO, Gustavo; FRAZÃO, Ana (Coords.). *O Superior Tribunal de Justiça e a reconstrução do direito privado*. São Paulo: Revista dos Tribunais, 2011. p. 33-37. Disponível em: <http://bdjur.stj.jus.br/dspace/handle/2011/42621>. Acesso em: 28 nov. 2012.

NUNES, Dierle; PEDRON, Flávio Quinaud; HORTA, André Frederico de Sena. Os precedentes judiciais, o art. 926 do CPC e suas propostas de fundamentação: um diálogo com concepções contrastantes. In: ALVIM, T. A; DIDIER JR., F. (org.). *Precedentes:* Execução: Procedimentos especiais. Coleção doutrinas essenciais: novo processo civil, v. 6. 2. ed. em e-book baseada na 2ª ed. impressa. Thomson Reuters Brasil, 2018;

NUNES, Jorge Amaury Maia. Mandado de injunção e *amicus curiae*. In: *Mandado de injunção: estudos sobre sua regulamentação*. MENDES, Gilmar Ferreira; VALE, André Rufino do; QUINTAS, Fábio Lima (orgs.). – São Paulo: Saraiva, 2013, pág. 504.

______. *Segurança jurídica e súmula vinculante*. São Paulo: Saraiva, 2010. – (Série IDP).

______. A participação do *amicus curiae* no procedimento de argüição de descumprimento de preceito fundamental – ADPF. *Revista Direito Público*, vol. 1, n. 20, mar-abr/2008, pp. 47-64.

______. Princípios constitucionais: interpretação visando à efetividade dos direitos fundamentais. *Revista Direito Público*, vol. 1, n. 19, jan-fev/2008, pp. 94-112.

OLIVEIRA, André Macedo de. *Recursos especiais repetitivos*. Brasília-DF: Gazeta Jurídica, 2015;

__________. *Recursos especiais repetitivos e efetividade jurisdicional: a terceira margem do Superior Tribunal de Justiça*. Tese de doutorado. Faculdade de Direito da Universidade de Brasília, março de 2014. Disponível em: http://bdjur.stj.jus.br/dspace/handle/2011/75499. Acesso em 10.7.2014.

_________. Efetividade Jurisdicional: recursos repetitivos, repercussão geral e o Conselho Nacional de Justiça. *Observatório da Jurisdição Constitucional*, v. ano 4, 2010, pp. 1-14.

_________. *Ensino Jurídico: diálogo entre teoria e prática.* Porto Alegre: Sergio Antonio Fabris Editor, 2004.

_________. Estudo sobre a judicialização da política no Distrito Federal: o protagonismo eleitoral do TRE-DF. In: Alexandre Vitorino da Silva ... [et. al.] *Estudos de direito público: direitos fundamentais e estado democrático de direito.* Porto Alegre: Síntese, 2003.

_________. Democratizando o acesso à justiça: juizados especiais federais, novos desafios. In: MIRANDA, Alessandra de la Vega... [et. al.] (org.). *Estudos de direito público: desafios e utopia.* Porto Alegre: Síntese, 2001.

_________. Idêntica questão de direito e os efeitos dos recursos repetitivos no STJ: um olhar à luz de Neil MacCormick. In: KUKINA, Luiz Sérgio; ALVIM, Teresa Arruda; outro (org.). O CPC de 2015 visto pelo STJ. São Paulo: Thomson Reuters Brasil, 2021.

_________; FREITAS, Sarah Roriz de. *A inteligência artificial no STJ.* Disponível em <https://www.bmalaw.com.br/conteudo/tribunais-superiores/inteligencia-artificial-no-stj>. Acesso em 28.11.2023.

OLIVEIRA, Carlos Alberto Alvaro de. Efetividade e processo de conhecimento. *Revista de processo.* v. 96, São Paulo: Revista dos Tribunais, 1999, pp. 59-69.

_________. *Do formalismo no processo civil.* 3. ed. Rio de Janeiro: Forense, 2009.

OTHARAN, Luiz Felipe. Incidente de resolução de demandas repetitivas como uma alternativa às ações coletivas: notas de direito comparado. *Revista Jurídica: órgão nacional de doutrina, jurisprudência, legislação e crítica judiciária.* Ano 59, n.º 402, abril de 2011, pp. 11-27.

PANUTTO, Peter. A Plena Deliberação Interna do Supremo Tribunal Federal para a Efetiva Criação dos Precedentes Judiciais Vinculantes Estabelecidos pelo Novo Código de Processo Civil. *Revista de Direitos e Garantias Fundamentais,* 18(2), 205-226. p. 208. Disponível em: https://sisbib.emnuvens.com.br/direitosegarantias/article/view/941. Acesso em 20 nov. 2021;

PASSOS, J. J. Calmon. As razões da crise do nosso sistema recursal. In: *Meios de impugnação ao julgado civil: Estudos em homenagem a José Carlos Barbosa Moreira.* Coordenador: Adroaldo Furtado Fabrício. Rio de Janeiro: Forense, págs 365-381.

PICARDI, Nicola e NUNES, Dierle. O Código de Processo Civil Brasileiro: Origem, formação e projeto de reforma. *Revista de Informação Legislativa*, Brasília, ano 48, n. 190 abr./jun., 2011, págs. 93-120.

PINHO, Humberto Dalla Bernardina de. A Dimensão da Garantia do Acesso à Justiça na Jurisdição Coletiva. In: *Temas Contemporâneos de Direito Processual.* Rio de Janeiro: Ed. Lúmen Júris, 2004.

______. de. *Manual de Direito Processual Civil Contemporâneo.* 5. ed. São Paulo: Saraivajur, 2023.

PINHO, Humberto Dalla Bernardina de; MAZZOLA, Marcelo. *Manual de Mediação e Arbitragem.* São Paulo: Saraiva Educação, 2019

PINHO, Humberto Dalla Bernardina de.; PORTO, José Roberto Mello. *Manual de tutela coletiva.* São Paulo: Saraiva jur, 2021.

PINHO, Humberto Dalla Bernardina de; RODRIGUES, Roberto de Aragão Ribeiro. O microssistema de formação de precedentes judiciais vinculantes previstos no novo CPC. In: *Revista de Processo:* RePro, São Paulo, RT, v. 41, n. 259, pp. 405-435, set. 2016.

PORTANOVA, Rui. *Princípios do Processo Civil.* Porto Alegre: Livraria do Advogado, 2005.

REALE, Miguel. O Tribunal Superior de Justiça. *Folha de São Paulo, Tendências/Debates*, sexta-feira, 5 de junho de 1987.

RODRIGUES NETTO, Nelson, Análise crítica do julgamento 'por atacado' no STJ (Lei n. 11.672/2008) sobre recursos especiais repetitivos. *Revista de Processo*, v. 163. São Paulo, setembro/2008.

ROSA, João Guimarães. A terceira margem do rio. In: *Primeira Estórias*. In: Ficção Completa. Rio de Janeiro: Nova Aguilar, 1994, Vol. II, págs. 409-413.

_____. *João Guimarães Rosa: correspondência com seu tradutor italiano Edoardo Bizzarri*. 3. Ed. Rio de Janeiro: Nova Fronteira, 2003.

ROSAS, Roberto. *Direito Sumular*. São Paulo: Malheiros, 14ª. ed., 2012.

SADEK, Maria Tereza (org.). *Acesso à justiça*. São Paulo: Fundação Konrad Adenauer, 2001. (Série Pesquisas; 23).

______. *A visão dos Juízes sobre a reforma do Judiciário*. São Paulo: Idesp, abril/2001.

______. *O sistema de justiça*. São Paulo: Idesp: Sumaré, 1999.

______. *O Judiciário em debate*. São Paulo: Idesp: Editora Sumaré, 1995. – (Série Justiça).

SADEK, Maria Tereza e CASTILHO, Ela Wiecko V. de. *O Ministério Público Federal e a Administração da Justiça do Brasil*. São Paulo: IDESP: Sumaré, 1998. – (Série Justiça).

SANSEVERINO, Paulo de Tarso; MARCHIORI, Marcelo Ornelas. *O projeto Athos de inteligência artificial e o impacto na formação de precedentes qualificados no Superior Tribunal de Justiça*. In: O Direito Civil na era da Inteligência Artificial/Rodrigo da Guia Silva e Gustavo Tepedino (Coordenadores). 1. ed. São Paulo: Thomson Reuters Brasil, 2020.

SARMENTO, Daniel. O Neoconstitucionalismo no Brasil: Riscos e possibilidades. In: *Filosofia e Teoria Constitucional Contemporânea*. Rio de Janeiro: Lúmen Júris, 2009, pp. 113-146.

SEDLACEK, Federico D. Misceláneas argentinas del precedente judicial, y su relación com el nuevo CPC de Brasil. In: DIDIER JR ...[et al] (coord). *Precedentes*. Coleção Grandes Temas do Novo CPC, v. 3. Salvador: Juspodivm, 2016;

SILVA, José Afonso. *Comentário contextual à Constituição*. 3ª ed. São Paulo: Malheiros Editores, 2007.

______. *Do recurso extraordinário*. São Paulo: RT, 1963.

SILVA, Ovídio A. Baptista da. *Processo e ideologia: o paradigma racionalista*. Rio de Janeiro: Forense, 2004.

______. A função dos tribunais superiores. In: *STJ 10 anos: obra comemorativa 1989-1999*. Brasília: Superior Tribunal de Justiça, 1999.

SOUZA, Marcus Seixas. *Os precedentes na história do direito processual civil brasileiro:* colônia e império. Salvador, 2014, 196p. Dissertação de Mestrado – Faculdade de Direito da Universidade Federal da Bahia – UFBA;

STRECK, Lenio Luiz; RAATZ, Igor. A teoria dos precedentes à brasileira entre o solipsismo judicial e o positivismo jurisprudencialista ou "de como o mundo (não) é um brechó". In: ALVIM, T. A; DIDIER JR., F. (org.). *Precedentes:* Execução: Procedimentos especiais. Coleção doutrinas essenciais: novo processo civil, v. 6. 2. ed. em e-book baseada na 2ª ed. impressa. Thomson Reuters Brasil, 2018.

SULEYMAN, Mustafa; BHASKAR, Michael. *A próxima onda:* inteligência artificial, poder e o maior dilema do século XXI. Trad. Alessandra Bonrruquer. 1ª ed. Rio de Janeiro: Record, 2023.

TARUFFO, Michele. *Dimensioni del precedente giudiziario. Rivista Trimestrale di Diritto e Procedura Civile. Anno XLVIII - N. 2.* Milano: Giuffrè Editore: giugno 1994;

_________. Precedente e giurisprudenza. *Revista trimestrale di diritto e procedura civile*, v. 61, n. 3, sett. 2007, p. 709-725.

_________. L'onere come figura processuale. *Rivista Trimestrale di Diritto e Procedura Civile*. Milano: Giuffrè editore. Anno LXVI, n. 2, 2012, págs 425-436.

_________. *La proteción judicial de los derechos en un estado constitucional*. Trad. de Maximiliano Aramburo Calle. In: Páginas sobre justicia civil. Madrid: Marcial Pons, 2009.

________. *Cinco lecciones mexicanas: memória del taller de derecho procesal.* México: Tribunal Electoral del Poder Judicial de la Federación, Escuela Judicial Electoral, 2003.

TAVARES Jr., Homero Francisco. Recursos especiais repetitivos: aspectos da Lei 11.672/2008 e da Res. 8/2008 do STJ. *Revista de Processo*, vol. 166, p. 190. Dez / 2008DTR\2008\710.

TEIXEIRA, Rodrigo Valente Giublin. Recursos especiais repetitivos recursos fundados em idêntica questão de direito no âmbito do Superior Tribunal de Justiça. *Revista de Processo*, vol. 191, p. 161. Jan / 2011DTR\2011\1131

THEODORO JÚNIOR, Humberto. Jurisprudência e precedentes vinculantes no novo Código de Processo Civil – Demandas repetitivas. In: ALVIM, T. A; DIDIER JR., F. (org.). *Precedentes:* Execução: Procedimentos especiais. Coleção doutrinas essenciais: novo processo civil, v. 6. 2. ed. em e-book baseada na 2ª ed. impressa. Thomson Reuters Brasil, 2018;

TUCCI, José Rogério Cruz e. *Precedente judicial como fonte do direito.* São Paulo: Editora Revista dos Tribunais, 2004;

_______. Anotações sobre a repercussão geral como pressuposto de admissibilidade do recurso especial (Lei n.º 11.418/2006). *Revista do Advogado* 92, ano 27, jul. 2007.

_______. *Tempo e processo: uma análise empírica das repercussões do tempo na fenomenologia processual (civil e penal).* São Paulo: Editora Revista dos Tribunais, 1997.

VIANNA, Luiz Werneck... [et. al.]. *A judicialização da política e das relações sociais no Brasil.* Rio de Janeiro: Revan, set. 1999.

WAMBIER, Luiz Rodrigues; VASCONCELOS, Rita de Cássia Corrêa de. Recursos especiais repetitivos: reflexos das novas regras (Lei 11.672/2008 e Res. STJ 8/200/) nos processos coletivos. *Revista de Processo*, vol. 163, p. 28. Set / 2008.

WAMBIER, Teresa Arruda Alvim. *Repercussão Geral.* Revista do IASP. Revista dos Tribunais. 2007. n. 19.

WAMBIER, Teresa Arruda Alvim... [et. al.]. A súmula vinculante vista como meio legítimo para diminuir a sobrecarga de trabalho dos tribunais brasileiros. *Revista Jurídica*, n. 379, maio de 2009.

WATANABE, Kazuo. Acesso à justiça e sociedade moderna. In: GRINOVER, Ada Pellegrini... [et. al.]. *Participação e processo*. São Paulo: RT, 1988, pp. 128/135.

ZAFFARONI, Raúl Eugenio. *Poder Judiciário: crise, acertos e desacertos*. Tradução: Juarez Tavares. São Paulo: Ed. Revista dos Tribunais, 1995.

ZANETI, Hermes. *O valor vinculante dos precedentes:* teoria dos precedentes normativos formalmente vinculantes. 3ª ed., ver., amp. e atual. Salvador: Juspodivm, 2017;

__________. Precedentes (*Treat Like Cases Alike*) e o novo código de processo civil: universalização e vinculação horizontal como critérios de racionalidade e a negação da "jurisprudência persuasiva" como base para uma teoria dogmática dos precedentes no Brasil. In: ALVIM, T. A; DIDIER JR., F. (org.). *Precedentes:* Execução: Procedimentos especiais. Coleção doutrinas essenciais: novo processo civil, v. 6. 2. ed. em e-book baseada na 2ª ed. impressa. Thomson Reuters Brasil, 2018.

ZAVASCKI, Teori Albino. *Processo coletivo: tutela de direitos coletivos e tutela coletiva de direitos*. 4. Ed. São Paulo: Editora Revista dos Tribunais, 2009.

__________. Defesa de direitos coletivos e defesa coletiva de direitos. *Revista de Informação Legislativa*, v. 32, n. 127, p. 83-96, Brasília, Senado Federal, jul.-set. 1995.

EDITORA
JusPODIVM
www.editorajuspodivm.com.br

Impresso por:

Docuprint
CNPJ 01.036.332/0001-99

JUS3495